国家出版基金项目
NATIONAL PUBLICATION FOUNDATION

·中国海洋产业研究丛书·
侍茂崇 主编

SERIAL BOOKS OF RESEARCH ON CHINA'S MARINE INDUSTRY

海洋船舶产业

发展现状与前景研究

宋喜红 戚 昕 ◎ 编著

SPM
南方出版传媒
广东经济出版社
·广 州·

图书在版编目（CIP）数据

海洋船舶产业发展现状与前景研究 / 宋喜红，戚昕编著 . —广州：广东经济出版社，2018. 5
ISBN 978 - 7 - 5454 - 5744 - 5

Ⅰ. ①海… Ⅱ. ①宋… ②戚… Ⅲ. ①海船 - 造船工业 - 产业发展 - 研究 - 中国 Ⅳ. ①F426. 474

中国版本图书馆 CIP 数据核字（2017）第 195090 号

出 版 人：李　鹏
责任编辑：毛一飞
责任技编：许伟斌
装帧设计：介　桑

主　编：宋喜红、戚昕
副主编：王凯迪、林文
编　委：曲玉环、李银忠、吴鑫、于宇君、王宁、曲大鹏、李胜、李丕学

海洋船舶产业发展现状与前景研究
Haiyang Chuanbo Chanye Fazhan Xianzhuang Yu Qianjing Yanjiu

出版发行	广东经济出版社（广州市环市东路水荫路 11 号 11 ~ 12 楼）
经销	全国新华书店
印刷	广州市岭美彩印有限公司 （广州市荔湾区花地大道南海南工商贸易区 A 幢）
开本	730 毫米 × 1020 毫米　1/16
印张	17. 75
字数	250 000 字
版次	2018 年 5 月第 1 版
印次	2018 年 5 月第 1 次
书号	ISBN 978 - 7 - 5454 - 5744 - 5
定价	70. 00 元

如发现印装质量问题，影响阅读，请与承印厂联系调换。
发行部地址：广州市环市东路水荫路 11 号 11 楼
电话：（020）37601950　邮政编码：510075
邮购地址：广州市环市东路水荫路 11 号 11 楼
电话：（020）37601980　营销网址：http://www.gebook.com
广东经济出版社新浪官方微博：http://e.weibo.com/gebook
广东经济出版社常年法律顾问：何剑桥律师

总序

preface

侍茂崇

2013年9月和10月习近平主席在出访中亚和东盟期间分别提出了“丝绸之路经济带”和“21世纪海上丝绸之路 ”两大构想（简称为“一带一路”）。 该构想突破了传统的区域经济合作模式，主张构建一个开放包容的体系，以开放的姿态接纳各方的积极参与。“一带一路”既贯穿了中华民族源远流长的历史，又承载了实现中华民族伟大复兴“中国梦”的时代抉择。

海洋拥有丰富的自然资源，是地球的主要组成部分，是人类赖以生存的重要条件。它所蕴含的能源资源、生物资源、矿产资源、运输资源等，都具有极大的经济价值和开发价值。21世纪需要我们对海洋全面认识、充分利用、切实保护，把开发海洋作为缓解人类面临的人口、资源与环境压力的有效途径。

我国管辖海域南北跨度为38个纬度，兼有热带、亚热带和温带三个气候带。海岸线北起鸭绿江，南至北仑河口，长1.8万多千米。加上岛屿岸线1.4万千米，我国海岸线总长居世界第四。大陆架面积130万平方千米，位居世界第五。我国领海和内水面积37万~38万平方千米。同时，根据《联合国海洋法公约》的规定，沿海国家可以划定200海里专属经济区和大陆架作为自己的管辖海域。在这些海域，沿海国家有勘探开发自然资源的主权权利。我国海洋面积辽阔，蕴藏着丰富的海洋资源。

自改革开放以来，中国经济取得了令人瞩目的成就。进入21世纪后，海洋经济更是有了突飞猛进的发展，据国家海洋局初步统计，2017年全国海洋生产总值77611亿元，比上年增长6.9%，海洋生产总值占国内生产总值的9.4%。同时，海洋立法、海洋科技和海洋能源勘测、海洋资源开发利用等方面也取得了巨大的进步，我国公民的海权意识和环保意识也大幅提高，逐渐形成海洋产业聚集带、海陆一体化等发展思路。但总体而言，我国海洋产业发展较为落后。而且，伴随着对海洋的过度开发，其环境承载能力也受到威胁。海洋生物和能源等资源数量减少，海水倒灌、海岸受到侵蚀，沿海滩涂和湿地面积缩减：种种问题的凸现证明，以初级海洋资源开发、海水产品初加工等为主的劳动密集型发展模式，已经不能适应当今社会的发展。海洋产业区域发展不平衡、产业结构不尽合理、科技含量低、新兴海洋产业尚未形成规模等，是我们亟待解决的问题，也是本书要阐述的问题。

海洋产业有不同分法。

传统海洋产业划分为12类：海洋渔业、海洋油气业、海洋矿业、海洋船舶业、海洋盐业、海洋化工业、海洋生物医药业、海洋工程建筑业、海洋电力业、海水利用业、海洋交通运输业、海洋旅游业。

有的学者根据产业发展的时间序列分类：传统海洋产业、新兴海洋产业、未来海洋产业。在海洋产业系统中，海洋渔业中的捕捞业、海洋盐业和海洋运输业属于传统海洋产业的范畴；海洋养殖业、滨海旅游业、海洋油气业属于新兴海洋产业的范畴；海水资源开发、海洋观测、深海采矿、海洋信息服务、海水综合利用、海洋生物技术、海洋能源利用等属于未来海洋产业的范畴。

有的学者按三次产业划分：海洋第一产业指海洋渔业中的海

洋水产品、海洋渔业服务业以及海洋相关产业中属于第一产业范畴的部门。海洋第二产业是指海洋渔业中海洋水产品加工、海洋油气业、海洋矿业、海洋盐业、海洋化工业、海洋生物医药业、海洋电力业、海水利用业、海洋船舶工业、海洋工程建筑业，以及海洋相关产业中属于第二产业范畴的部门。海洋第三产业，包括海洋交通运输业、滨海旅游业、海洋科研教育管理服务业以及海洋相关产业中属于第三产业范畴的部门。

根据党的十九大报告提出的“坚持陆海统筹，加快建设海洋强国”，我国海洋经济各相关部门将坚持创新、协调、绿色、开放、共享的新发展理念，主动适应并引领海洋经济发展新常态，加快供给侧结构性改革，着力优化海洋经济区域布局，提升海洋产业结构和层次，提高海洋科技创新能力。本丛书旨在为我国拓展蓝色经济空间、建设海洋强国提供一定的合理化建议和理论支持，为实现中华民族伟大复兴的“中国梦”贡献力量。

木丛书总的思路是：有机整合中国传统的“黄色海洋观”与西方的“蓝色海洋观”的合理内涵，并融合“绿色海洋观”，阐明海洋产业发展的历史观，以形成全新的现代海洋观——在全球经济一体化及和平与发展成为当今世界两大主题的新时代背景下，以海洋与陆地的辩证统一关系为视角，去认识、利用、开发与管控海洋。这一现代海洋观，跳出了中国历史上“黄色海洋观”与西方历史上“蓝色海洋观”的时代局限，体现了历史传承与理论创新的精神。

21世纪是海洋的世纪，强于世界者必盛于海洋，衰于世界者必败于海洋。

目录

contents

第一章 概 述

船舶产业，亦称“造船工业”或“造船业”，是承担各种军民用舰船及其他浮动工具的设计、建造、维修和试验及其配套设备生产的重工业，是为水上交通、海洋开发及国防建设提供技术装备的现代综合性产业，是军民结合的战略性产业，是先进装备制造业的重要组成部分。船舶产业也是为航运业、海洋开发及国防建设提供技术装备的综合性产业，对钢铁、石化、轻工、纺织、装备制造、电子信息等重点产业发展和扩大出口具有较强的带动作用。进一步发展壮大船舶产业，是提升我国综合国力的必然要求，对维护国家海洋权益、加快海洋开发、保障战略运输安全、促进国民经济持续增长、增加劳动力就业具有重要意义。

第一节 中国船舶产业的发展历史

一、古代

中国造船业有着悠久的历史。早在新石器时代（约10000至4000年前），我们的祖先就广泛制造出了独木舟和筏，以其非凡的勇气和智慧走向海洋，为我国船舶产业奠定了基础。商朝的甲骨文中已经明确地记载了水上活动，至周朝已有水战的记录。据《左传》记载，鲁襄公二十四年（公元前549年）“楚子为舟师以伐吴……无功而还”。鲁昭公十七年（公元前525年），吴伐楚战于长岸（今安徽当涂西南），楚师败吴，获吴王乘舟“余皇”，吴复袭楚师，取“余皇”去。说明春秋时期各诸侯国乘船作战已很频繁。鲁哀公十年（公元前485年），吴“徐承帅舟师将自海入齐”（《左传》），这是历史上有记载的中国舟师第一次海上军事行动。这一时期的舟师已有相当规模。吴越之战，越军4.9万人中有习流2000人。后来，越舟师出海北上攻齐有戈船300艘，死士8000人。战舰的种类及形制已相当齐备。当时比较大的战船为“大翼”，长12丈（约合24米），宽1丈6尺（约合3.2米），可容战士20余人，桨手50人。河南省汲县山彪镇出土的战国水陆攻战纹铜鉴，其战船是桨船，分上下两层，上层为战士，下层为桨手，形象地描绘了当时驾船作战的情景。

秦汉时期，我国船舶产业出现了第一个高峰。据记载，秦始皇曾组织过一支能运输50万石粮食的大船队，在统一六国后，又多次乘船进行大规模巡行。进入汉朝后，以楼船为主力的水师已十分强大，据说汉朝中央政府在一次战役中就可出动楼船2000余艘。楼船是汉朝有名的船型（如图1-1），它的建造和发展也是造船业技术高超的标志。

图1-1　楼船造型

汉朝水军的规模更加巨大，战船更趋完备。当时既有4层舱室的巨型楼船，也有200斛以下的艇。在汉魏时期不仅船型众多，船舶装具也相当齐备，出现了橹、舵及其他船具，帆亦迅速发展。至此，中国古代船舶技术的发展已经达到比较成熟的阶段。东汉建安十三年（208年），在有名的赤壁之战中，双方使用的船舶数以千计，足以说明当时水战的巨大规模。三国时期的吴国，就能够制造出可载3000名战士的战船，在吴国灭亡时，被晋俘获的官船就有5000多艘，可见其造船业之盛况。南北朝时，人们认识到水战时风力大小无常，不可恃以作战，因而重视发展人力推进的战船，出现多桨快艇。而江南地区也已能够建造出1000吨的大船。据《南齐书》记载，为了提高航行速度，南齐的科学家祖冲之（429—500年）“又造千里船，于新亭江试之，日行百余里”，即建造了一种装有桨轮的船舶，称为“车船”。这种船利用人力以脚踏车轮的方式推动船的前进。虽然没有风帆利用自然力那样经济，但是这项伟大的发明仍为后来船舶动力的改进提供了新的思路。

唐宋时期迎来了我国古代船舶产业的第二个高峰时期，古代造船业也自此进入了成熟时期。秦汉时期出现的造船技术，如船尾舵、高效率推进工具橹以及风帆的有效利用等，到了这个时期都得到了充分发展和进一步的完善，而且还出现了许多更加先进的造船技术。隋朝是这一时期的开端，虽然朝代存在的时间不长，但造船业非常发达，甚至建造了特大型龙舟。据史料记载，公元640年，隋炀帝杨广为了要到扬州一游，命官吏督造龙舟及杂船数十艘。杨广乘坐的大龙舟，高45尺，长200尺，上层有正殿、内殿，东西朝堂，中间两层有120个房间，全部用金玉装饰；还有高三层的龙舟9艘。大龙舟高数层，船体要用很多大木料。木料的长度有限，这就要求把许多较小较短的木料联结起来。同时，船体的骨架与板之间、船体与上层建筑物之间的联结技术要求都很高，联结不好就不坚固，所以在龙舟的结构强度中，联结是极重要的。隋朝的大龙舟采用的是榫接结合、铁钉钉联的方法。用铁钉比用木钉、竹钉联结要坚固牢靠得多。隋朝已广泛采用了这种先进方法。

唐宋时期的船舶，无论从船舶的数量上还是质量上，都体现出我国造船事业的高度发展。首先，这一时期船体增大，结构趋于合理。在唐朝内河船中，长20余丈，载六七百者已屡见不鲜，有的船上居然能开圃种花种菜，仅水手就达数百人之多，舟船之大可以想见。宋朝为出使朝鲜建造了“神舟”，它的载重量竟达1500吨。有的大海船载重数万石，舵长达3～5丈。唐宋时期建造的船体两侧下削，由龙骨贯串首尾，船面和船底的比例约为10：1，船底呈V字形，也便于行驶。其次，造船数量不断增多。唐宋时期造船工场明显增加。唐朝的造船基地主要在宣（宣城）、润（镇江）、常（常州）、苏（苏州）、湖（湖州）、扬（扬州）、杭（杭州）、越（绍兴）、台（临海）、婺（金华）、江（九江）、洪（南昌）以及东方沿海的登州（烟台）、南方沿海的福州、泉州、广州等地。这些造船基地设有造船工场，能造各种大小河船、海船、战舰。唐太宗曾以高丽不听勿攻新罗谕告，决意兴兵击高丽。命洪、饶（江西鄱阳）、江三州造船400艘以运军粮。又命张亮率兵4万，乘战舰500艘，自莱州（山东掖县）泛海取平壤。可见唐朝有极强的造船能力。到了宋朝，东南各省都建立了大批官方和民间的造船工场。每年建造的船只越来越多，仅明州（浙江宁波）、温州两地就年造各类船只600艘。吉州（江西吉安）船场还曾创下年产1300多艘的纪录。同时，造船工艺越来越先进。唐朝舟船已采用了先进的钉接榫合的联结工艺，使船的强度大大提高。宋朝造船修船已经开始使用船坞，这比欧洲早了500年。宋代工匠还能根据船的性能和用途的不同要求，先制造出船的模型，并进而能依据画出来的船图，再进行施工。欧洲在16世纪才出现简单的船图，落后于中国三四百年。宋朝还继承并发展了南朝的车船制造工艺。车船是一种战船，船体两侧装有木叶轮，一轮叫作一车，人力踏动，船行如飞。南宋杨幺起义军使用的车船，高二三层，可载千余人，最大的有32车。在与官军作战时，杨幺起义军的车船大显了威风。古代船舶多是帆船，遇到顶风和逆水时行驶就很艰难，车船在一定程度上克服了这些困难。它是原始形态的轮船。

进入明清时期以后，船舶产业也有了一定的发展。以战船为例，该时期的发展有两个显著的特点：一是隋唐五代两宋时期多用于锤击敌船的拍竿已经消失，而改以战船本身犁沉敌船，这说明船舶制造和驾驶技术的进步；二是从明初起，战船上配备了火炮。宋朝的海舟以福建船为上，明朝的海舟则以舟山的鸟艚船为首，而浙直间多用沙船御倭，后来用沙船、福仓船和东莞船守舟山。大号福船势雄力大，便于冲犁敌船，即所谓斗船力不斗人力。大福船柁楼三重，底尖上阔，首尾高昂，能容百人，福船的形制规格最称完备。广船主骨架用铁力木制成，坚固性胜过福船，但铁力木难得，维修不便，后来游击将军侯国弼加以改进，底用广船式，上用福船面。明朝在江浙一带作战时往往使用两头尖的鹰船先行，它行驶敏捷，进退裕如；沙船随进，战无不胜。尤其是浙江的十橹苍山船，原是太平县渔船，曾在抗倭战争中发挥重大作用，号称“苍山铁”。后来战场南移又多用福船御敌。嘉靖四十年（1561年）的宁台温之捷，戚继光、胡震等所部战船近战倭船，犁沉敌船10余艘，烧残敌船5艘。从这一战例中可见当时明军的战舰占有较大的优势，舰船结构强度和航行速度均优于敌舰。明朝还制造了两头有舵、进退神速的“两头船”，以及特种战船联环舟和子母舟。联环舟船体长4丈（约合12.4米），分为两截，前截占1/3，装载爆炸火器，后截占2/3，乘坐士卒。冲撞敌船时，舟首有倒须钩，倒须钉牢敌船，火器爆炸后与敌船同毁。撞击时，联结前后截的铁环自解，后截得以在爆炸前回驶。子母舟长3丈5尺（约合11米），前2丈是舰船，后1丈5尺只有两舷侧帮板，腹内空虚，藏一子舟，母船发火与敌船并焚，军士可驾子舟回营。1405年，中国的舰队司令郑和建立了一个25000人的庞大海军，并探索了大部分的西南太平洋和印度洋。郑和下西洋船队的主要船舶叫宝船，它采用的是中国古代适于远洋航行的优秀船型——福船型。它高大如楼，底尖面阔，首尾高昂，首尖尾方，两侧有护板，船舱为水密隔舱结构。底尖利于破浪，吃水深，稳定性好，安全舒适，是航行于南海和西洋航线最先进的海船，也是古代世界最大的木帆船。

图1–2　郑和宝船复原图

表1–1　郑和下西洋与西方地理大发现对比

航海家	郑和	哥伦布	达·伽马
目的地	下“西洋”	到达美洲	绕过好望角到达印度
时间	1405—1433年	1492—1504年	1497—1498年
次数	7次	4次	1次
人数	27800人	1000～1500人	160人
船数	百余艘（其中大号宝船62艘）	17艘	4艘
船只大小	大号宝船 长151.8米，宽61.6米	旗舰100吨， 长24.5米，宽6米	最大船只120吨

清朝前期，中国水师一般以70～108尺（22.4～34.5米）长的赶缯船为主力战舰，次则以长50～70尺（16～22.4米）的沙船和双篷艍船用于攻战追击，再次为长20～50尺（6.34～15.36米）的唬船和哨船用于追逐哨探。明末清初主

力战船赶缯船，是中国大型福船的一种，可作战船、捕鱼和运送木材之用。因船底为防藤壶等海虫腐蚀而经常涂上白灰或白漆，所以又称“白底船”。其中大赶缯船船长36米多，宽7米左右，24个船舱，可载重1500石。每船配水手、船工30余人，水兵80人。中赶缯船长23米，宽6米，深2米，配水手、船工20多人，水兵60人。大、中赶缯船均是双桅、双舵、双铁锚。乾隆六十年（1795年）福建水师因赶缯、赶艍等船笨重，按泉州同安梭商船式改造。同安梭船，又名横洋船，是清代战船的一种，亦是清代福建同安县一带民用海船。同安梭船在嘉庆、道光年间为清军水师的主力战舰。船只按其大小分为一号、二号、三号、集字号以及成字号。小型的同安梭船船体呈梭形，航行快速，宽1丈5尺至1丈9尺。而集字号大同安梭船拥有25门炮。炮座均置于上层甲板，并且只有实心弹。在鸦片战争中清军一般同安梭船只有8～10门炮，小型的只有4～5门炮。嘉庆五年（1800年），仿照广东米艇添造战船，分大、中、小三等（各载米2500石、2000石、1500石）。嘉庆十一年（1806年）又添造大横洋梭船作为战舰。

图1-3　赶缯船

然而，历史的波涛总是变幻莫测，虽然中国的造船和航海事业长期以来一直领先于世界，并在明清时期也获得了一定成果，但总体来说仍是没落了。往日出没于东南亚海面的中国船队随之销声匿迹，为西方国家的船队所取代。自明朝中叶后期开始，中国船舶产业开始了由高峰到衰落的转折原因和实行封闭政策有关，即明朝后期的海禁政策以及清朝的闭关锁国政策。这些政策虽然对于西方殖民侵略起到过一定的抵抗作用，但也极大地限制了我国航海事业的发展，阻碍了生产的发展、技术的进步与中西文化的交流；不但不能扭转中外力量对比，反而使得船舶产业发展停滞。到1840年时，中国的船舶产业已全面落后于西方。

二、近代

中国近代船舶工业始于19世纪中期。造船业是中国最早的民族工业，1865年江南造船厂的前身——江南机器制造总局的创建，揭开了中国近代民族工业的历史。之后，又创办了福州船政局、天津机器局、黄埔机器局、旅顺船坞、大沽船坞等，合称“四局两坞”。并于1865—1866年相继建造了“保民”“建威”“平海”等军舰和“江新”“江华”等长江客货船。但由于封建体制与理念的桎梏、工业基础薄弱、科技人才缺乏、产品结构和地域限制、政治腐败、外敌入侵等原因，到中华人民共和国成立前夕，中国造船业已是奄奄一息。

三、现代

中华人民共和国成立后，船舶产业有了很大的发展。20世纪50年代，建成了一批沿海客货船、货船和油船；60年代以后，中国的造船能力提高得很快，陆续建成多型海洋运输船舶、长江运输船舶、海洋石油开发船舶、海洋调查船舶和军用舰艇，大型海洋船舶的吨位已达30万以上载重吨。除少数特殊船舶以外，中国已经能设计制造各种军用舰艇和民用船舶。同时，也有计划、有重点地改建、扩建了江南、大连、沪东、上海、武昌、新港第一批老的骨干船厂和地方中小船厂，同时新建了渤海、广州、黄浦等骨干船厂和众多的地方船厂。在中国形成了上海、大连、天津、广州、武汉、重庆等船舶修造基地。

21世纪以来，我国船舶工业进入了快速发展轨道，呈现出良好的发展势头。产业规模不断扩大，造船产量快速增长，造船完工量、新接订单量、手持订单量已连续多年居世界前列。2000—2004年的5年间，中国的造船产量年均增长26%。2004年，造船产量达到880万载重吨，占世界造船份额达到14%，连续10年列世界第3位。2005年的造船产量已达到1000万载重吨，约占世界造船份额的18%。2008年1～12月，全国规模以上船舶工业企业完成工业增加值1183亿元，同比增长61.2%。实现利润总额283.4亿元，同比增长50.5%。当年全国造船完工量2881万载重吨，同比增长52.2%，占世界市场份额由2007年的22.9%提高到29.5%。1～12月，船舶工业企业完成出口交货值2122亿元，同比增长56.1%。出口船舶完工量2107万载重吨，同比增长41%，占全部造船完工量的73.1%。据海关统计，全年船舶出口金额195.7亿美元，同比增长59.9%。近些年来，我国船舶工业国际市场份额迅速上升，尤其是国际金融危机后，我国的国际造船市场份额不降反增。2010年我国造船完工6560万载重吨，新接订单7523万载重吨，手持订单19590万载重吨，分别占世界市场的43%、54%、41%，均居世界第一。在2011年5月7日国务院新闻办举行的2011年中国航海日活动新闻发布会上公布，我国港口货物吞吐量和集装箱吞吐量已经连续7年位居世界第一，水产品的总产量已经近20年位居世界首位。从2010年起，我国不仅是航运大国、海洋大国，更跃居为世界第一造船大国。同时，中国已能够自主设计建造30万吨级超大型原油船和8000箱级超大型集装箱船，并已成功进入液化天然气船建造市场，打破了少数国家的垄断。目前，除豪华游船等少数船型外，中国已经能够建造符合各种国际规范，航行于任何海域的船舶。中国船舶产业综合实力稳步提升，已经具备散货船、油船、集装箱船（以下称“三大主流船型”）自主开发能力，在高技术高附加值船舶、海洋工程装备领域也实现了突破，大型船舶企业造船周期和质量管理达到国际先进水平。

第二节　中国船舶产业的发展现状

从近10年中国船舶产业占世界市场份额的变化来看，中国船舶产业在全球市场上所占的比重正在明显上升，中国已经成为全球重要的船舶产业中心之一。而国际制造业的产业转移趋势是中国船舶产业发展面临的最大机遇，中国船舶产业对韩国、日本的领先地位形成了有力的挑战。但设计能力落后、配套产业发展滞后将是制约行业发展的主要瓶颈。在短期内，国际及国内水运市场的繁荣为行业增长提供了强有力的保障，而油价的持续高位运行以及钢铁等原材料价格的上涨则构成了行业运营的主要压力。国际产业转移的趋势已经把船舶产业的巨大机遇呈现在了中国面前，但在激烈的市场竞争环境中，如何规避各种风险，如何把握机遇，是攸关产业发展命运的问题。

事实上，船舶行业产能过剩早已成为业内共识，包括工业和信息化部副部长辛国斌在内的多位官员以及业内人士都曾表示，当前全国船舶工业正面临金融危机以来最为严峻的时期。一方面，国际船舶市场需求大幅下滑，航运市场和造船市场严重过剩的局面在短期内难以得到根本性的改善，市场需求形势十分严峻；另一方面，世界船舶工业全面陷入困境，除了欧洲造船业凭借其在豪华游轮等领域的优势，市场份额逆市提升外，日韩等主要造船国家均面临生存难题，中国造船业同样面临着较2009年金融危机时更为严峻的状况，行业经济运行压力不断加大。

一、船舶行业运行基本情况

如表1–2、表1–3、表1–4、表1–5所示，我国近年来造船完工量及订单量在世界上首屈一指，对我国船舶行业发展现状的总结及预测发展趋势势在必行，这既能引导我国船舶产业的健康发展又能立足实际，面向未来，为未来船舶产业的发展提供有价值的借鉴。

表1–2　2014年世界及主要造船国家三大指标统计情况

指标		世界	国家		
			中国	韩国	日本
2014年1～12月造船完工量	万载重吨	9086	3629	2591	2264
	占比重（%）	100	39.9	28.5	24.9
	万修正总吨	3474	1153	1203	657
	占比重（%）	100	33.2	34.6	18.9
2014年1～12月新接订单量	万载重吨	10975	5102	3078	2255
	占比重（%）	100	46.5	28.0	20.5
	万修正总吨	3969	1531	1178	784
	占比重（%）	100	38.6	29.7	19.7
2014年12月底手持订单量	万载重吨	31688	14972	8274	5957
	占比重（%）	100	47.2	26.1	18.8
	万修正总吨	11512	4565	3328	1969
	占比重（%）	100	39.7	28.9	17.1

表1–3　2015年1～3月世界及主要造船国家三大指标统计情况

指标		世界	国家		
			中国	韩国	日本
2015年1～3月造船完工量	万载重吨	2501	1024	623	707
	占比重（%）	100	40.9	24.9	28.3
	万修正总吨	943	335	297	200
	占比重（%）	100	35.5	31.5	21.3

（续表）

指　标		世界	国　家		
			中国	韩国	日本
2015年1～3月新接订单量	万载重吨	1660	404	732	504
	占比重（%）	100	24.3	44.1	30.4
	万修正总吨	562	135	231	162
	占比重（%）	100	24.0	41.0	28.9
2015年3月底手持订单量	万载重吨	30475	13936	8229	5921
	占比重（%）	100	45.7	27.0	19.4
	万修正总吨	11125	4297	3269	1977
	占比重（%）	100	38.6	29.4	17.8

表1–4　2016年1～5月世界及主要造船国家三大指标统计情况

指　标		世界	国　家		
			中国	韩国	日本
2016年1～5月造船完工量	万载重吨	4482	1442	1680	1115
	占比重（%）	100	32.2	37.5	24.9
	万修正总吨	1560	460	550	357
	占比重（%）	100	29.5	35.3	22.9
2016年1～5月新接订单量	万载重吨	1506	1264	85.3	102.1
	占比重（%）	100	83.9	5.7	6.8
	万修正总吨	498	200	26.6	31.2
	占比重（%）	100	40.2	5.3	6.3
2016年5月底手持订单量	万载重吨	28071	12441	6739	6641
	占比重（%）	100	44.3	24.0	23.7
	万修正总吨	10163	3728	2555	2228
	占比重（%）	100	36.7	25.1	21.9

表1-5　2017年1～5月世界及主要造船国家三大指标统计情况

指　标		世界	国家		
			中国	韩国	日本
2017年1～5月造船完工量	万载重吨	4997	2178	1464	1016
	占比重（%）	100	43.6	29.3	20.3
	万修正总吨	1625	607	486	332
	占比重（%）	100	37.4	29.9	20.4
2017年1～5月新接订单量	万载重吨	1693	490	885	152
	占比重（%）	100	29.0	52.3	9.0
	万修正总吨	653	184	220	38
	占比重（%）	100	28.2	33.8	5.8
2017年5月底手持订单量	万载重吨	18921	7577	4482	5018
	占比重（%）	100	40.0	23.7	26.5
	万修正总吨	7870	2576	1749	1717
	占比重（%）	100	32.7	22.2	21.8

二、船舶行业运行的主要特点

（1）全球性竞争特征。船舶作为国际贸易最主要的运输工具，其需求范围是全球性的；船舶建造工业则会因要素禀赋的比较优势不同而集中在少数国家。船舶的需求和供给特点使得船舶产品在全球范围内进行流通。因此，造船企业在分享全球市场的同时也将面临来自世界各地的竞争。

（2）产品结构复杂的船舶是一种定制化的产品。船东根据运输标的、通行航道、成本的不同来定制不同型号、不同技术水平的船舶。船舶可根据不同的用途分为16大类，每一类别又可根据载重吨分为多个种类。因此，单个造船企业无法生产也无须（从成本和收益角度考虑）生产所有类型的船舶，而是根据自身的生产规模、技术优势等条件来选择某一细分市场。

（3）单个造船企业所占市场份额较低。世界造船行业已向中国、韩国、日本集中，这三个国家手持订单量占世界的比重在90%左右。上述三个国家前10名造船企业的手持订单量占各自国家的比重也都在50%以上。然而，由于全球造船市场容量很大且船舶建造周期较长，从全球范围来看，单个造船企业的市场份额较低。

（4）周期性特征。船舶具有较长的建造周期和使用周期，这使得下游航运业的运力增减无法根据市场需求灵活地做出调节。航运业主要承担大宗商品在全球范围内的流通，而大宗商品的供需状况与宏观经济的走势密切相关。因此，产业链上下游之间的传导机制使得造船行业具有明显的周期性特征。随着自身及下游航运业的金融属性加强，造船行业的周期性波动更为剧烈。

从历史上看，造船行业的周期性波动与全球经济走势是一致的，全球经济的每一次危机都会引起造船行业的波动，宏观经济周期性波动引起新船市场需求的起伏变化。2008年金融危机使得全球经济发展陷入低谷，全球造船行业也受到较大冲击，造船企业的手持订单出现了延期交付、降价、撤单的情况，新接订单数量与单价均有不同程度下降。

三、船舶行业运行存在的问题

1. 融资难和融资贵是阻碍行业健康发展的主要问题

当前，国际船舶市场仍处于深度调整期，新船价格走低和船东延期交付都加大了船企流动资金缺口，但金融机构对船舶工业的信贷政策却持续收紧，贷款难度不断增加，导致部分企业因为无法及时得到银行保函而丢失订单。受金融市场“去杠杆”等因素影响，资金的流动性出现季节性和结构性紧张，我国船舶买方信贷利率高于日本和韩国的利率水平。融资难和融资贵将提高我国船企的综合成本，降低企业的国际竞争能力，阻碍行业健康平稳发展。

2. 海工项目交付仍然低迷，在手订单风险加剧

2017年上半年，国际原油价格低位震荡，海洋工程装备市场生产平台虽有所回升，但海工装备项目交付仍旧低迷。国际知名海工运营商的接连破产倒闭对海工装备建造市场打击巨大，船企手持海工平台项目延期交付和弃船现象愈演愈烈，市场环境持续恶化。统计显示，截至2017年6月底，全球各类海工平台实际仅交付13座，交付比例不足全年手持订单应交付量的10%，我国船企手持各类海工平台80座，合同金额约123亿美元。手持海工平台的延期交付，不但占用了船舶企业的大量流动资金，而且发生大量的财务费用和维修保养费用，增加了海工企业的额外成本支出，影响了海工企业的持续经营能力。

3. 手持订单持续下降，连续生产面临挑战

2017年上半年，全球新船订单依然处于低位，我国新承接船舶按载重吨

统计仅为1151万，同比下降29%，新承接订单连续13个月小于完工量，受此影响，我国船企手持船舶订单持续下降。大部分船企生产任务安排只能维持到2018年，2019年船台（坞）空置率明显上升，部分船企开工船舶严重不足，企业连续生产能力面临严峻挑战。

4. 低价竞争依然存在，骨干船企增产增收不同步

上半年，由于一些造船产能继续向修船行业的转移，部分停建厂区恢复运转，一些“僵尸”修船设施的复活等让社会投资和市场资源配置增加，导致2017年修船市场的产能有一定幅度增加，市场竞争愈加激烈，低价竞争问题更加突出。加之受单船工程量下降，改装船项目减少等因素影响，骨干修船企业船坞利用率虽然从70%上升至95%，完工艘数增长27%，但修船总量仅增长4.9%，呈现增产未能同步增收的态势。

第三节　中国船舶行业市场预测和建议

一、预测

2018年，全球经济增速有所回升，海运贸易需求略有增长，但船队运力过剩的状况没有得到明显缓解，新船需求依然乏力。部分细分船型市场开始出现复苏，成品油船、中小型化学品船、支线集装箱船、液化气船以及特种船舶市场需求空间较大。预测2018年全球新船成交量约为4500万载重吨；造船完工量在1.1亿载重吨左右；手持订单量可望保持在1.8亿载重吨水平。预计2018年，我国造船完工量约4000万载重吨，新承接船舶订单量有望比上年增长，年底手持船舶订单将下降到7000万载重吨左右。

二、建议

1. 加紧落实国家支持船舶工业发展的金融政策

当前，船舶工业处于走出低谷，转型升级的重要阶段，融资能力已经成为企业争夺订单的关键因素，是企业竞争能力的重要体现。建议金融机构能积极落实国家有关支持船舶工业发展的政策，贯彻服务实体经济，支持船舶工业走出去战略方针，推动船舶工业转型升级。严格执行差别化信贷政策，对有技术优势，有市场的骨干造船企业要加大融资支持力度；不断创新金融服务方式，实施精准支持；鼓励中资、国资金融租赁机构发挥自身优势，积极在国内船厂下订单，支持船舶工业渡过难关。

2. 加大对海工装备建造企业的支持力度

当前，海工平台的价格处于历史低位，建议有关政府部门研究出台相关方案，协调、鼓励、支持国有海洋油气开发企业收购存在延期和撤单可能的骨干船厂在建或已基本建好的海工平台，加快布局“一带一路”“海洋强国”建设。同时，给予信用保险公司、银行扶持政策，支持其给予船舶出口企业卖方出口信用保险延期、贷款延期的支持，对于延期海工贷款给予利息补贴政策或低息贷款。

3. 加大对国际造船新动向及新标准新规范的宣贯

当前，全球经济及海运贸易模式正在发生深刻调整，发达国家推行先进制造业回流，“本土制造、本土消费”的观点向更多工业化国家扩散，以光伏发电、风力发电以及核能发电所代表的可再生能源的消费出现爆发式增长，对石油和煤炭为主的传统化石能源的替代作用呈现加速趋势。此外，国际海事组织（IMO）不断出台包括全球硫排放限制规则、EEDI规则、压载水公约生效等新标准、新规范，对造船业中长期发展都产生深刻影响。

4. 加快修船产业转型发展，坚定淘汰落后产能

建议修船企业要切实贯彻“从中国制造转向中国创造，从追求速度转向品质提升，从提供产品转向铸造品牌”，通过技术工艺的变革，大力提升自身技术和管理水平，促进修船产能向更高层次跃升；转变经营思维，优化产品结构，切实开发包括海工产品在内的高附加值船舶修理和改装。修船企业也要在政府有关部门的支持下进一步化解过剩产能、调整存量资产，通过兼并重组、合理布局生产力，加快去产能步伐。

第四节　产业政策

一、面向产业集群的船舶产业政策分析

1. 产业政策的内涵

产业政策是指在促进并优化本国产业发展的一项经济政策，对于改善资源在产业及企业间的配置效率具有必要性和可行性。产业政策可以弥补市场失灵的缺陷，有效配置资源；可以实现产业超常规发展，缩短赶超时间；可以促进产业结构合理化与高度化；可以增强本国产业的国际竞争力；可以在经济全

球化过程中趋利避害，保障国家的经济安全。产业政策包括产业政策的主体、产业政策的客体和产业政策运行的环境三个要素。

2. 面向产业集群的船舶产业政策

面向集群的船舶产业政策（以下简称为“该政策”）从属于国家或者地区的产业政策、科技政策和区域发展政策，有些政策会延伸影响到船舶产业链的上下游产业。该政策是政府（包括中央政府和地方政府）和集群经济活动参与者（包括中介服务机构和集群内企业）所实施的，以解决市场失灵、系统失灵和传统政策失灵而促进船舶的产业集群（包括集群内企业）发展（集群竞争力提升和风险规避）的直接干预和间接诱导的所有政策的整合。

面向产业集群的船舶产业政策包括以下特征：首先，该政策的实施者具有多层次性，包括国家、区域政府、集群中介（服务）组织和集群内部企业多个层次；其次，该政策的实施方式具有直接性和诱导性；最后，该政策一方面有别于传统的船舶产业政策和区域经济政策，另一方面它又是这些政策的重新整合。

船舶产业集群内的企业是产业的基本细胞，从企业层次来看，实施面向产业集群的船舶产业政策的目的是提高船舶企业的竞争力。针对船舶企业的产业政策具有直接性，多表现为企业内部技术、财务、法律规章的形式。

从国家层次来看，船舶产业政策是指在一定时期内，国家为了实现船舶经济发展目标，对船舶产业实施的宏观经济管理，以规划、调整、保护、扶持、限制等方式规范产业组织，优化产业布局，推进产业结构合理化、现代化所制定的一套政策体系。它是包括产业结构政策、产业组织政策、产业布局政策、产业技术政策等多个领域的政策总和。国家船舶产业政策具有诱导性。

3. 船舶产业集群形成和发展的客观条件

从日本、韩国的经验来看，船舶产业集群的形成和发展需要具备相应的条件，主要包括以下几点：

（1）地域资源条件和产业基础是船舶产业集群发展的先决条件。

自然条件是影响船舶产业集群化发展的重要因素之一，世界上许多国家积极发展船舶产业，但真正取得成功的为数不多。日本有关研究人员认为，与其他地区相比，中、日、韩三国一年中降雨相对较少，气候条件有利于室外造船作业，同时拥有适合建立造船厂的深水海岸线。与印度、墨西哥、中东等气候炎热的造船国家和俄罗斯及北欧等气候严寒的造船国家相比，地处远东的中国、日本、韩国更适合于发展造船业。

船舶产业属于大型装备制造业，具有广泛的产业关联度，是劳动、资本和技术三种生产要素密集的产业部门。从总体特征来看，造船业属于劳动密集型产业，建造一艘现代化船舶需要集中使用大量的劳动力（包括脑力）。其中主要原因在于：造船生产具有单件小批量的特点，同种船舶一批最多不过几艘，一般情况都是一两艘。即使诸如钢板预处理（喷砂除锈、底漆）、下料等工序实现了自动化，但焊接和舾装等工作量最大的生产工序还要依赖手工操作。资本密集型表现在：造船设施（如船台、船坞）一次性固定投资大，生产周期长（建造一艘船的周期可能几个月，甚至几十个月），船舶单价高，先期资金量大。一艘万吨级船舶的价格以千万美元计。造船业的技术密集型表现在：随着船舶产品大型化、自动化、专业化和多样性的发展，造船技术难度大大增加。以上三个基本特征决定了船舶业的发展与其他产业有着密不可分的联系。经过多年的发展，中国的产业基础已经可以满足船舶产业集群发展的要求。

（2）国家宏观经济发展环境是船舶产业集群发展的外在动力。

国家宏观经济发展所处的阶段是影响船舶产业集群生产和发展的重要因素。纵观日韩船舶产业集群的发展，一个明显的特征就是这些产业集群都是在其国内经济处于重工业化阶段，为了充分发挥船舶工业对国民经济的带动作用而逐步发展起来的。从人均GDP、船舶工业从业人数、造船总产值以及造船产业国际竞争力四方面看，中国目前的宏观经济状况适合船舶产业集群在形成和发展的外部环境要求。

①人均GDP。根据联合国贸易发展部所公布的2016年经济统计数据显示，卢森堡的人均GDP数值最高，为33010美元；韩国的人均GDP为28524美元。虽然改革开放后中国经济强劲增长，但是由于人口基数过大，所以人均GDP数值在中日韩三国中最低，为8865美元，仅为日本人均GDP的1/4，韩国人均GDP的1/3。较低的人均GDP是中国船舶工业集群发展的一大优势。

②船舶工业从业人数。根据世界经合组织（OECD）的统计数据表明，在中日韩三个造船国家当中，韩国和日本的船舶工业从业人员相差不多，分别为5.5万人和5.4万人，中国船厂与造船相关的从业人员高达40万人左右，是三国之中最多的，从业人数多是中国船舶工业集群发展的另一大优势。

③造船总产值。世界造船中心正在向中国转移，近年来中国的新船订单量始终保持第一。根据数据，2017年1～7月全球累计新造船订单达到3143万载重吨，2016年全年为3068万载重吨。2017年1～7月，全球船舶新船订单量已超

2016年全年。从船型看，2017年订单的大幅提升主要依赖油轮订单的大幅增长。截至2017年7月，全球油轮订单达到1903万载重吨，几乎达到2016年全年油轮订单1062万载重吨的2倍。集装箱船经过2013—2015年的膨胀式发展后，2017年继续下滑，仅为58.9万载重吨；散货船订单为929万载重吨。

船舶行业是全球性竞争的行业，20世纪50年代，世界造船中心开始从西欧向东亚转移，近年来中日韩三国新船订单量占全球比例一直稳定在90%以上的高位。东亚三国中，首先是日本通过10年的发展，成为世界第一造船大国，而后韩国于20世纪90年代开始追赶日本，在21世纪初超过日本。进入21世纪后，中国造船行业迅速发展，近年来新船订单量（以载重吨计）基本保持第一。中日韩三国中，韩国与中国的差距较小，日本已基本退居第二。

④造船产业国际竞争力。按照目前通行的计算国际竞争力的方法，是将各国造船从业人员的人均年产值去除以各国人均GDP，这个比值越大，其竞争力相对越强。通过计算可以发现，韩国的比值最大，近34倍，也就是说，韩国每位造船从业人员的年产值是34位韩国国民的平均所得，这跟韩国船舶工业这几年的发展战略有极大的关系。这几年韩国船厂侧重建造8000TEU以上集装箱船、LNG船、化学船及汽车船等高附加值产品，大大提高了韩国船厂的综合竞争力。

日本造船业的这个比值约为13.7，即日本造船业从业人员的年产值是日本国民平均年收入的13.7倍，这个比值仅仅是韩国船舶工业的40%，也充分说明了当前日本工人工资成本过高，从而造成日本船舶工业竞争力下降的现实，这已经成为日本船舶工业继续向前发展的巨大障碍。

我国船舶工业从业人员的人均年产值和我国人均GDP的比值大致为10.3，在东亚三国中排名最后，由于我国人均GDP很低，仅为1100美元左右，按常理我国的这项比值应该比韩国更高些才合理，但现在却低于日本。这一点是值得我国船舶工业深思的，虽然我国工人工资很低，但却没有得到很好利用，没有完全为整个船舶工业带来应有的竞争优势。同时，我国船厂接单种类技术层次不高，也无法获得像日本、韩国那样巨大的绝对产值，而且造船效率低于高工资的日本和高效率的韩国太多，所以未来船舶工业的发展潜力主要来源于两个方面，除了常常所说的引进先进技术和设备，提高高附加值船型的研发、设计和建造能力，从而加强硬件建设以外，更为重要的是从软件建设着手，包括规划设计、管理制度以及提高人员素质等。

（3）形成大企业和大集团是船舶产业集群发展的关键。

鉴于世界造船市场的垄断化、规模化特点，培育出一批具有国际竞争优势的大企业、大集团，是决定船舶产业集群整体竞争力的关键。大企业、大集团是船舶产业集群的中坚，是船舶产业集群的代表力量，也是船舶产业集群发展的动力之源。只有充分依靠大企业、大集团的优势，才有可能进一步发挥船舶产业集群内部的专业化协作优势，才有利于加快建立先进的总装型造船模式，才能够为船舶配套企业的发展提供足够的市场需求空间，才更有利于造船和配套的协调发展。由于大企业和大集团在资金、技术和市场方面拥有雄厚的条件，其在开发高技术、高附加值船舶产品方面具有小企业所难以比拟的优势，因此大型造船企业和集团往往是促进船舶产业集群的技术升级，实现集群内产品结构的不断优化，从而保持集群的持续创新能力和竞争力的动力所在。

各国船舶工业的竞争已经演变为大船舶企业集团之间的竞争。20世纪90年代后半期以来，日、韩的大型造船集团通过强强联合，组建更大规模的企业集团，就是为了增强综合竞争实力和市场垄断地位。目前，中国船企造船能力结构很不合理，企业组织结构“小而散”。造船业平均规模过小严重地限制了造船技术的革新；造船企业主体分散，信息不灵，难以形成规模经济。这一问题需要通过对产业的合理规划来解决。

（4）旺盛的市场需求是船舶产业集群快速发展壮大的关键。

船舶产业市场需求波动性较为明显，旺盛的市场需求对于实现产业集群的成长有着特别重要的意义，能否及时捕捉市场机遇是产业集群能否快速发展壮大的关键因素。日本造船产业集群发展时期正逢市场对现代化、大型化油船的旺盛需求机遇。旺盛的市场需求不仅为集群的产生提供了强大的内在经济动因，更为集群不断发展壮大，促进集群内企业的相互融合，从而发挥产业集聚效应提供了强大动力。

2009年下半年以来，造船业逐渐摆脱了金融危机带来的巨大影响，逐渐复苏，新船订单量逐渐增多，如何把握好这一战略机遇，已经成为中国船舶产业提升核心竞争力的关键。

（5）政府的引导和支持是优化船舶产业集群的关键。

世界各国船舶产业集群的发展经验表明，政府的引导和支持是优化船舶产业集群的关键。在成长期给予集群内企业必要的资金支持，对集群内企业的技术研究给予必要的引导，推进集群内专业化分工体系和价值链的不断完善等，都需要有政府的积极支持才能实现。

中国船舶产业具备形成发展产业集群的客观条件，可以通过制定并实施合适的船舶产业政策，促进中国船舶产业集群的形成和发展。

二、日韩船舶产业政策的经验借鉴

1. 日本船舶产业政策的经验借鉴

（1）产业政策的内容。

日本主要采取了以下手段和措施促进和发展本国船舶产业：首先，保护国内市场的计划造船制度；其次，鼓励船舶出口的汇率、融资、保险和税收措施；再次，提供船舶科研开发补贴以提高船舶产业竞争力的措施；另外，控制造船生产能力以平衡供需的措施；最后，通过引进先进技术、形成产业集群以提高配套设备国产化汇率的措施。

（2）产业政策的执行。

从内容上看，计划造船制度综合了融资、关税和财政补贴政策，是一项能促进船舶产业发展的产业政策，但计划造船执行起来困难重重。第一，由于涉及融资，造船计划通常由运输省出面与大藏省、政策金融机构协商后，再与民间的银行协会协调制定，各方的利益冲突导致计划常常被大幅度调整。第二，造船计划照顾每个企业，基本上是均等分配，而且计划总是被企业牵着鼻子走，投资难以得到抑制。特别是1960年的所得倍增计划出台后，运输省更是制订计划鼓励企业以超常速度投资，加剧了投资竞争，被认为是日后海运业经营状况恶化的原因之一。第三，由于海运业市场波动较大，往往计划赶不上变化。例如，1974年造船需求量急剧下降到1973年的30%，1975年第31次计划为170万吨，实际造船只有95万吨，1976年计划定为90万吨，实际造船更跌至16万吨，到1978年造船量只有1973年的10%，为此计划造船被戏称为“无计划的计划造船”。第四，计划外往往冲击计划内。1957年在制订第13次造船方案时，运输省曾提出要严格取缔计划外造船，但很快在船主的强烈要求下废除了此项禁令。总之，在计划造船的体制下，日本造船业投资过度，而在后期的生产及设备调整中，产业调整也未能奏效。

可以看到，合理投入政府资金，并把有限的资金集中用于促进船舶产业发展的关键环节，促进船舶产业集群的形成和发展，是日本船舶产业政策成功的一个重要保证。而不合理的政策干预，违背了产业发展的客观规律，并未能及时预见到产业发展的趋势，也成为日本船舶产业合理调整和持续发展的阻滞因素。

（3）产业政策实施的条件。

战后，经过几年的调整，日本逐渐形成了发达的市场条件，为日本船舶产业政策的实施构建了合适的市场条件。

在战后驻军期间，美国在日本政治、经济和文化领域实施了一系列改革，使战后日本形成了完备的法律体系，为日本船舶产业政策的实施奠定了坚实的法制基础。日本作为第一个将产业政策法律化的国家，许多船舶产业政策表现为法律的形式，表述严密，具有强制力。

日本政府注意及时收集并处理有关船舶产业的信息，并保持信息反馈渠道通畅，这些为日本船舶产业政策的实施提供了必要的信息支持。

2. 韩国船舶产业政策的经验借鉴

（1）产业政策的内容。

同日本一样，为了给本国造船业保驾护航，韩国政府相继制定了大量与船舶行业直接或间接相关的法律。其中直接相关的有：《造船奖励法》《造船工业振兴法》《海运造船综合发展法》《船舶法》《渔船法》《船舶安全法》《海运产业有成法》等。

韩国船舶产业政策还包括编制造船工业振兴基本计划，对扩大产品自给能力提供奖励金，提供低息长期造船资金，为鼓励船舶出口提供船舶出口信贷、实行优惠税收政策等。

（2）产业政策的执行。

当船舶遇到突发事件陷入困境时，韩国政府的应变速度快，能及时实施有效的船舶产业扶持措施。例如，从1976年起，为了帮助本国船厂应对国际市场不景气、接获出口订单剧减的困境，韩国参照日本方式开始实施计划造船制度。对列入造船计划的本国船东订造的新船，提供较为优惠的造船贷款，贷款比例高达总船价的80%，贷款利率比商业利率低2%～3%。此外，韩国政府为限制船东在国外订船和购买船用配套设备，于1979年公布了“关于进口船舶和船用柴油机及其零部件的规定”，增加进口船关税，限制国外订船。

当船舶产业不适应市场竞争要求时，韩国政府及时实施有效的船舶产业调整措施。例如，在“五五”计划（1982—1986年）期间，面对当时造船市场需求不振、竞争加剧，韩国造船工业急速膨胀后急需调整的局面，韩国政府对船舶工业发展方针进行了调整，由原来扩大造船工业规模、提高造船能力转变为改善素质。鉴于1980—1988年韩国各大造船公司经营状况严重恶化，1989年造船业被列为“整顿行业”。对造船业采取的措施包括禁止新增造船设施（1993年后，造船市场转暖，被取消）；为防止低价接单和过分竞争，采取船舶出口推荐制；对大宇造船、大韩造船和仁川造船等3家财务十分困难的公司补充资金，给予支持等。

韩国政府注重对船舶工业进行宏观调控和行政干预，适当控制国内造修船设施的新建和扩建，防止产能过分扩张。例如，根据《船舶工业振兴法》，韩国船厂和船用设备厂新增设施必须事先经过工商部批准。韩国政府对造船及其配套工业行业的管理职能较强，并且充分发挥行业协会的作用，行业协会在明确产业发展目标和提供相关信息方面扮演了重要角色。目前，韩国主要的造船行业协会包括韩国造船工业协会、韩国造船材料设备工业协会、韩国造船工业协同组合等。

在船舶工业成长及成熟阶段，韩国造船技术水平迅速提升，以往许多干预产业活动的法规，已经基本被淘汰，韩国政府中止了许多直接扶持措施。例如，从"六五"计划（1987—1991年）起，韩国造船业逐渐走向成熟，政府不再将造船业作为主要发展行业，而是将其作为一个自立、成熟的行业对待。1991年后，随着韩国船东经济实力的提升以及竞争力的提高，政府逐步减少了造船融资扶持。

近年来，为增强造船业的核心竞争力，韩国政府积极增大各种科研开发补贴。如为韩国船舶设计生产与自动化研究与开发项目提供2亿多美元的政府补贴，为船舶设计生产计算机系统（CIMS）开发项目提供60亿韩元的政府补贴，为超高速货船（50节，1000载重吨）的研究开发项目提供165亿韩元的政府补贴等。

韩国政府支持组建具有较强国际竞争力的造船大企业，并对其给予扶持。如韩国大宇重工1998年8月因资金困难申请改组，2000年10月大宇造船、大宇综合机械公司从大宇重工中分离出来。在此期间，韩国政府通过债转股、延长还贷期等方式，不仅避免了大宇破产，还大幅度降低了利息分担。大宇重工2000年利息负担相当于销售额的20%，2001年第一季度降至4.0%，相当于使船价竞争力提高16%。在政府的支持下，大宇重工度过危机，大宇造船海洋工程公司目前已经成为世界第二大造船企业。而以国际大集团身份出现的大宇公司，有力地推动着韩国船舶产业集群发展，并为提升韩国船舶产业的整体竞争力做出了自己的贡献。

（3）产业政策实施的条件。

与日本类似，美国对韩国政治、经济和文化的影响很大，使战后韩国形成了基本完善的法律体系，为韩国船舶产业政策的实施奠定了坚实的法制基础。韩国十分注重发展船舶产业，积极运用法律手段推行产业扶植政策。但是，与日本不同的是，韩国政府从20世纪60年代初起实行“政治权威主义”，在推行一些船舶产业政策时采用了计划、规定、规则的形式。

由于大企业在韩国船舶企业中的比重高且控制力强，所以韩国政府注意与船舶行业大企业保持沟通，及时收集并处理大企业的信息，从而为本国船舶产业政策的实施提供了必要的信息支持。

3. 中国船舶产业政策的问题

改革开放后，党中央、国务院一直大力支持船舶产业的发展，提出“中国要成为世界造船大国”，制定了一系列船舶产业政策。2008年，中国造船量超过日本，占世界市场份额的29.5%，跃居世界第二。2010年，中国造船量超过韩国，跃居世界第一，这些成绩的取得与政府对船舶产业的政策支持是分不开的。

不可否认的是，中国现有的船舶产业政策还存在一些问题，需要从产业集群的角度加以完善，以便更好地适应船舶产业发展的要求。现将中国船舶产业政策的问题归结如下：

（1）产业政策内容的问题。

目前，中国造船企业在出口量增加的同时，大量国内市场却仍然为国外造船企业占据，即“国轮外造”“外轮国造”还没有从根本上解决。这表明，中国船舶产业政策在税收和贸易融资方面还有一些问题。

①关税。

首先，对船舶产品的关税。为了保护和促进本国造船企业发展，历史上多数国家都曾对船舶进口征收一定的关税。日本曾在相当长的时期内对国外订购的新船，征收船价15%的关税，直到1975年才完全取消了对进口船的关税；西班牙政府对新进口新船实行更加严格的限制，政府原则上反对西班牙船东到国外订船，船东如要到国外订船，必须预先申请并获得政府的进口许可证，而且所有进口船舶均需缴14%关税；中国对进口船舶征收9%左右的关税，低于日本在船舶工业发展时期的税率，不利于保护国内船厂。

其次，对船用设备产品的关税。虽然对进口船用设备产品设置关税对本国船用设备企业起到保护作用，但是对本国船舶产品在国际市场上的价格竞争力产生抑制作用。因此，各国对进口船用配套设备产品的关税实行了有选择使用的做法。简言之，就是对出口船和进口船采取区别对待的办法。对于用于出口船的进口船用设备产品实行零税率；而对不再随船出口的进口船用设备产品按比例征收一定关税。例如，韩国为了提高本国船用设备国产化水平规定，除了经政府批准进口的造船材料设备可免缴进口税以外，其他进口配套设备一律要征收关税。日本对进口的造船材料设备一律征收关税，但如果装船出口，则全部退还。中国原则上也对用于出口船的进口船用设备免征关税，但是却要对国内远洋船征收5%～12%的关税，国内远洋船和出口船关税政策的差异，直接造成了国内航运企业在国内造船成本的上升。

②国内税。

为了增强本国船舶产品在国际市场上的竞争能力，世界主要造船国家普遍对造船企业实行优惠的国内税收政策。目前世界上多数国家实行增值税制，即根据产品在生产制造过程的每一环节所增加的价值额征税，也有些国家征收营业税或者制成品税，大多数造船国家对船厂免征这些税收。比利时、丹麦、法国、意大利、荷兰、瑞典等国家免征船厂增值税，英国除了免征船厂增值税以外，还从船厂上缴的其他税费中退给船厂相当于船价2%的费用，作为船厂缴纳各种间接税收的补贴；芬兰、德国免征船厂营业税；巴西免征制成品税；西班牙对船厂为建造出口船而缴纳的各种间接税（总额高达船价的12%左右）也予以大部分返还；韩国不仅全部免征增值税和物品税，而且法人税税率也很低，利润率在2.5%以下时可免交，利润率2.5%以上时为0.4%；日本不实行增值税，船厂的所得税率是当利润在2.5%以下时为1.3%，在2.5%以上时为1.6%。

尽管中国原则上也努力实行“以不含税的价格参与国际造船市场竞争”的政策，但是与世界多数造船国家相比，目前中国造船税收政策仍然存在税负偏重的问题。中国目前的增值税率为17%，国家实行“征多少，退多少”先征后退的操作办法。这一办法虽然名义上符合“以不含税的价格参与国际造船市场竞争”的国际一般原则，但是与发达国家免征增值税的做法相比，显然增加了企业财务费用负担。特别是，在退税环节上手续的烦琐和时间上的迟误，推动了企业财务成本的上升。

需要指出的是，中国现行的造船出口退税政策是在经历了一个发展变化之后才最终实现的。中国船舶出口退税政策的变化过程是：1994年1月至1995年6月退税率为17%，1995年7月1日至1995年12月31日退税率为14%，1996年1月1日至1998年12月31日退税率为9%，从1999年1月1日后才又恢复实行17%的出口退税率。根据中国船舶工业总公司财务局统计：出口退税率由17%降为14%，中国造船成本平均上升1.95%；出口退税率由17%降为9%，则成本上升5.2%～5.6%。

③贸易融资。

所谓贸易融资，是指在船舶贸易过程中，由银行或其他机构为船厂或船东提供借贷资金的行为。从广义上讲，在船舶贸易中，由船东向银行申请贷款进行造船，是银行提供的买方信贷；由船厂向银行申请贷款造船，是银行提供的卖方信贷。此外，还有银行为了帮助船东或船厂向其他金融机构融资而向第四方提供贷款担保等衍生融资形式。

造船业因为资金投入大、建造周期长，以及资金回笼慢等特点成为典型的资金密集型行业。由此，造船融资体制的健全，融资方式的多样性和融资渠道的畅通，成为关系企业资金链的完整性与正常运作以及行业整体生存与发展的关键，融资环境是造船企业发展软环境中的重要部分。

船舶贸易中的一个国际惯例是，在造船订单成交时船东一般只向船厂支付总价款的一部分，余下部分随着造船进度逐渐付清。由于存在货币的时间价值和源于造船周期较长所带来的风险性，因此船东总是希望首付款越少越好，船厂总是希望船东能够尽早地、以更大比例支付船舶价款，以便立即组织设计生产。为了解决这一矛盾，客观上在船舶贸易过程中需要有第三方给予资金融通。

尽管银行等金融机构在船舶贸易过程中具有举足轻重的作用，但是，融资成本即贷款利息却构成了承贷主体（船厂或船东）的财务费用支出。而一般商业性金融机构所要求的资金价格较高，为了促进本国船舶产品出口和造船企业发展，世界上多数造船国家政府都通过其所控制的政策性金融机构为本国造船企业提供价格优惠的造船贸易融资服务——出口信贷。日本、韩国造船出口信贷的主要特点是：贷款额占船价的比例高、还款周期长、贷款利率低，见表1-6。

表1-6　造船出口信贷额占出口船价格比重及还款期

国家	贷款额占出口船价比重	还款期
日本	90%～100%	20年左右
韩国	90%左右	20年左右

虽然中国金融机构（主要是中国进出口银行）提供了大量的出口信贷，但仍难以满足船厂和船东的信贷要求。与造船先进国家相比，目前仍存在支持力度不够的问题，主要体现在：首先，中国金融机构的船舶出口信贷利率水平偏高，在利率上并无特别优惠之处。在还款期限上与其他国家相比（10年以

上）明显偏短，只有5～7年。因此，从严格意义上讲，目前国内金融机构提供的船舶出口信贷并非真正意义上的出口信贷，而是流动资金贷款。其次，目前中国金融机构提供的造船出口信贷绝大部分还只局限于卖方信贷。由于受到中国利率水平相对偏高的制约，国内金融机构向国外船东提供买方信贷相对较少，从而使中国造船出口信贷结构出现不协调。国外银行对船东的信贷最高合同可达合同船价的90%～100%，延付期长达15年以上，且被要求的担保金额仅为贷款额的12%。在这种优惠条件驱使下，国内航运企业多倾向于到国外去造船。

从总体上说，尽管出口信贷对于中国船舶产品出口发挥了重要的推动作用，但是与多数造船国家相比，目前中国造船出口信贷对船舶产品的支持力度还处于相对较弱的状态。船厂和船东资金来源单一、融资方案少、可选择空间狭窄。在造船融资方面，中国和日、韩相比存在着较大差距。

此外，中国船舶产业政策在中国船舶产业发展最为薄弱的环节——高科技船舶的设计研究建造上投入的力度不够，对船用配套业支持上的力度不够。从日本、韩国船舶产业发展的经验来看，日本98%以上、韩国90%以上的船用设备装船率为各自造船业的发展打下了坚实的基础，中国仅为40%左右的装船率已成为制约船舶工业发展的瓶颈。

同时，中国船舶产业集群在经过几年的发展，是否实现了产业集群中的竞争优势、生产柔性化、集体效率、行业外部性等优势也尚无定论，需要一个客观合理的产业政策评估体系的建立。产业政策评估体系的缺失也带来了产业政策监督不力、调整乏力等问题。

（2）产业政策执行的问题。

目前，多个地区通过建立船舶产业集群以促进船舶工业的科学发展。但不可否认的是，船舶产业政策的实施是一个自上而下的过程，政策是否到位或者效率最大化还要依赖于区域地方政府的努力。目前，在制度、组织机构以及资金保障上，尚不到位。

（3）产业政策实施条件的问题。

产业政策的实施需要市场、法制及信息条件。目前，国内船舶市场还未能形成分层竞争的合理市场格局，相关法制规范尚不健全，国内船舶产业信息库还不完善。

4. 中国船舶产业政策问题的原因

中国船舶产业政策出现上述问题的原因是多方面的，以下主要从三个方面进行分析：

（1）关于产业政策的内容上的原因分析。

在制定船舶产业政策时没有从产业集群的角度出发，致使税收和贸易融资对船舶产业集群中的造船企业和航运企业支持不够。从产业集群的发展来看，产业政策的关注点还没能及时转移，造成重点并不突出。

（2）关于产业政策的执行上的原因分析。

不可否认，大多数地方政府高度重视船舶产业集群的发展，并以此作为本地区的经济支柱。但是仍有些地方政府的资源意识薄弱，监管不到位，甚至造成了民间资本和外资大量涌入造船业，一哄而上新建扩建造船设施，造成国内造船能力严重过剩，各船厂产品结构趋同，缺乏竞争力。

（3）关于产业政策实施的条件上的原因分析。

产业政策的实施要求完备的法制基础，但是中国目前的法律体系还不够完备，政府权威大于法律权威，经济法律体系不够完善，不能保证有法必依。

中国在收集和整理船舶产业信息时没有从产业集群的角度出发，导致消息反馈渠道不够通畅，造成政府对产业政策的效果认识不足。

改革开放前，中国属于计划经济。改革开放后，中国由计划经济开始向社会主义市场经济转轨，目前正处于建设社会主义市场经济的过程中，在这些过程中实施的一些船舶产业政策不可避免地受到当时的经济和市场条件的制约，产生一些问题。

5. 完善面向产业集群的中国船舶产业政策的对策建议

（1）进一步优化船舶产业税收及贸易融资政策。

其一，改革税收征收办法，对出口船真正实行国际通行的零税率政策；其二，完善出口信贷，为船舶出口创造良好的融资环境；其三，加大对国内远洋船贴息力度，有效保护国内造船市场。

中国要借鉴日本、韩国的经验，制定和实施类似“计划造船”的公共采购政策。大力支持中国内河航运和国际航运的发展，贯彻、支持和鼓励“国轮国造”和“国货国运”政策，加大对中国造船业的需求的拉动。

（2）建立以船舶产业集群为重要载体的科技创新激励政策。

把产业政策的重点逐步转向科研开发补贴。要借鉴日本、韩国的经验，根据本国船舶产业发展的实际情况，有选择地保留一些产业政策，要减免研究开发过程中的税收，提供长期低息资金，加大财政补贴。

制定企业对技术创新和消化吸收的科技投入的优惠政策。建立船舶产业集群行业技术支撑体系，支持和服务整个产业集群的科技创新活动，增强中国船舶产业的竞争优势。继续增加高科技船舶科研经费投入，支持高新技术新型船舶、海洋工程装备及重点配套设备研发，支持关键共性技术和先进制造技术研究，加快船舶工业标准体系建设；支持开展船用配套设备、海洋工程装备以及特种船舶制造专业化设施设备等方面的技术改造；支持大型船舶企业兼并重组后进行信息化建设和流程再造，支持小型造船企业符合相关政策要求的调整转型；支持船舶企业和科研机构研发条件建设。

制定鼓励企业及企业间开展技术创新合作和技术交流的政策。政府为船舶产业集群内部企业的教育和培训买单，引进新技术或鼓励企业技术创新，吸引新企业的加入，促进企业间的网络式协作。

制定推动两大船舶集团（中国船舶工业集团和中国船舶重工集团）战略重点转移的相关政策。推动两大集团的产品由常规船舶向高技术、高附加值船舶转移，形成以品牌船型和高技术、高附加值船舶为主的产品结构。支持两大造船集团与地方政府、其他行业共同投资，共同促进造船整体能力的提高。采取合理措施提高造船企业的管理水平。

（3）制定造船配套产业发展的导向性政策。

制定对上游船舶配套扶持和科技投入的优惠政策。借鉴日本、韩国配套业发展的成功经验，鼓励船用配套企业遵循技术引进、合作生产、联合设计开发、自主设计开发之路线，提高国产船用设备的技术水平和竞争力，提高国产船用设备的装船率。通过政策引导，鼓励船用配套企业集中力量优先支持发展已具有基础和形成优势的船用主机、辅机、甲板和舱室机械设备。

制定支持和鼓励国外配套厂商到国内投资的优惠政策。选择对中国船舶配套业发展有促进作用的世界知名品牌的船用配套厂商到国内投资办厂。通过政策引导，吸引外资进入国内市场，促进中国船舶配套业技术和管理水平提高，推动本土设备装船率提升。

（4）尽快建立科学的船舶产业政策评估体系。

建立船舶产业政策评价体系，从政府内部及外部聘请专家建立评价小组，对各个阶段实施效果进行跟踪评价，并根据评价结果进行相应的政策调整。只有建立合理的产业政策评估体系，中国船舶产业政策才会不断完善，才能根据产业的性质、生命周期、区域优势等制定出符合中国船舶产业集群科学发展的政策，才能提高船舶产业政策的实施效果，才能对产业政策做出合理调整，才能加强对产业政策实施效果的监管。

第二章

集装箱船产业

集装箱船是一种专门载运集装箱的货轮。它的全部船舱（或部分船舱）用来装载集装箱，必要时在甲板（舱盖）上也可堆放集装箱。集装箱就是用来装运杂物的箱子，是装卸运输单元，它大大简化了装卸转运工作，解决了杂货品种和规格大小不一致，导致装卸效率低、周转速度慢、营运成本高、劳动条件差、易造成货损和货差等问题。集装箱船停港时间短，航速较快，其平均航速为18～20公里/小时，高的达33公里/小时。集装箱输运在铁路和公路上采用较早，集装箱船的出现，使集装箱运输实现了海、陆、空联运，形成了一个完整的体系。但是，船上集装箱的装卸是靠码头起货设备进行的，对原来的港

图2-1　集装箱船

口、码头以及装卸设备提出了新的要求，还需要有相当宽广的堆放集装箱的建筑物以及专门的装箱场所，从而出现了专门停靠集装箱船的码头。这种码头一般比货运码头面积要大3～6倍，因此初始投资较大。

第一节 集装箱船的特点

集装箱船的结构特点是：船的舱口又宽又长，甲板较小，货舱尺寸都按要求规格化，并为垂直隔栅，格内堆放集装箱。甲板上设有固定集装箱的专门设备。

具体来说，集装箱船的最大特点即它所装的都是标准规格的集装箱，因此它采用垂向直壁式结构，并且它的货舱口宽度几乎和货舱宽度一样大，舷边只留了很小宽度的甲板边板。而这样的开口明显对船的抗弯、抗扭和横向强度不利，故为了弥补这些不足，集装箱船在结构上通常采用下列加强措施：采用具有水密舷边舱的双舷侧；增加甲板板和舷侧板的厚度；加大两个货舱口之间舱口端横梁和甲板横梁的尺寸。

由于货舱的开口大，为了保证强度，必须采用相应的加强措施。处于装卸方便的要求，从抗扭强度上考虑，最方便的就是在舷侧设内纵壁和抗扭箱；从稳性角度考虑，最方便的就是在舷侧设压载水舱。

集装箱船货舱区域的舷侧都具有双层壳板，其货舱载货的有效宽度和货舱宽度差不多。内舷侧纵壁对甲板大开口造成的总纵强度的削弱做了补偿。此外，舷边舱还能提高船体的抗沉性和用作压载水舱。舷边舱内一般设置平台甲板，对增加总纵强度和刚度都有帮助，同时，平台甲板还可用作人员通道。集装箱船舷侧多采用纵骨架式，有些船舶将上层平台甲板以下采用横骨架式，上层平台与甲板间采用箱形结构作为抗扭箱，以提高船舶的抗扭强度和总纵强度。

由于集装箱船甲板外飘、航速快，船体受到波浪的冲击力比较大，造成的冲荡应力也比较大，加上总纵合成应力也比较大，所以船体内结构所受的弯矩值也就大，所选取的构件尺寸也应较大。和一般货船比，所受应力较大，疲劳问题更严重，从而对上甲板的设计与施工，舱口围板的设计与施工都提出了较高的要求。为了装更多的集装箱，集装箱船通常设计成大的货舱开口和狭长的甲板条船舶，这使得船体的水平弯曲、扭转效应、横向强度在其总纵强度中所占的比例明显上升，舱口角隅处也会有明显的应力集中。而随着货舱开口的宽度增加，应力集中也越来越明显，在机舱前端壁为纵横构件的交会处，应力集中达到了最大。一般的船舶货舱上甲板角隅采用抛物线形、椭圆形、圆弧形。临近机舱处的甲板角隅的应力集中最大，若设计成抛物线形等常规形式，则需要很大的圆弧半径，这要求集装箱与纵舱壁、横舱壁的间隙更大，也会影响到布置的合理性，所以通常在角隅处设计成负半径的结构形式。而舱口角隅的大小也将影响到集装箱的布置以及构件的布置。

为了获得更大的空间，装更多的集装箱，集装箱船的艏部线型往往外飘很严重，并且舷侧肋骨与外板夹角也很小（远远小于90°）。而且集装箱船的航速很高，通常大于20节（1节=1.852公里/小时），并且伴有较高冰区等级，这对船首的外板抨击加强也提出了很高的要求。有冰区加强的集装箱船在艏部的外板厚度增加较明显，并且肋骨尺寸也有较大的增加，另外在冰区加强的区域内设置了大量的防倾肘板。集装箱船的艏楼上通常设有挡浪板或防浪罩。

第一艘集装箱船是美国于1957年用一艘货船改装而成的。它的装卸效率比常规杂货船大10倍，停港时间大为缩短，并减少了运货装卸中的货损量。从此，集装箱船得到迅速发展，到20世纪70年代已成熟定型。

集装箱轮完全是一种新型的船。它没有内部甲板，机舱设在船尾，船体其实就是一座庞大的仓库，可达300米长，再用垂直导轨分为小舱。当集装箱下舱时，这些集装箱装置起着定位作用，船在海上遇到恶劣天气时，它们又可以牢牢地固定住集装箱。因为集装箱都是金属制成，而且是密封的，里面的货物不会受雨水或海水的侵蚀。集装箱船一般停靠专用的货运码头，用码头上专门的大型吊车装卸，其效率可达每小时1000～2400吨，比普通杂货船高30～70

图2-2 集装箱船

倍。因此为现代船运业所普遍采用。集装箱船装卸速度高，停港时间短，大多采用高航速，通常为每小时20～23海里。近年来为了节能，一般采用经济航速，每小时18海里左右。在沿海短途航行的集装箱船，航速每小时仅10海里左右。近年来，美国、英国、日本等国进出口的杂货有70%～90%。

第二节　集装箱船的分类

集装箱船按照装运集装箱情况可分为部分集装箱船、全集装箱船和可变换集装箱船三种：

（1）部分集装箱船，是以船的中央部位作为集装箱的专用舱位，其他舱位仍装普通杂货。船的艏艉部分因形状不规则，若用于装载集装箱则舱容浪费太大，故在艏艉舱装载普通杂货。这种集装箱船的主要特点是，将船其中的一部分货舱设计成为永久性装载集装箱的专用货舱，其他船舱为装载其他货物的货舱。半集装箱船的集装箱专用舱，也设有导箱轨，以便将集装箱固定住。通常将集装箱专用舱布置在最适合装载集装箱的船体中央部位，又把它称为分载型船。由于半集装箱船将集装箱与普通杂货装载在同一艘船上，所以装载的集装箱数量不多，且在船上配备有起重设备。在装卸船作业中，往往将集装箱很快装卸完毕，而其他货舱的普通货物的装卸作业还远没有结束。这种船在集装箱专用码头将集装箱装卸完毕后，当再装卸普通货物时还存在船舶的移泊问题。因此，这种运输船舶存在着营运率不高的缺点。一般来说，半集装箱船适用于货源不足而有大量重件货（如钢材、木材等）的航线或港口装卸设施不足（无装卸桥等设备）的航线。

（2）全集装箱船，指专门用以装运集装箱的船舶。全集装箱船舱内设有固定式或活动式的格栅结构，舱盖上和甲板上设置固定集装箱的系紧装置，便于集装箱左翼及定位的船舶。它与一般杂货船不同，其货舱内有格栅式货架，装有垂直导轨，便于集装箱沿导轨放下，四角有格栅制约，可防倾倒。集装箱船的舱内可堆放3～9层集装箱，甲板上还可堆放3～4层。它与部分集装箱船不同，它是所有舱位用来装运集装箱。全集装箱船通常按装卸方式的不同分为吊装式全集装箱运输船和滚装式集装箱船。

（3）可变换集装箱船，是专门用以装运集装箱的船舶，用于集装箱运输。它与全集装箱船不同，其货舱内装载集装箱的结构为可拆装式的。因此，它既可装运集装箱，必要时也可装运普通杂货。可变换集装箱船速度较快，大多数船舶本身没有起吊设备，需要依靠码头上的起吊设备进行装卸。其货舱内装载集装箱的结构为可拆装式的。因此，它既可装运集装箱，必要时也可装运普通杂货。集装箱船航速较快，大多数船舶本身没有起吊设备，需要依靠码头上的起吊设备进行装卸。这种集装箱船也称为吊上吊下船。

第三节　集装箱船的发展历史

早期陆上的公路、铁路及船舶运输，都是人工单件或用机械把网兜中、货板上的货物，成组地装进车厢或者船舱，到了目的地的车站或码头，又一件件、一组组地卸下来。如需转运到其他目的地，则还得经过一次或多次这样的卸装。如此这般，既费时又费力，运输效率低，还容易造成货损、货差。陆上的公路运输率先将同一目的地的小的单件货物用箱子装在一起运输，结果发现大大提高了运输效率，还减少了货损、货差，于是这种运输方式推广到了铁路。1900年，英国铁路运输中第一次出现了较为简单的集装箱，后来这种方式传到美国、德国和法国。1928年，在意大利罗马举行的"世界公路会议"上，讨论了在国际交通运输中使用集装箱的问题。两年后，在法国巴黎成立了集装箱运输地国际组织——国际集装箱协会（BIC），负责研究集装箱标准化问题，以便协调各国之间的集装箱运输工作。为了进一步提高铁路集装箱运输效率，1933年，欧洲"国际铁路联盟（UIC）"制定了铁路集装箱的标准，并在欧洲地区的铁路运输使用了统一的集装箱。在此后的10多年里，由于公路相对铁路发展迅速，公路铁路双方配合不协调，使得集装箱运输的优越性不能很好地体现，集装箱运输出现了停滞不前的局面。直到1955年，美国铁路公司将集装箱连同拖挂车一起装载在铁路的平板车上运输，使得铁路的低成本、高速度优势与公路"门对门"特点有机结合起来，于是集装箱运输的经济意义重新得以显现。

20世纪50年代，随着现代工业的蓬勃兴起和国际贸易的兴旺发展，一些经济发达国家对船舶在港口的周转速度、码头的装卸效率提出了更高的要求，设想将已有的公路和铁路集装箱运输延伸到海上，实现陆海集装箱联运。美国是最早致力于这方面研究和尝试的国家。

1956年，美国泛大西洋航运公司（Pan-Atlantic Steamship Company），也就是后来的海陆服务公司（Sea-Land Service Inc.），将其公司持有的油轮"盖特威城（Gateway City）"号改装，在其甲板上试装了58只集装箱，从美国诺瓦克出发去休斯敦卸货，结果发现与同吨位的杂货船相比，其为装卸货物而停靠码头的时间，由原来的7天缩短到15小时，每吨货物的装卸费用也降为普通货船的1/37，获得了前所未有的成功，由此掀开了全球海上集装箱输运历史的崭新一页。

按照集装箱船的发展情况可分为第一、第二、第三、第四、第五、第六代集装箱船时代。

（1）第一代集装箱船：

出现于20世纪60年代，载箱量为700～1000TEU，载重量约10000吨。第一代运载集装箱的船是采用杂货船或游轮改造而成，集装箱数量不多，规格不统一，无专用集装箱码头和装卸、运输机械，集装箱货物有限。第一代集装箱船船长不足170米，船宽小于25米，吃水为8～9米，舱内装6列、5～6层集装箱，甲板上可装载6列、1～2层集装箱。

1956年4月26日，美国美森航运公司（Matson，海陆公司Sea-Land的前身）的“理想X号（Ideal X）”载着58个33英尺（1英尺=0.3048米）的集装箱从纽约港出发，前往德克萨斯州的休斯敦港，世界海运由此进入了集装箱运输时代。这种运输方式的发明者——马尔科姆·麦克莱恩（Malcom McLean），也因此被称作“世界集装箱之父”。

图2-3 “理想X号”集装箱船

（2）第二代集装箱船：

出现于20世纪70年代，载重量为15000～20000吨的集装箱船的集装箱装载数增加到1800～2000TEU，航速也由第一代的23节提高到26～27节。船长

170～225米，船宽为25～30米，吃水为9.5～10.5米，舱内装7～8列、6层集装箱，甲板上可装载8～10列、2～4层集装箱。

（3）第三代集装箱船：

第三代船是高效节能型船，出现于1973年石油危机以后。这代船的航速降低至20～22节，但由于增大了船体尺寸，提高了运输效率，致使集装箱的装载数达到了3000TEU，载重量为20000～30000吨。船长为240～275米，船宽不足32米，吃水为10.5～12米，舱内装9～10列、7～9层集装箱，甲板上可装载12～13列、2～4层集装箱。随着太平洋航线、亚洲/欧洲、欧洲/澳洲等主要航线和亚洲、非洲、大洋洲等南北集装箱运输航线相继开通，集装箱运输进入发展阶段。随着货物集装箱化开始普及，船价下降、码头公共化趋势等使集装箱海上运输壁垒被打破，亚洲国家船舶公司相机参与集装箱运输，竞真激烈，利用船舶大型化降低运输成本的步伐加快。1982年美国总统轮船公司在太平洋航线投入2500TEU巴拿马型集装箱船，开启了集装箱船大型化时代。

（4）第四代集装箱船：

出现于20世纪80年代后期，集装箱船的航速进一步提高，集装箱船大型化的限度则以能通过巴拿马运河为准绳，集装箱载箱量为3000～4000TEU，载重量为40000～50000吨，船长为275～295米，船宽为32米，吃水为11.5～12.5米，舱内装10～11列、8～9层集装箱，甲板上可装载12～13列、4～5层集装箱。由于采用了高强度钢，船舶重量减轻了25%；大功率柴油机的研制，大大降低了燃料费；又由于船舶自动化程度的提高，减少了船员人数，集装箱船经济性得到进一步提高。

（5）第五代集装箱船：

第五代集装箱船载箱量为4000～6000TEU，载重量超过50000吨，船长为280～330米，船宽为32.2～39.4米，吃水超过13.5米，舱内装12～13列、8～9层集装箱，甲板上可装载15～16列、5层集装箱。作为第五代集装箱船的先锋，德国船厂建造的5艘APLC-10型集装箱可装载4300TEU，这种集装箱船的船长/船宽比为7∶8，使船舶的复原力增大，被称为第五代集装箱船。1988年，美国总统轮船公司投入C-10型集装箱船，船宽39.4米，超过巴拿马运河可通过船舶的最大宽度，集装箱船进入超巴拿马型时代。

（6）第六代集装箱船：

1996年春季竣工的Regina Maersk号集装箱船，最多可装载8000TEU，该型船已建造了6艘，人们说这个级别的集装箱船拉开了第六代集装箱船的序幕。

2003年，马士基海陆Excel Maersk和东方海外Shenzhen号船下水运营，标志着超大型集装箱船舶时代开始。到2005年底，8000TEU以上船舶逐渐成为远洋贸易主要船型，10000TEU及以上船型开始建造。当时，8000TEU订造船型占船型总订造运力的32%，是各级船型比重最大的一种船舶，集装箱船舶大型化进化周期越来越短。这些高载运量的集装箱船将会对全球集装箱运输业，特别是对码头、进出港水域、装卸船机械、装卸工艺系统等硬件设施的建设与发展产生极大的冲击与影响。

表2-1　六代集装箱船尺度对比

<table>
<tr><th>类型</th><th>第一代</th><th>第二代</th><th>第三代</th><th colspan="2">第四代</th><th colspan="2">第五代</th><th colspan="2">第六代</th></tr>
<tr><td>载重量（吨）</td><td>10000</td><td>15000～20000</td><td>30000</td><td colspan="2">40000～50000</td><td colspan="2">50000～75000</td><td colspan="2">80000以上</td></tr>
<tr><td>载箱量（TEU）</td><td><1000</td><td>1000</td><td>2000</td><td>3000</td><td>4000</td><td>5000</td><td>6000</td><td>7000</td><td>8000</td></tr>
<tr><td>船型</td><td>支线型</td><td>灵便型</td><td colspan="3">巴拿马型</td><td colspan="3">超巴拿马型</td><td>超大型</td></tr>
<tr><td>尺度</td><td>小型</td><td>中型</td><td colspan="3">大型</td><td colspan="4">超大型</td></tr>
</table>

表2-2　集装箱船船型发展轨迹（截至2011年）

20世纪60年代	集装化诞生，同时也带来了货运集装箱在大小尺寸、强度等方面的ISO标准
1970年	出现了利物浦海湾型（巴拿马级）集装箱船，双螺旋桨，由蒸汽轮机推动，设计航速为26节，装载容量为2700TEU
1972年	海陆服务公司投放了SL7集装箱船，蒸汽轮机推动，服务航速为33节，装载容量为2000TEU
1980年	第一艘超过3800TEU的巴拿马级集装箱船（劳拉·马士基号）交付使用
1984年	4600TEU的美国阿拉巴马号（American Alabama）集装箱被交付运营，事实上，该船已经达到了巴拿马级的极限。由于建造于油价高企时期，因此减速至19节
1988年	第一艘超级巴拿马集装箱船，美国总统轮船公司（APL）的C-10型，投入营运

（续表）

1990年	第一艘无舱盖集装箱船“贝尔先锋号”投入运营
1996年	第一艘超过6000TEU的集装箱船马士基·女王号投入运营
1999年	北欧亚航运有限公司投放了第一艘快船系列（25节）的无舱盖支线集装箱船，容量达1400标准集装箱
1999年	提出了“马六甲极限型”18000TEU集装箱船的概念
2000年	劳氏船级社的研究发现，依照现在的集装箱码头的基础设施水平，能建造处理的最大集装箱船为14000TEU
2006年	13500TEU的“艾玛·马士基”投放市场，后来又升级至15500TEU
2006年	中远投放了第一艘在亚洲建造的超过10000TEU的集装箱船
2011年	马士基订造了20艘18000TEU的3-E型集装箱船

第四节　集装箱船的发展趋势

集装箱船作为一种交通工具，具有很多明显的优势。

第一，可以节约装卸劳动力，减少运输费用。一般货船采用单件或小型组合件形式装运，费力又费时。集装箱船采用国际统一规格的集装箱运输货物，打破了一捆、一包单件装卸的传统形式，大大减轻装卸工人劳动强度，加快了装卸速度，减少人工装卸费用。

第二，利用集装箱船运输，可以减少货物的损耗和损失，保证运输质量。这是因为货物在生产工厂里就装进一只只集装箱，中途经公路、铁路、水上运输，均不开箱，可把货物直接运到用户手中。这样，可减少货物在运输途中损耗和遗失，还可节约包装费用。

第三，集装箱船装卸效率高。一艘集装箱船的货物装卸速度大约是相同吨位的普通货船3倍，而大型高速集装箱船的装卸速度是同吨位普通货船的4～5倍。这样，可减少船舶停靠码头时间，加快船舶周转，提高船舶、车辆及其他交通工具的利用率。

由于集装箱船进行集装箱运输具有上述优点，所以集装箱船和集装箱运输得到迅速发展。同时，集装箱船的出现，对港口、码头又提出了新的要求。于是，出现了传送带、货架搬运车、铲车及各种形式装卸机，还出现专门停靠集装箱船的码头。集装箱船码头又长又宽，可停靠各种类型的集装箱船，码头上还有相当宽大的堆放集装箱的场地。现代集装箱船正向着大型化、高速化，多用途方向发展。

为何各大集装箱班轮公司如此热捧超大型集装箱船呢？原因之一固然是为适应全球海运货物流量不断增长的客观需求，有利于提高其运力和抢占市场份额，但是更主要的原因是为了降低集装箱船的单箱位运营成本。超大型集装箱船的优势在于高运营、高平均效率、低单箱位平均油耗和相对较低的劳务投入。有分析表明，当集装箱船载箱量由4000TEU增加到10000TEU时，其运营成本随着载箱量的增加呈下降趋势。正是基于对这种诱人的低成本高效益的追逐，各大集装箱船公司都争相建造这类船舶。但是应当认识到，在诸多优点和巨大利益背后，同样存在着不容忽视的问题。

比如，箱位利用率问题，即超大型集装箱船的低运营成本是基于船舶高箱位利用率基础之上的。美国和全球经济增速的放缓及越来越多的“巨无霸”集装箱船投入营运，对集装箱航运市场的冲击将是史无前例的。目前，集装箱航运市场因运力过剩而导致的越演越烈的竞争局面已经显现，船舶挂靠港箱源不足甚至已经导致超大型集装箱船原有的“低运输成本”优势尽失，低箱位利用率中运行的超大型集装箱船的经营人将要或已经在受到“高运输成本”的严峻考验。

其次，港口软硬件设施问题也很突出。超大型集装箱船对港口的要求很高，除考虑航道宽度外，还要考虑泊位长度、水深、调头区长宽、潮汐升降幅度、桥下净空高度等。2002年，荷兰德尔福技术大学Niko Wijnolst教授提出，随着集装箱船大型化趋势进一步发展，未来15年内将出现载箱能力超过18500TEU的集装箱船。Niko Wijnolst教授提出的这种“马六甲极限型”集装箱船，需考虑的主要因素是吃水问题，即目前世界三大运河的最大限制吃水。

未来巴拿马运河通过最大能力限制在12000TEU左右船型。目前，巴拿马运河水深限制在13～15米，通过船舶从之前的3000TEU扩大为目前的4500～5000TEU。2006年10月22日，巴拿马运河扩建计划获得通过，扩建计划原定于2014年运河百年庆典时竣工，但由于问题重重，进展缓慢，竣工时间延至2015年6月。2016年6月26日，巴拿马举行隆重庆典，庆祝巴拿马运河扩建后正式通航。运河扩建后能够通过的最大集装箱船的运力在1.3万TEU左右，是过去的2倍多，运河的货物年通过量也有望从现在的3亿吨增加到6亿吨。目前，苏伊士运河最大船舶通过吃水18.9米，满载船型限制在12500TEU左右。

目前，马六甲海峡最大吃水限度为21米，Niko Wijnolst教授提出“马六甲极限型”集装箱船最大吃水恰好达21米，设计船型18500TEU，但这种船型船舶不能通过巴拿马运河和苏伊士运河。

除受世界三大运河吃水限制外，集装箱港口接纳能力、船舶规模经济效益及油价、经济航速、港口航线网络结构等条件的限制亦影响到船型的无限制扩大。根据韩国世腾（STX）造船集团设计，1艘2.2万TEU船船长470米，比1.6万TEU船的增加17%，而船身尺寸和钢板要求亦须相应增加，船厂需为此制定更细的设计与技术规范要求。挪威船级社认为，从技术角度而言，建造2.2万TEU超大型集箱船已不成问题，但需更多时间解决数个重大问题，短期内很难推出此类船型船舶。挪威船级社称，在可预见的将来，1.25万TEU集箱船既能通过拓宽、浚深后的巴拿马运河，亦能在纽约巴约讷大桥下驶过，可发挥经济规模效应，同时不失营运的灵活性，将是较占优势的集装箱船舶，或会成为市场赢家。在当前枢纽港普遍向15米，16米乃至更大水深发展情况下，12000TEU左右船型船舶最具有港口适应性。

考虑到船舶每航次难以满载等因素，以及12000～14000TEU船型为2011—2013年所订造的超过10000TEU船型中最多数量船型，12000～14000TEU船舶因此很可能成为未来世界三大航运干线主力船型。同时，集装箱船舶大型化发展趋势仍将持续，在18000TEU船型出现后，更多班轮公司将追随马士基订造此类船舶。未来几年内，集装箱船舶极限船型，即18500～20000TEU船型，极有可能出现。

同时，还得注意可供使用的集装箱桥吊台数及其水平伸展距离以及吊具水面以上的高度。集装箱桥吊水平伸展距离要足以吊起大箱位船外舷最靠舷边的箱子，集装箱桥吊的吊具离水面的高度要足以在大汛高潮时吊起大箱位船最高一层的箱子。港口的装卸设备、装卸效率、堆场面积以及集装箱转运疏散能力也成为集装箱船超大型化发展的主要影响因素。

另外，经营管理问题与安全问题需要特别注意。超大型集装箱船的优势集中在航次运量高、挂靠港少，这类船舶绝大多数投入到欧洲—亚洲、北美—亚洲、亚洲—美国西海岸航线等世界各大集装箱枢纽港之间的跨洋主干航线上，货物大量聚集于集装箱枢纽港需要各船公司的内陆分流和支线中转的运输网络管理能力有较大的提升。运输环节中出现的任何一个失误都可能造成港口待装集装箱未能及时到港，或者错过船期到达的集装箱在港大量堆积，这会直接导致采用这类超大型集装箱船的低运输成本和高交货准点率的优势消失殆尽。另外，船速的提升也使得其燃油成本增加，如何管理船舶的变动成本显然是超大型集装箱船公司需要考虑的问题。同时，超大型集装箱船虽然在其设计和建造等技术上都是成熟的，但是其“安全”问题是一个容易被忽视的重要问题。当这种“庞然大物”遇到人为疏忽或不可抗力造成船舶搁浅或者碰撞，甚至导致船舶沉没，其损失将是灾难性的。

经过50多年的发展，集装箱船大型化的趋势尽显无疑且不可逆转，但是对于集装箱船型的不断发展演变，国内外航运界特别是集装箱船公司，应当保持清醒的头脑，不能盲目乐观，毕竟如何用好超大型乃至巨型集装箱船，创造最大的效益，实现规模经济才是重中之重。

我国集装箱船研制虽然起步较晚，发展速度却很快。我国建造了许多集

图2-4 “中海环球”号集装箱船

装箱船，大力发展集装箱运输，光是上海港就开辟了29条国际集装箱班轮航线，上海港集装箱月吞吐量超过100万TEU。上海港已经是世界上集装箱吞吐量最大的港口之一。中国上海生产的集装箱装卸机械也已经达到国际先进水平，在世界各大港口被广泛采用。近几年来，我国还出口集装箱船，在世界各地海洋上可以见到我国建造的集装箱船的身影。2014年12月8日，19100TEU型“中海环球”轮首航上海，成为当时世界最大、最先进的集装箱船。“中海环球”载箱能力已经超过当时世界纪录的保持者马士基航运公司拥有的1.8

万TEU船，一次最大可装载近2亿个平板电脑。该轮全长400米、宽近60米，设计吃水14.5米，服务航速23节，集成了当今世界主要的先进航海技术，被誉为“航运业的A380”。与此同时，“中海环球”轮在油耗方面有着更为优越的特性，与普通的1万TEU级别集装箱船相比，油耗可节省约20%，每年减少近3万吨碳排放，对环保的贡献相当于植树160万棵以上。总之，我国在包括集装箱、集装箱装卸机械、集装箱船舶的制造和出口，到大吨位集装箱码头的建造，集装箱远洋船队的建立以及国际集装箱枢纽港的建设，标志着我国的集装箱运输系统已经进入世界先进行列。

第三章

邮轮产业

邮轮的原意是指海洋上的定线、定期航行的大型客运轮船。“邮”字本身具有交通的含义，而且过去跨洋邮件总是由这种大型快速客轮运载，故此得名。“二战”后多数军用工业向民用工业转型，航空业也随之出现并且飞速发展，而原来的跨洋型邮轮因航行速度慢、消耗时间长，基本上退出了历史舞台。现在所说的邮轮，实际上是指在海洋中航行的旅游客轮。邮轮产业是指以大型豪华海上游船为运载依托，以跨国旅行为核心，以众多的旅游产品吸引游客，以开展航线经营为手段，以海上观光旅游为具体内容，由交通运输、船舶制造、港口服务、旅游观光、餐饮、购物和银行保险等行业组合而成的复合型产业。具有经济要素的集聚性、旅游产品的网络性、服务对象的全球性和文化的多元性等特点。

图3-1　邮轮

近年来，邮轮产业呈现强劲的增长势头。亚洲拥有世界约60%的人口，以中国为代表的邮轮市场需求快速增长，市场规模不断扩大。在我国居民收入不断提高以及消费升级的助推下，邮轮游人数呈现爆发式增长。邮轮作为我国的一个新兴产业，正不断受到出境游旅客的追捧，未来发展前景广阔。

第一节　邮轮产业的特点

一、经济要素的集聚性

邮轮的产业形态于20世纪60年代后期形成于北美，其集聚性主要表现在两方面：一是为邮轮及邮轮游客服务的各类机构和相关产业（如商业、宾馆、餐饮、陆空交通、金融、中介代理等）一般集聚在港口附近及周边地区，以便能够快捷方便地为邮轮及游客服务，较为发达的城市因此形成了繁华的商务中心区；二是优良的邮轮母港可以吸引更多的邮轮集聚，而多艘邮轮的集聚可极大地拉动当地的经济，其聚集效应相当明显，如迈阿密港、大沼泽地港和卡纳维拉尔港，三港的邮轮游客总人数超过了全球的40%，使得该地区成长为全球邮轮产业中心。

二、旅游产品的网络性

从目前的邮轮业运营情况来看，邮轮制造主要集中于挪威、芬兰、意大利、德国等国家，邮轮企业（特别是邮轮集团总部）主要分布于美国、英国、希腊、马来西亚、挪威等国家，邮轮业资本金主要是来自于美国、德国、英国和日本，海运注册多选择在巴拿马、利比里亚、百慕大、塞浦路斯和巴哈马，邮轮运营管理人才主要来自于意大利、希腊、挪威、英国等国家，船员主要来自于南欧和东南亚。因此，可以说邮轮产业是一个网络性产业，以连接七大洲的整个海洋为运营舞台，以遍布世界各地的码头作为依托，构建起庞大的航游网络。

与邮轮网络相联系的主要有三项：邮轮游客输出地、邮轮游客旅游消费地和邮轮中转地。以上每一部分都各自有自己的网络，同时又能有机地相连，组成一个互动的系统。其连接主要通过各大邮轮公司、邮轮旅游代理、各级政府以及港口企业等。尽管有时邮轮本身就是旅游目的地，但上岸观光既可以提高旅游附加值，也可以调节游客的海上生活，同时还可给邮轮添加补给。因此，邮轮停靠的港口构成了邮轮产业中重要的网络节点。

三、服务对象的全球性

尽管当今的经济正朝着全球一体化的方向发展，但真正具有跨区域特点的产业并不多，而邮轮产业一开始就定格为跨区域性产业，其产生之初就是以连接七大洲的整个海洋作为经营舞台。邮轮航线的生命力在于其跨国和跨洋性，如环球邮轮可以到达世界上任何大型码头。对邮轮产业而言，国界的概念并无实质性意义，因为邮轮在停靠码头外的绝大部分时间都是在公海中航行，各国的法律对邮轮只有暂时性意义，没有长效性的约束。邮轮上的船员与游客往往来自于全球几十个国家和地区，他们说不同的语言，使用不同的货币，很难说邮轮产业会为某国所专有。实际上，如果企图使邮轮产业为一国所独有，也不会有任何生命力。

四、文化的多元性

总体来说，由于邮轮产业起源于贵族休闲文化，故其所有相关的服务都体现出奢华的特点。许多邮轮都采取了极尽可能的华丽装饰。例如，有些邮轮接待大厅的装饰基本与“泰坦尼克号”如出一辙。金碧辉煌的奢华不但能够体现出邮轮消费的价值，同时也能提升邮轮本身的品位，吸引更多的游客置身去体验邮轮生活。各国文化在邮轮上竞相辉映，显示出邮轮产业文化的相对开放性。邮轮装饰中体现出的风格以及各种风格间的差异，也增加了邮轮之旅的神秘色彩。一些欧美籍邮轮除了展示皇室风范之外，还注重构造现代歌剧院的建筑格调。邮轮上经常安排的歌剧演出表明邮轮旅游的本身也是高雅艺术的殿堂。

图3-2　邮轮甲板上的豪华装修

第二节　邮轮产业的经济特征

一、全球化网络的节点经济

邮轮旅游是国际旅游中最具全球化特征的一个分支行业，以连接七大洲的整个海洋作为运营舞台，以遍布世界各地的码头作为依托，构建起庞大的网络。邮轮码头构成了航游网络的节点，邮轮经济就成为网络化地节点经济。从邮轮旅游经营的视角来看，要想发展邮轮经济，就要通过邮轮码头的建设，吸引国际邮轮的到达而成为邮轮产业的节点。当然，邮轮经济效应的大小取决于网络节点的重要性或者说取决于邮轮码头在邮轮航游网络中的角色和位置。邮轮码头根据其重要性可分为母港码头（homeport）、停靠码头（port of call）和小码头（jetty）。研究表明，邮轮母港的经济效益是停靠码头的10～14倍，当一个港口城市被定位为停靠游轮的母港，该区域就会形成较大的邮轮经济效应。港口城市发展邮轮经济的重要方式，就是建立标准的油港码头以吸引邮轮停泊，并争取成为大型邮轮公司的邮轮母港。

二、聚集性特征

邮轮旅游的聚集性表现为两个方面：一是各类相关要素聚集在邮轮码头附近，以便于及时快捷地为邮轮及邮轮乘客提供优质服务，因此，邮轮母港所在地一般会以邮轮码头为中心形成邮轮产业聚集区，既为邮轮补给、维护、修理等相关产业开辟一个可观的新市场，又带动了服务游客的餐饮、住宿、旅游、购物等各方面经济的发展，成为当地新的经济增长点。产业聚集区的形成可降低产业发展的交易成本，构建区域竞争优势，并进一步形成产业集群，促进产业升级。二是优良的邮轮母港会吸引更多的邮轮集聚本港，使其具备规模经济从而有能力提供更为高效的邮轮设施和服务，进一步提升其产业竞争力和在全球邮轮网络中的地位。这使得邮轮母港不仅是邮轮码头，更是一个邮轮城概念，如美国的迈阿密、英国的伦敦、亚洲的新加坡和中国的香港。这就要求致力发展邮轮经济的城市必须为邮轮码头预留足够的发展空间，并在发展初期给予各方面的支持。

三、显著的规模经济特征

邮轮产业具有显著的规模经济特征，这表现在两个方面：单艘邮轮的规模经济和船队的规模经济。前者表现为邮轮注册吨位（GRT）越大，载客量越多，单个舱位成本越低，达到收益平衡点所需收取的邮轮价格也越低，产品的价格竞争力也就越强。这就使得每年新投入运营的邮轮体量越来越大，如皇家加勒比邮轮集团所属的“创世纪工程”号邮轮造价7亿英镑，22万总注册吨，可承载5400位游客。后者表现为邮轮船队规模越来越大，分摊到每艘邮轮上的固定成本和变动成本越来越低，邮轮运营商就可以让利于消费者以获得竞争优势，或增加公司的利润。具体地讲，规模较大的船队既可以降低前期的研发、设计、建造和培训单位成本，又可以在运营期更有效地分担巨大的销售、行政管理、广告宣传和采购成本。同时，大的邮轮船队可以凭借其规模优势，与旅游分销商或代理商建立全球性或区域性的营销网络，从而提高邮轮舱位出租率。

四、寡头垄断的市场结构

由于邮轮造价高昂，资本专用性强，运营成本高，因此国际上经营邮轮旅游业务的公司较少，全球各大邮轮公司（船队）及其运载量和市场定位情况呈现出了明显的寡头垄断市场特征。这种较强的市场垄断结构使得邮轮运营业具有较高的进入壁垒，具体表现为已有企业的品牌效应所造成的进入壁垒、利用已有的分销系统形成的进入壁垒、与旅游营销上进行产品组合等合作形式的进入壁垒、借助对邮轮码头的控制实施的进入壁垒、通过提高舱价供应量所形成的进入壁垒等。在寡头垄断市场结构下，由于邮轮运营中船票和船上产品销售具有不同的价格弹性，因此邮轮公司大多采取类似的两部收费定价策略，即不断降低船票价格的同时，对游客的船上消费项目进行较高的加成定价。

五、邮轮产业发展的区域不均衡

首先表现为区域市场开发的不均衡。邮轮运营具有明显的松散特性，根据经济地理学的相关理论，该类经济活动通常倾向于选择在市场容量较大的地区开展生产经营活动。以美国为首的北美地区人均收入高，消费较为超前，故称为世界上最大的油轮市场，游客数量一直占世界份额的80%左右。当然，随着邮轮旅游向全球其他区域的不断延伸，北美所占份额在逐年下降。

其次表现为邮轮航线的地理集中性。全球邮轮活动的主要区域为加勒比海区域，欧洲/地中海区域，亚洲/南太平洋、阿拉斯加、墨西哥西海岸等地，其中加勒比海地区和欧洲/地中海区域又是最为密集的邮轮旅游活动区，邮轮到访量分别占世界的47.2%和24%。

再次表现为邮轮港口特别是邮轮母港的分布不均衡。美国是世界上拥有邮轮母港最多的国家。佛罗里达是美国的邮轮中心，美国最大的3个邮轮母港迈阿密、卡纳维拉尔港、埃弗格雷斯港都在佛罗里达州。

六、邮轮运营的地理季节性调配特征

邮轮公司所开发的邮轮航线是随着季节、旅游淡旺季等对运力调配的一种经营方式。国际邮轮旅游中虽然也有终年航行在世界各地的环球邮轮和远洋邮轮，但所占比例很小，大多数邮轮都是巡游于特定海域的区域性邮轮。目前，世界主要的邮轮航行区域有加勒比海域（包括加勒比海、墨西哥湾及其周边海域）、地中海、东南亚海域、南太平洋海域、北欧海域、阿拉斯加、美国东西海岸等。由于气候、洋流等原因，这些区域仅在特定季节适合开展邮轮旅游，因此油轮船队为获得较高的出租率，就会采取季节性调配策略，定期改变其始发母港和邮轮航线，这样大多数邮轮公司就能使其邮轮舱位出租率达到85%以上，甚至100%。

第三节　邮轮产业的发展历史

从历史的进程上看，邮轮产业的发展经历了3个主要阶段，即转型过渡期、成长拓展期和繁荣成熟期。

一、转型过渡期（20世纪60年代末至70年代初）

20世纪60年代初期，每年往返于美欧大陆横跨大西洋客运班轮的客运量超过了100万人次，70年代初期一度下降到每年25万人次左右。原有的客运班轮公司迫于经营上的压力，不得不寻找新的经营方式。客观上，邮轮客运量的下降催生了海上客运向海上旅游的转型。

20世纪70年代是邮轮经营的痛苦转型期，喷气式飞机的出现使邮轮作为一种交通工具成为历史，班轮公司的角色正尝试由交通服务向休闲旅游服务转变。但当时的客运船舶本身并不适合开展旅游休闲服务，其过渡过程还面临着很多障碍，如没有空调、三等舱生活不够舒适以及甲板上下缺乏公共空间等。这一阶段人们对邮轮知之甚少，甚至出现了由于文化的差异而对邮轮产生误解。这一阶段的邮轮目标市场大都以本国游客为主，出行航线也多是以本国观

光地为基本港和挂靠港，人们对邮轮的认识还只是局限于其华丽的外观、奢侈的内部设施以及高昂的旅游费用上。这一时期，挪威邮轮公司、皇家加勒比邮轮公司、嘉年华邮轮公司以及铁行邮轮公司相继正式组建了各自的邮轮船队。

二、成长拓展期（20世纪80年代至90年代中期）

随着人们对现代邮轮认识的逐渐提升，邮轮市场出现了日益丰富的旅游产品，市场得以拓展，行业发展进入成长阶段。在此期间，马来西亚丽星邮轮公司于1993年进入亚洲市场。通过收购，该公司同时在北美、欧洲和亚洲全球三大区域市场开展业务，成为世界第一家真正的全球性邮轮公司。

三、繁荣成熟期（20世纪90年代中晚期至今）

最早进入邮轮发展繁荣成熟期的区域是北美及欧洲一些地区。这一时期，全球性邮轮公司不断投入新船，邮轮服务种类繁多，市场分割加剧，竞争趋于激烈。邮轮航线的平均航程达到6～8天，停靠目的港不断增多，航线安排灵活多样，游客消费价格逐年下降，行业集中程度增高，行业经营的规模效益明显，进而开辟了邮轮旅游向游客大众化和年轻化方向发展的通道，越来越多中等收入的游客成为邮轮产品的消费者。

第四节　中国邮轮产业发展现状

2015年是中国“丝绸之路旅游年”，我国沿海各地紧紧依托“一带一路”倡议，紧抓世界邮轮中心快速东移的契机，加快完善各邮轮港口城市建设，不断推进和丰富邮轮产业链延伸发展，逐步建立健全邮轮产业配套体系，有力支撑我国邮轮产业长远可持续发展。随着我国邮轮产业发展战略逐步明晰，三大邮轮经济圈格局基本形成，邮轮港口硬件设施建设也将在未来2～3年基本完成。总体来看，我国邮轮母港建设均已接近国际水平，现阶段主要工作仍是继续完善港口硬件基础设施建设，并辅之以制定邮轮港口服务接待标准、提升邮轮港信息化平台、完善出入境游客通关边检手续、加强航道安全管理、构建船供体系、完善承运纠纷响应机制、最大化邮轮旅客自身利益等相关软件设施建设。国家和地方政府对发展邮轮产业的政策性扶持、财政性资助，有助于推动我国邮轮港口城市建设日臻完善，促进民族邮轮品牌不断崛起。

一、我国邮轮产业规模

目前，在中国运营的国际邮轮公司邮轮产业规模不断增加。进入2017年底，中国邮轮市场母港邮轮18艘，而在2015年中国邮轮市场母港邮轮为12艘。目前在中国邮轮市场品牌主要包含皇家加勒比邮轮旗下的4艘邮轮海洋量子号、海洋赞礼号、海洋航行号、海洋水手号，歌诗达邮轮旗下的赛琳娜号、大西洋号、维多利亚号、幸运号，地中海公司派出的新的邮轮抒情号，天海邮轮的新世纪号，钻石游轮的辉煌号，渤海邮轮的中华泰山号，公主邮轮的蓝宝石公主号和盛世公主号，丽星邮轮的处女星号，星梦邮轮的云顶梦号，诺唯真邮轮的喜悦号和银海邮轮的银影号。

在2014年交通运输部出台《关于促进我国邮轮运输业持续健康发展的指导意见》后，我国邮轮产业获得新的发展机遇。预计2020年，邮轮旅客数量将达到450万人次，与2014年相比年均增长38%，成为亚太地区最具活力和最大的邮轮市场。

和欧美游客相比，中国选择邮轮出行的游客更加年轻，平均年龄为38岁。北京和上海等一线城市的邮轮客占全国邮轮客的50%以上，其余40%以上的客源遍布于20多个省份。70%以上具有本科以上的高等教育背景，70%的游客来自月收入1万～2万元的中等收入家庭。90%以上的游客为企业的一般雇员和管理人员，从事教育、法律、金融行业的职业人士，民营企业的老板，自由职业及退休人士。

二、邮轮港口建设现状

1.我国邮轮产业的发展现状

"邮轮一响，黄金万两"，素有"漂浮在航道上的海上黄金"之称的邮轮产业，10年间，在中国的发展经历了从无到有的粗放式生长，正式迈入扩张迅猛的黄金时代。中国交通协会邮轮游艇分会（CCYIA）最新统计表明，2016年我国大连、天津、青岛、上海、广州等10大港口城市共接待邮轮996艘次，同比增长58%，邮轮出入境中外邮轮旅客2261405人（4522810人次），同比增长82%。

无疑，2016年是国内邮轮"井喷"的一年，对于华南而言更是如此。随着广州南沙母港、深圳太子湾两大邮轮母港先后投入使用，珠江三角洲地区逐渐形成以广州、深圳、香港三地为核心的三小时邮轮旅游圈。

一方面，可以拉动大量消费力的邮轮产业正打得火热；另一方面，行业自身既存的隐患和问题多年未解，导致最终造成的经济贡献度十分有限。CCYIA常务副会长兼秘书长郑炜航在接受采访时表示："邮轮数据喜人，年年高歌猛进，但同时效益欠佳，三大主力板块（邮轮公司、邮轮港口、包船旅行社和在线旅行社）都叫苦不迭，中国邮轮行业要持久健康发展，2017年到了反思、梳理、纠偏、正本的时候了。"

随着华南港口建设的日臻完善，邮轮公司也瞄准了这块尚待开发的邮轮"蓝海"，纷纷把发展精力移向南方。2017年下半年，皇家加勒比国际游轮处旗下的"海洋航行者号"将以深圳蛇口太子湾为母港，营运前往越南、日本和中国香港的总计8条航线，连同香港出发共有31条航次。

火爆的出行数据也验证了邮轮公司的战略目光。以广州南沙港为例，据相关统计数据显示，2016年南沙邮轮母港累计运营邮轮104艘次，接待游客量16.29万人。从产品体系来看，邮轮旅游已成为各大OTA、旅行社重点业务。

根据在线旅游企业驴妈妈提供的数据显示，2016年，驴妈妈全年邮轮游客人次同比增长91.3%；2017年春节期间，邮轮游客人次更是2016年春节的3倍多，同比增长228%。而同程旅游发布的春节出行报告则指出，今年春节期间，国内有高达14万乘客在邮轮上过年。

目前邮轮公司在国内大多采用包船或者切舱的方式来营销邮轮产品，这种方式可以让旅行社参与邮轮市场最终利益的分配，同时又使邮轮公司提前收回成本，加速资本周转。在邮轮供给量相对有限的场景里，包船模式使邮轮公司和所有包船商的市场营销推广和销售执行力得到了空前的增强，并让邮轮旅游的需求在短时间内被有效激发。

在包船模式的推动下，使得2014—2017年的邮轮供给量以每35%～70%的速度激增，而同期中国市场的需求显然无法跟上这个增速。在这样的市场环境下，包船模式必然无以为继。

2. 中国邮轮产业面临的问题

随着我国邮轮产业发展战略逐步明晰，三大邮轮经济圈格局基本形成，邮轮港口硬件设施建设也将在未来2～3年基本完成。总体来看，我国邮轮母港建设均已接近国际水平，现阶段主要工作仍是继续完善港口硬件基础设施建设，并辅之以制定邮轮港口服务接待标准、提升邮轮港信息化平台、完善出入境游客通关边检手续、加强航道安全管理、构建船供体系、完善承运纠纷响应机制、最大化邮轮旅客自身利益等相关软件设施建设。

国产邮轮制造业瓶颈有待突破，需重视引入国际资本相关的政策及立法。中国自己的邮轮产业才刚刚起步——中资邮轮运营公司于2013年正式登场，至今仍不足5%的市场份额；而在邮轮的设计、制造、装修方面，也几乎一片空白。如果单从造船业来看，近年中国保持着强劲的发展势头，2011年中国就占据了世界船舶建造市场31.2%的份额。但在豪华邮轮这样的附加值高、专业技术强的船舶制造方面，中国在邮轮设计、娱乐设施建造等还存在一定差距。在邮轮的装修领域，中国还是空白。2014年，携程与皇家加勒比合作购进精致邮轮时，曾想在中国进行装修改造，遍寻市场却发现没有一家企业有能力接单，最后不得不委托一家新加坡公司完成装修。虽然中国造船业有了长足的进步，但由于邮轮制造对资金、技术和装修水平的要求非常高，目前世界邮轮制造业基本上被德国、意大利、芬兰和法国垄断。基于以上原因，中国的邮轮制造业在今后还有很长的路要走。

中国的造船业主要是资本和技术含量较低的行业，而邮轮制造业属于资金和技术密集型的产业，对资金和技术要求极为严格和苛刻。就目前而言，国际上建造一艘现代化的邮轮，需要5亿～7亿美元，超大型豪华邮轮的造价甚至高达十几亿美元，对金融服务公司的要求很高。中国境内目前还没有相关大企业涉足大型邮轮制造领域，国内的造船公司业务以承接海外邮轮公司的零件组件订单为主，由于技术上的限制，国内目前只能造一些邮轮船体，至于邮轮上的精密设备仪器，往往都是在国外安装完成。邮轮产业的国际资本运作是一个复杂的系统，没有法律层面给予的支持和控制，就很难实现邮轮产业链的实质性突破。

中国的邮轮旅游虽起步晚，但发展迅速，市场规模仍在高速增长。随着中国经济发展的转型升级，邮轮旅游市场的潜力也将被不断释放。预计未来我国邮轮产业发展将更加具有活力，邮轮产品与航线将更加丰富多彩，为满足个性化需求的个性化航线也将被设计并运营。

第五节　中国邮轮旅游产业介绍

邮轮旅游产业是一种以大型豪华游船为载体，以海上巡游为主要形式，以海上活动和岸上休闲旅游为主要内容的高端旅游活动。邮轮是一种“漂浮的酒店”，是漂浮在海面上的“超五星级宾馆”，有配备齐全的生活、娱乐、休闲和度假的各类设施，被称为“无目的地的目的地”和“海上流动度假村”

等。邮轮不仅仅是一种运送旅客游山玩水、欣赏美景的工具，也是一种休闲度假的综合服务平台。

邮轮公司向旅客提供不同周期、不同航线的多种服务，消费者可以选择从短期（如一两天）到长期（比如几个周）的巡游。每条邮轮服务于一定的航程，航程本身以及邮轮上的休闲娱乐设施是消费者花费的主要组成部分。邮轮的航行速度、出发的港口、停靠的旅游地、航程的期限以及停靠地的距离构成了整条服务航线。油轮可以分为多种型号、从小型的近港游船到超大型的长距离、网络航线的邮轮。

邮轮业和其他休闲旅游业的本质区别在于邮轮旅游既是一种交通方式又是一种旅游目的地。游客巡游的经历不仅仅包括巡游本身，很大程度上还体现在欣赏国内外停靠港景色，享受船上精美住宿膳食服务，体验船上豪华休闲游乐设施，参加丰富多彩的海岸远足游览经历等。在实际操作中，邮轮公司可以提前将不同航线的舱位出售给消费者，消费者可以通过诸如度假扶助计划、旅游代理订位、热线订购以及在线订购等多种渠道购买船票，从而方便有效地计划出行时间、出行航线、港口、景点以及邮轮上的餐饮、娱乐和岸上观光、远足等辅助服务。

从旅游产业链角度来看，邮轮抵达之前、抵达、停靠、离开邮轮码头所引发的一系列产品和服务的交易，即通常所指的邮轮旅游业，是一种介于运输业、观光与休闲业、旅游业之间的边缘产业。同时，邮轮旅游产业的运行与发展又会拉动相关产业的发展，形成多产业共同发展的邮轮经济现象。

从20世纪80年代开始，陆续有邮轮停靠中国。中国的邮轮旅游虽起步较晚，但发展迅速，潜力巨大。邮轮产业除了带来直接消费收入外，还拉动了相关产业的发展。据研究，其拉动效应高达1∶10。虽然中国邮轮产业发展十分缓慢，与发达国家相比，在游客数量、邮轮码头设施及通关环境等方面都有较大差距，但近年来，随着中国经济快速发展和居民生活水平的提高，人们的旅游意识和对邮轮等高端旅游产品的需求日益增加，邮轮旅游在中国发展趋势可谓方兴未艾。

一、我国发展邮轮旅游的可行性

1. 发展机遇良好

当前世界旅游市场的发展已经进入了一个新的阶段，观光型旅游所占的市场比例逐渐下降，取而代之的是休闲度假型旅游。邮轮旅游作为国际旅游市场上增长速度快、发展潜力大的高端旅游产品，近年来一直保持着年均8%～9%的高增长率，远远超过国际旅游业的整体增长速度。从国内发展来看，加入世贸组织后，中国市场逐渐与国际接轨。消费能力的提高和出行交通的便捷使得居民的旅游需求发生了变化。政府为了顺应旅游业发展的趋势，积极支持中国邮轮旅游的发展。目前一些地方政府已经制定发展邮轮经济和邮轮文化的鼓励性政策，上海、大连、厦门、三亚等城市的邮轮码头建设也已经开始。2004年11月24日，中国国家旅游局和世界旅游组织在上海联合举办了“2004中国邮轮高层论坛”，与会代表一直看好中国邮轮旅游的发展前景。2008年奥运会与2010年世博会的开展也为中国邮轮业带来发展机遇。

2. 邮轮旅游消费能力具备

改革开放以来，中国经济持续高速增长。2006年人均GDP首次超过2000美元，大多数的沿海港口城市人均GDP已超过3000美元，达到中等发达国家水平，经济的快速发展必然会带来收入的提高以及消费实力的提升，增强人们外出旅游以放松身心、满足精神享受的欲望。邮轮旅游业的发展，可以改变消费结构、丰富旅游消费形式，更好地满足人们日益增长的物质、文化生活需要。马斯洛的需求理论认为，人的需求由低级向高级循序渐进。邮轮旅游作为一种高端的休闲旅游产品，正好符合中国旅游消费升级的社会需求。随着中国经济的进一步发展，百姓的生活富足，对高端旅游产品的需求不断增长。集海上度假、休闲、娱乐、岸上观光于一体的邮轮旅游，作为目前最轻松、最自由、最休闲的度假旅游方式，必然成为越来越多闲暇人士的首要选择。

3. 地理条件优越，旅游资源丰富

中国地处亚洲东部、太平洋西岸，距离亚洲最重要的邮轮旅游市场——东南亚和日韩地区都比较近，为发展邮轮旅游以及开拓亚洲邮轮市场提供了广阔的平台。中国拥有18000多公里的大陆海岸线和14000多公里的岛屿岸线，能够停泊邮轮的港口城市众多，其中大连、天津、青岛、宁波、厦门、深圳、三亚都具备建设邮轮母港的自然条件。第一是海域。在中国的东部和南部有四个海域，总面积471万平方千米，往东还有浩瀚的太平洋。尤其是南海和太平洋，特别适合发展邮轮旅游。第二是“3S”。“3S”分别指的是阳光、沙滩和海。在东海、南海和太平洋地区，阳光充足，适合日光浴。沙滩在中国的分布极广。从大连到北海都有，如大连的虎滩、秦皇岛的北戴河、北海的银滩等，可以开展各种水上和沙滩运动，如潜水、冲浪、钓鱼、沙滩排球等。第三是港口及其腹地的旅游资源丰富，大城市分布在港口附近，有些港口城市本身就是旅游胜地，周边旅游景点质优量多，可以满足游客短时间陆上游玩的需求。

二、我国邮轮旅游产业的发展现状

纵观全球邮轮旅游市场，虽然国际邮轮旅游市场主要集中在北美和欧洲，两地区的发达国家占了市场的最大份额。但随着国际邮轮产业将发展重点转向亚洲，尤其是中国内地这一新兴市场，亚太邮轮业发展迅速，增长速度已高于世界平均值。不同的文化背景和优美的自然风光使得亚太地区成为更为集中的旅游目的地，亚太地区的邮轮旅游将更加频繁。

我国以优越的地理位置、独具魅力的东方文化、丰富的旅游资源和巨大的客源市场成为亚洲邮轮市场的核心组成部分，越来越受到邮轮公司的重视，并呈现出强劲的发展势头。2002年1月，国内第一艘海上豪华游轮“假日号”在深圳起航，开辟了上海至香港海上旅游专线；2005年4月，嘉年华公司“蓝宝石公主号”携带2600名欧美游客在天津登陆；2005年5月，嘉年华旗下的歌诗达邮轮公司在上海成立办事处；2006年7月，歌诗达邮轮公司的“爱尔歌娜号”以上海为基本港首航；2007年8月，由歌诗达邮轮公司设立的天津港为基本港，以韩国济州、日本长崎为旅游目的地的新航线正式开通；2009年4月，歌诗达在中国的第二艘邮轮“经典号”从上海港首航出发；2012年6月19日，隶属于世界第二大邮轮集团的皇家加勒比邮轮——海洋航行者号首次抵达上海；2013年6月18日，皇家加勒比海洋水手号在吴淞口开启中国母港首航，这也拉开了世界邮轮公司抢占中国邮轮市场的序幕，中国邮轮旅游强劲的发展势头颇受世界邮轮行业关注。

作为国际邮轮公司在亚洲的重要客源地和市场，中国邮轮旅游刚刚起步，还没得到广泛接受。但是，随着中国经济的长期稳健发展，居民生活水平的持续提高和旅游消费需求的迅速增长，以及旅游方式从游览观光为主向度假休闲的转变，国际上已经非常成熟的邮轮旅游方式，逐渐引起中国旅游消费者的关注，并成为一种充满魅力的新兴旅游方式。据统计，2015年国内有10个港口接待过邮轮，包括大连、天津、青岛、烟台、上海、舟山、厦门、广州、海口、三亚，共接待邮轮629艘次，同比增长35%；邮轮旅客124万人，同比增长44%。其中，接待母港邮轮539艘次，同比增长47%；访问港邮轮90艘次，同比下降10%。乘坐母港邮轮出入境的中国游客111万人，同比增长50%；乘坐邮轮访问中国的境外游客12.81万人，同比增长4.7%。上升势头在全国范围内颇受关注。

与此同时，国内港口城市对邮轮旅游市场的竞相逐鹿和国际邮轮巨头的大举进入，也使得国内邮轮旅游开发热潮不断高涨。截至2010年7月，国内已建成或即将建成的专业邮轮码头有上海国际客运中心、厦门国际邮轮中心、三亚凤凰岛邮轮码头、上海吴淞口邮轮码头、天津港国际邮轮码头等。另外，大连、青岛、宁波、深圳、广州、珠海、汕头等城市也都制定了建设或改造邮轮客运中心的规划。近年来，我国初步形成了依托长江三角洲和环渤海湾的东北亚邮轮港口群，依托珠江三角洲和环北部湾的东南亚邮轮港口群，依托海峡两岸和台湾岛的（台湾）海峡两岸邮轮港口群。面对欧美邮轮市场的逐渐饱和以及中国邮轮市场的巨大潜力，国际邮轮巨头纷纷进入中国市场。2006年以来，歌诗达邮轮公司、皇家加勒比邮轮公司、丽星邮轮公司相继在上海、天津等港口城市设立合资旅行社、办事处等机构开展中国市场的邮轮运营业务，并开辟了以天津、上海、厦门、三亚等中国港口为母港的东北亚和东南亚邮轮航线。

在产业发展政策方面，邮轮旅游亦得到了中国政府和各级地方政府的大力扶植和推进。近年来，相关部门相继出台了一系列推动我国邮轮旅游市场发展的利好政策。如2008年6月，国家发展与改革委员会出台了《促进我国邮轮业发展的指导意见》；2009年3月25日国务院提出促进和规范邮轮产业发展；2009年10月19日，国家交通运输部明确外国籍邮轮经特案批准，可在华展开多点挂靠业务。相关政策的相继出台，将有力地拉动中国邮轮经济的发展。

三、邮轮旅游产业的发展趋势

1. 巨型化和功能多样化趋势

鉴于邮轮产业的规模经济特征以及满足旅游者多样化需求的考虑，国际邮轮企业所购置的船只越来越趋向大型化及内部功能的多样化。从邮轮吨位来看，相关资料表明，20世纪80年代建造的邮轮单船平均7.66总吨、1815个客位。而到了2009年，世界主要邮轮公司的新建油轮平均吨位达到了12.8万吨，其中最大的为英国加勒比邮轮公司的"创世纪工程"号邮轮，其总吨位为22万总吨，可承载5400位游客。在邮轮巨型化的同时，邮轮功能也日趋多样化。目前，除了传统的酒吧、咖啡厅、免税商店、夜总会、健身中心、图书馆、会议中心、豪华赌场、游泳池、青少年中心外，很多邮轮还设置有高尔夫球场/练习场，保龄球馆、篮球馆、排球馆、网络咖啡吧、冲浪池、攀山墙、滑冰场等设施。

2. 邮轮旅游主题化趋势

主题邮轮产品早在邮轮业发展之初就已经存在，但其成为邮轮公司开发和营销的重点则始于20世纪80年代。在市场竞争日益激烈和邮轮需求日趋多样化的环境下，为适应特定消费群体的旅游要求，开发主题化的邮轮产品以形成产异化成为邮轮公司获得竞争优势的利器之一，主题化邮轮旅游也成为世界油轮市场中热销的产品。如嘉年华公司推出了“魅力海上读书”活动，邀请畅销书作者与游客同船旅游，共同讨论书中精彩的情节。皇家加勒比邮轮公司在邮轮上推出了运动型项目，如高尔夫爱好者可以打轻击球，热衷攀岩的人可以参加攀岩活动，为游客的旅行增添了许多乐趣。此外，一些邮轮公司专门为儿童准备了各种游戏活动，为年轻人准备了舞会，为成年人提供水疗和室内运动项目或专题讨论会等。在主题化邮轮产品热销的趋势下，依托鲜明主题，按照主题公园的模式与思路进行经营，也成为当前全球邮轮公司新兴的经营模式。

3. 短程化和近岸游增多趋势

邮轮旅游的日程变幅较大，从历史数据来看，有长达一百多天的环球航游，也有仅停留一日或一夜的短程金海航游。基本上可将其分为四种类型：环球游、远洋游、区域游和近岸游。根据马丁对1985—2002年间前两类邮轮旅游类型研究的结果可知：环球游平均航期为100天，远洋游为60天。另外，根据世界各大邮轮公司的航线数据，区域游的航期平均为6～7天，而近岸游则平均为2～3天。根据国际邮轮协会的相关数据，在上述四类邮轮旅游类型中，环球游和远洋游所占的比例很小，仅为1%左右；区域游所占比例最大，历年来约占60%左右；近岸游的比例在近年来一直呈上升趋势。综合来看，导致这种趋势的主要原因主要有3个：一是“9·11”恐怖袭击后，人们普遍产生了对远程旅游安全性的担忧，因此更倾向于避免跨洋航游，参加近岸旅游；二是虽然停靠港的旅游吸引物仍是促使人们参加邮轮旅游的一个重要因素，但在邮轮巨型化和功能多样化的趋势下，邮轮本身作为一个终极目的地的观念更加深入人心，因此一些仅在周边海域航游而不停靠任何港口的邮轮产品日益增加；三是邮轮公司为吸引新的客源市场，特别是亚太等新兴经济体内的客源市场，开发出一些旨在提供尝试性体验的短程航游产品。

4. 联营化趋势

邮轮旅游联营化是指邮轮公司与旅游经营商、交通服务提供商（陆路和航空）、旅游港口等相关企业形成较为紧密的合作关系，共同为游客提供一体化的邮轮体验服务。这种运营模式首先且主要体现在交通体系方面，即邮轮公司开办飞机—邮轮、铁路—邮轮、汽车—邮轮等多种方式的联运业务。如英国公主邮轮公司与其主要客源地美国的140多个城市及加拿大的11个城市的航空公司建立联运业务关系，使旅游者在上下游船当天能够免费享受到机场接送业务，为游客乘船提供了较为便利的条件。随着邮轮产业的进一步发展，联运化特征也逐渐扩展至其他业务内容，如有些游轮开始购买海岛、开发岸上旅游观光产品。

四、中国邮轮旅游产业竞争力影响要素

1. 生产要素

影响邮轮旅游产业发展的生产要素主要包括旅游资源、地理区位、人力资源、金融资本及基础设施。

2. 市场需求

影响邮轮旅游市场需求的要素主要有消费能力、消费偏好和市场发展。

3. 相关和辅助产业

邮轮旅游产业属于复合型交叉产业，会受到一系列相关产业的影响。其中，传统旅游业（旅行社、住宿、旅游景点）对其产生直接影响。除此之外，还会受到金融、航空服务、零售贸易、房地产、农业、耐用品等行业的影响。

4. 企业因素

邮轮旅游市场企业进入的积极性以及企业实力等都是重要的影响因素。此外，邮轮码头建设、邮轮维修、维护、补给服务是邮轮旅游服务的重要内容，其服务质量的好坏直接影响到旅游者的邮轮旅游体验。

5. 政府行为

政府的支持主要表现在政府发展邮轮业的产业定位、政策导向、产业规划和人才储备计划。

五、中国邮轮旅游产业发展的问题

1. 邮轮旅客接待量增长速度快，但规模小

根据中国交通运输协会邮轮游艇分会对中国邮轮旅客接待量和邮轮艘次的统计数据，2012年、2013年上半年的旅客接待量同比增长率分别为31.9%、103%，接待邮轮艘次同比增长8.8%、117%，总体增长速度较快。但从规模上看，我国2012年共接待66万邮轮游客，而美国的一个迈阿密港口在2012年就接待了超过400万的邮轮旅客，远远超过了我们一个国家的接待量，中国邮轮旅

客的接待量与欧美地区相比还相差很远。

2. 对母港的认识有误区，盲目建设

虽然近年来中国邮轮市场迅猛增长，但现在却出现各地争相兴建邮轮母港的现象。但是否成为邮轮母港，则需要邮轮公司相关配套设施、航线布局，以及当地腹地足够大的邮轮游客量的配合。截至2014年3月，我国共有6个正在运营的邮轮码头，还有8个城市已建成或准备兴建邮轮码头。在硬件条件上，我国已经具备很强的接待能力，但年均挂靠量却十分有限。2013年上半年，全国共接待邮轮236艘次，母港邮轮164艘次，按每艘油轮在母港停留一天来算，2013年上半年内地邮轮港口的泊位使用率仅15.1%，造成了严重的资源浪费。且现有的码头经营基本都无法盈利，盲目的建设将会有更多的码头设施闲置，进而带来长期的经营亏损，投资风险巨大，不符合科学发展的要求。

3. 邮轮产业链短缺

虽然我国拥有较强的造船能力，但多以传统的货轮为主，在邮轮设计、建造方面仍处于空白状态。2013年10月15日，“伊丽莎白二世”号控股有限公司宣布授予中国远洋运输（集团）总公司旗下中远船务工程集团有限公司改造“伊丽莎白二世女王”的订单，这也是中国第一份大型邮轮改造合同，这一新订单成为中国积极迈进造船界的里程碑，同时也拉开了我国加入世界邮轮设计制造行业竞争的序幕。

邮轮经营公司方面，海航集团于2012年正式成立的海航航船业邮轮游艇管理公司，成为我国第一家本土邮轮公司，标志着中国邮轮市场将打破境外大型邮轮公司寡头垄断的局面，从而进入以本土化服务竞争为主导的新阶段。但9月14日的“海娜号”事件，虽起于企业债务纠纷，却也暴露出我国企业在邮轮运营管理方面的短板。除此之外，中国邮轮有限公司，也已逐步建设了若干油轮投资、运营和管理的总部基地和运营中心。但与众多的邮轮公司相比，这两家邮轮公司要想在外资邮轮公司垄断的市场中占据一席之地并非易事。中国邮轮产业自主运营品牌还需要在运营、服务、维护等方面同国际知名邮轮公司学习。

邮轮港口服务方面，中国邮轮码头的建设如火如荼，但总体都表现出功能相对单一，船供服务、旅游购物等邮轮相关领域发展不足的表征，更多的还是体现上下客以及简单的邮轮港口服务，处在邮轮产业链附加值较低的环节。

4. 邮轮产业人才短缺

推动邮轮产业发展，不仅仅要关注邮轮母港等基础设施建设，相关配套服务能力的提高，还包括邮轮旅游产品的设计、探索邮轮游船建设等方面的工作。邮轮就像一座小城市，由航海、娱乐、餐饮、海关、法律、通信、医疗等众多部门组成，需要相关的专业人士来组织、管理、协调和运作。而所有的这些则需要一个强大的人才队伍作支撑。由于中国邮轮旅游起步比较晚，到目前为止还属于新兴事物，因而缺乏这方面的专业人才。

邮轮产业的人才可包括邮轮公司的运营管理人才、专业技术人才和服务人才三种类型。总体上看，人才类型跨度较大，培养上有一定难度。近年来，陆续有高校开设新专业课程，如高尔夫、会展旅游等，但邮轮旅游课程很少有高校开设。目前，我国约有10所学校培养邮轮专业人才，每年的邮轮人才供应量约为1000人。保守估算，到2020年，中国邮轮、游艇、游船和水上旅游的人才需求量将超过30万。照此推算，到2020年，中国邮轮人才供应缺口达28万人，这将极大地限制中国邮轮产业的发展。

六、中国邮轮旅游产业发展对策

1. 加大政府扶持的力度

发展邮轮旅游产业，需要有合理的法律法规和政策扶持体系作支撑。我国的邮轮旅游产业尚处在起步阶段，发展还很不成熟，特别需要政府给予全方位的、强有力的政策支持。政府应协调旅游、边防、海关、航运、检疫、环保等部门，出台相应的邮轮旅游产业发展和管理办法，包括改进通关制度、完善航道管理、完善港口收费标准、放宽投资政策、税收优惠及海洋环境保护等，尤其要对邮轮港口码头建设进行统一规划和客观调研，防止过度建设，避免恶性竞争，在全国范围内形成资源协调、布局合理、层次分明的邮轮产业带，以促进我国邮轮旅游业的快速和健康发展。

2. 科学合理建设邮轮旅游基础设施

邮轮旅游产业的发展需要一系列功能完善的基础设施。目前，中国还缺乏标准的大型邮轮码头以及与之配套的购物、餐饮、住宿等设施。一方面，要综合考虑港口都市的地理位置、发达程度、市场总量、接待能力、销售软硬件水平，有序建设国际邮轮母港；另一方面，要不断完善城市市政设施，构建综合性游客运输体系来解决交通的重大问题，完善城市基础设施建设，如城市供水与污水处理系统，以便顺利为邮轮服务，重点实施体育中心、商业中心、娱乐文化中心等公共与商贸设施，增强对游客的吸引力。

3. 拓宽邮轮产业融资渠道

由于邮轮投资巨大，成本回收周期长、风险大，中国内地多数港口城市难以支持或无力投资，这也在一定程度上影响了国内相关企业投资的积极性。在融资渠道方面，应鼓励国际邮轮公司进驻中国内地，结合中国内地城市与港口实际，建设邮轮码头，也可以由中外双方开展全面合作，共同规划发展邮轮产业。可采取商业化开发模式，拓宽筹资渠道，加大投资力度，积极引入国内外大财团参与，尤其是与资金实力雄厚、管理经验丰富的国际邮轮公司合资合作，全面参与中国内地邮轮产业相关项目的建设与管理，推动邮轮产业的快速发展。

4. 加强区域邮轮旅游合作

我国海岸线漫长，能够停泊邮轮的港口城市众多。沿海主要港口城市应建立多层面、多渠道的交流机制，掌握邮轮旅游发展趋势，交流邮轮旅游发展信息，充分发挥区域优势吸引各地区游客乘邮轮出境旅游，为邮轮旅游拓展客源市场，促进环渤海、长三角、珠三角地区以及沿海地区的邮轮产业互动发展。加强与港澳台和东南亚地区的合作，港澳台和东南亚地区邮轮旅游发展比较早，积累了丰富的邮轮旅游经验，加强与该地区的合作将有利于中国邮轮旅游产业的快速发展。

5. 大力培养国内邮轮旅游消费市场

邮轮旅游起源于经济发展水平较高的欧美地区，邮轮旅游一直被称为高端旅游，游客的消费能力、购物热情都高于一般游客。我国邮轮旅游消费规模和居民邮轮旅游消费能力的差距，应该是源于国内居民邮轮旅游消费观念和油轮市场推广等方面的问题，因此培育国内邮轮消费市场将成为我国邮轮产业开发的一项重要内容，也是邮轮旅游研究中的重要课题。

首先，必须加大宣传力度，增强人们对邮轮旅游的认知和了解，激发目标人群的邮轮旅游内在需求。可通过广告、媒体、节庆活动、培训、展览会等营销手段，定期举办邮轮峰会高层论坛，建立中国邮轮产业专业网站，提供邮轮旅游信息咨询服务等方式进行宣传。其次，要通过充分的市场调研，开发符合中国旅游市场需求的邮轮旅游产品和航线。建立高效、快捷的邮轮旅游产品销售（代理）机制。可以鼓励旅行社与邮轮企业开展全方位协作，允许邮轮公司在中国内地设立中外合资或独资的国际旅行社进行邮轮旅游的相关业务。

6. 着重考虑邮轮巨型化的邮轮产业发展趋势

巨型油轮需要码头具备更深的吃水深度、更长的岸线，需要现代化的登船设施和快速便捷的能在短时间内为数千人办理登离船服务的场地和服务设施。因此，致力于发展邮轮旅游的港口城市，特别是要发展成为邮轮母港的城市，需要密切关注世界邮轮船只的现状和发展变化趋势，在明确自身定位和所服务目标市场的前提下，开发并预留足够的、符合条件的邮轮码头、配套设施以及后勤补给设施设备。上海市邮轮旅游开发实践印证了上述问题。2007年上海北外滩国际客运中心启用，并成为歌诗达等邮轮公司所属游轮的邮轮母港，但由于该邮轮码头吃水深度较浅，且受杨浦大桥船舶通过高度的限制，很多8万吨级以上的巨型邮轮难以进入该码头，只能临时借用深水港货运码头。为此，上海市又投资12.6亿元建设具有更强接待能力、与北外滩形成功能互补的吴淞口国际邮轮码头。另外，耗资81亿港元的香港启德邮轮码头的建设也是主要出于原有邮轮码头接待能力不足和难以停靠巨型邮轮等原因。

7. 企业应灵活规避油轮造价高昂、购置和维护成本很高等原因造成的市场风险

国内邮轮经营企业可充分利用世界邮轮经营的地理季节性调配特征，联系引用或租用与我国邮轮旅游适宜季节具有互补性的区域邮轮船队，既能降低运营风险，又能缩短开发周期。在与国际邮轮企业开展充分合作的同时，应依托具有水上客运和港口经营背景、经济实力雄厚的大型企业，组建我国自己的邮轮企业。这不仅能够有效地提高国内邮轮市场的经营成效、降低企业的运营风险，还能够避免邮轮运营过分“洋化”而产生的邮轮经济漏损等问题。

8. 我国近期应重点发展近岸邮轮旅游

我国具有漫长的海岸线，且东部沿海城市大多经济发达，具有巨大的消费潜力，因此，近期邮轮旅游的发展应在积极争取成为国际邮轮航线节点的同时，重点发展近岸邮轮旅游，大力挖掘国内邮轮旅游的需求。而且，近岸邮轮旅游的花费较之国际邮轮航线要低得多，既符合目前我国居民的消费水平，又可作为一种尝试性的邮轮旅游产品，降低邮轮旅客的消费风险。从全球视野来看，近岸旅游也是很多国家和地区（如新加坡和中国香港等）在邮轮旅游开发初期重点开发的产品类型。在邮轮航线设计方面，应根据中国旅客的消费特点和消费习惯，规划符合中国消费者需求的邮轮旅游产品。结合中国公务、商务市场和奖励旅游市场的先导性消费特征，组织定位于上述市场群体，有特定主体的邮轮航线。

9. 加强邮轮人才培养

中国邮轮产业的发展需要庞大人才队伍支撑，不仅需要邮轮设计与制造产业的人才，还需要邮轮企业管理人才，更需要邮轮产业发展的服务人员。因此，必须培养熟悉专业流程的人员，提升邮轮旅游的“软实力”，提高游客满意度。

一方面，要加强产学研相结合的人才培养模式，使邮轮企业、高等学校、研究机构各方面共同合作，加快邮轮专业教材的编织，加强师资队伍的建设，培养出管理、服务、专业设计等不同专业、适应邮轮旅游业发展需要的人才；另一方面，还需要积极引进国内外邮轮码头管理专业人才，选拔有能力的人才到国外邮轮母港和邮轮城学习深造，也可与国际邮轮公司等企业合作，学习和吸收先进的管理方法和理念，适应邮轮产业发展对高层次人才的需求。

作为中国经济增长的新方式，邮轮产业对刺激消费、拉动内需、促进经济增长具有重要意义。我国作为全球主要的客源输入国和输出国，各大邮轮公司都将加大开展中国市场的力度。目前，中国正处于邮轮旅游的快速发展期，邮轮旅游的发展潜力巨大。邮轮产业将有可能催生新的消费增长点，未来几年内邮轮旅游将发展成为一种重要的旅游方式。我们必须制定相应的对策，并借鉴其他邮轮旅游国家的成功经验，以提高中国邮轮旅游的产业竞争力，促进中国旅游经济的蓬勃发展。

第六节　影响邮轮产业未来成长的因素

目前，中国邮轮产业处于培育期、粗放式的起步发展阶段，发展力量主要集中在邮轮政策制定、邮轮码头建设、邮轮船队引进、邮轮旅游观光和接待等方面，在邮轮管理、邮轮产业规划、邮轮制造、邮轮服务体系、邮轮市场机制、邮轮消费理念等方面还存在许多空白和不足；未来10年，中国邮轮产业发展将处于爆发期、市场细分的快速发展阶段。

中国邮轮经济的巨大发展潜力为市场所看好。考虑到中国邮轮旅游渗透率不到0.02%，未来受益于消费升级、人口结构变迁以及政策推动等因素影响，中国邮轮市场有着极为广阔的发展空间。预计未来5年，中国邮轮市场有望保持30%以上的增速，并在2020年接待邮轮游客达到900万人次以上。

邮轮经济的快速兴起催生出对邮轮运营的巨大需求，包括嘉年华在内的国际邮轮运营“三巨头”不断加码中国邮轮市场。以嘉年华为例，集团总裁兼首席执行官阿诺德·唐纳德宣布，继歌诗达邮轮和公主邮轮进驻中国后，集团将于2017年把旗下嘉年华邮轮和AIDA邮轮两大领先品牌也引进中国，进一步巩固在中国市场的地位。

邮轮产业是典型的资本密集型、技术密集型和劳动密集型三大特征兼备的特殊产业，其强大的经济拉动能力和吸附能力成为带动港口城市经济的增长点，发展邮轮经济逐步上升到国家战略层面。一方面，邮轮带来的大量消费能力较高的客群，可以拉动停靠港母港所在地区的消费经济。按国际经验，邮轮船上经济与港口经济的拉动效应达到1∶9。另一方面，母港基础建设以及邮轮制造业的发展对地区经济发展有着巨大的贡献。《全国沿海港口布局规划》对中国邮轮业基础设施建设进行了总体布局，10年来，各大部委发布了多项扶持政策，以促进邮轮产业发展。

在特定区域内发展邮轮产业经济，通常会受到以下因素的影响。

一、区域内经济发展水平的影响

统计数据表明，当发达国家人均GDP达到8000～10000美元时，邮轮消费开始起步，在人均20000美元时将达到高峰，然后增速减缓，但因基数较大，总量仍会保持上升状态。这是影响区域内游客数量的主要因素。

二、区域内旅游资源的质量和分布的影响

首先，港口城市内旅游资源相对于区域内其他城市旅游资源对游客具有更强的吸引力。其次，可利用的旅游资源的最佳分布应在0.5日的车程以内。这是因为国际邮轮的定期航班多为夜间航行、白天靠泊，每站靠泊时间为一两天（有时更短），这通常是影响游客选择邮轮航线的另一主要因素。

三、区域内人群出游方式的影响

国际邮轮的消费人群不仅要有钱，而且要有空闲的时间。区域性国际邮轮的班期一般为7～15天，跨洋航线一般在1个月左右，不同人群显然会受到休假长短不同的约束。另外，在选择邮轮始发地时，还要考虑大多数游客对交通方式如飞机等的选择习惯。

四、软、硬环境的影响

包括出发地海关、检验检疫等政府部门的工作效率、信息网络系统、各

种服务质量和水平等“软环境”，以及靠泊设施、后勤供应、船舶维修能力等“硬环境”的影响。

五、其他政治、社会因素的影响

近年来，国家内部的政治稳定、区域内国家间关系以及宗教等因素对邮轮市场产生了越来越大的影响，尤其是恐怖主义的盛行、海盗猖獗和局部区域战乱不断，给邮轮产业蒙上了阴影。因此，和平、安定、和谐的环境是邮轮消费的基础。

第四章

散装船产业

一般散装运输谷物、煤、矿砂、盐、水泥等大宗干散货物的船舶，都可以称为干散货船，或简称散货船。因为干散货船的货种单一，不需要包装成捆、成包、成箱的装载运输，不怕挤压，便于装卸，所以都是单甲板船。总载重量在50000吨以上的，一般不装起货设备。由于谷物、煤和矿砂等的积载因数（每吨货物所占的体积）相差很大，所要求的货舱容积的大小、船体的结构、布置和设备等许多方面都有所不同。因此，一般习惯上仅把装载粮食、煤等货物积载因数相近的船舶，称为散装货船，而装载积载因数较小的矿砂等货物的船舶，称为矿砂船。

图4-1 散装船

第一节 级别分类

（1）总载重量DW为100000吨级以上，称为好望角型船。

（2）总载重量DW为60000吨级，通常称为巴拿马型。这是一种巴拿马运河所容许通过的最大船型。船长要小于245米，船宽不大于32.2米，最大的容许吃水为12.04米。

（3）总载重量DW为35000～40000吨级，称为轻便型散货船。吃水较浅，世界上各港口基本都可以停靠。

（4）总载重量DW为20000～27000吨级，称为小型散货船。可驶入美国五大湖泊的最大船型。最大船长不超过222.5米，最大船宽小于23.1米，最大吃水要小于7.925米。用于运输矿砂的船，载重量越大，运输成本越低。目前，矿砂船最小的总载重量为57000吨；最大的为260000吨；大多数为12000～150000吨。由于船型高大，在高潮时岸上的起货设备的高度往往不够高。因此，这种矿砂船在装卸货的同时，利用压载水的多少来调节船舶吃水高低。

第二节　散装船的结构特性

因散装船的典型船体结构存在设计上的严重缺陷，港口机械化装卸设备循环装卸的连续和快速性，压载水的排注与装卸作业的不协调，或因排注能力而受到限制，导致散装船结构的薄弱环节容易出现轻度损伤，且随船龄的增长而逐渐积累扩大，在某一时间将达到极限。

由于散装船结构强度逐步弱化，在上述各个环节和恶劣天气下的海上航行过程中，船体所承受的弯曲力、剪切力、扭曲力是一个静态力和动态力的合成与分解，静负荷、动负荷及扭转负荷复杂多变的动态过程，因主客观原因导致船体承受的额外应力及剪切力，在某些情况下将造成船体结构的损伤，并随着船龄的增长，船体的结构强度将逐渐减弱。

货物装卸、压载水更换过程不合理、港口的野蛮装卸、装卸机械设备对船体结构的损伤、超载、持续集中的货物倾倒或挖卸导致的局部超负荷、重货的隔舱装载等，都会因船体承受过应力而导致船舶整体结构或局部结构致命性的损伤。

据资料统计，散装船重大海损事故乃至恶性事故，因结构与稳性原因导致的约占45%，且稳性原因也主要是货物装卸、海上压载水更换操作失当引起货舱结构破损进水，导致船舶稳性丧失。

尽管大型散装船船体结构损伤的主要内因是典型散装船结构型式中存在严重的设计缺陷，但从调查资料显示，在散装船船体结构损伤的事故中暴露出的管理工作中的种种问题却十分严重，管理不善是促使散装船结构缺陷迅速扩展的主要原因。将散装船结构安全管理纳入整个机务管理的核心，重视结构，维持结构，为船舶结构安全保驾护航，向管理要安全，向安全要船舶，使效益最大化。

第三节 散装船结构的安全对策

影响散装船结构安全的因素有很多，但综合起来将其划分为船上操作者控制水平和船舶自身的结构水平两大部分来描述，或许能更直观地加以分析说明，以突显应加强控制和管理的要求，明确管理是根本，重在过程监控、跟踪管理，执行定期评估。

散装船自身结构水平是集船舶设计、材料、建造、工艺、不同时期的建造规范标准、检验、建造成本投入等于一体的一个综合性的结构性能指标。维持船体自身结构水平，避免操作性结构损伤是维持船体自身固有结构完好性的关键。

维持结构，弥补缺陷和自然损耗，纠正损坏和疲劳损伤是维持船体自身结构水平的基础工作。维持结构，就意味着要不断地弥补结构上的缺陷及自然损耗、需强化并保持有效的抗腐蚀措施以及持续纠正结构上的损坏和疲劳损伤。及时地发现结构上的缺陷和损伤，及时地采取有效的纠正措施，及时地消除结构上存在的隐患，是避免和遏制散装船海上事故高发的有效手段。

避免发生操作性结构损伤，要常规范船上关键性操作、杜绝港口野蛮作业来实现。涉及结构安全的船上关键性操作，可划分为两个部分：一是海上航行、压载水更换操作；二是港口货物装卸、压载水排注操作。应明确，大型散装船的装卸计划，作为负责现场监督控制的值班驾驶员必须要熟知，要从散装船结构、强度安全的高度来认识对货物装卸、压载水排注操作过程监督控制的重要性。

散装船货物装卸及压载水排注、更换操作，是影响散装船结构安全的关键性操作。加大人员操作管理，需要有系统的监督考核评估机制、需要从过程管理入手，控制好每一个操作环节，及时发现并纠正操作过程中可能出现的问题，避免出现人为的操作性结构损伤。如何透视过程管理的每一个环节，如何界定每一个货物装卸、压载水排注或海上压载水更换操作过程是否符合安全的标准，如何评价考核船上负责操作和管理人员的尽职水平和业务能力，随时发现并纠正他们自身无法觉察到的操作上或认识上的某些误区，不断地提高他们的操作技能和水准，是我们现在应高度重视和迫切需要解决的问题。建立监督考核、综合评估机制，不定期地对某一个具体操作全过程进行综合评估，考核负责计划和操作控制者的尽职水平和工作能力，找出存在的问题，不断总结经验，汲取教训，以便研究相应的对策，不断地完善人员操作管理，必将给散装船的结构安全管理带来积极的推动作用。

第五章

驳船产业

驳船本身无自航能力，需拖船或顶推船拖带。其特点为设备简单、吃水浅、载货量大。驳船一般为非机动船，与拖船或顶推船组成驳船船队，可航行于狭窄水道和浅水航道，并可根据货物运输要求而随时编组，适合内河各港口之间的货物运输。少数增设了推进装置的驳船称为机动驳船。机动驳船具有一定的自航能力。

图5-1　驳船

第一节　驳船分类

按材料分，有钢驳、木驳、水泥驳。按船型分，主要有普通驳和分节驳。

普通驳首尾两端斜削呈流线型，备有锚和舵。分节驳两端呈箱形（全分节驳），或一端斜削、另一端呈箱形（半分节驳）。中国古代的对槽船（又称两节船）可以看作是现代半分节驳组成的船队的雏形。它由两节相同长度的船组成，前节船首端斜削，尾端呈方箱形，后节船首端为方箱形，尾端斜削，两节船的方箱形一端相互对拢，用缆绳连接。舵设在后节船上。现代分节驳上一般不设舵，美国的分节驳上也不设锚，中国和西欧一些国家的分节驳上设锚。分节驳结构简单，施工方便，造价低，用分节驳组成船队，可降低航行阻力，提高载货量，因此分节驳得到广泛应用。美国常用的分节驳有3种，它们的载重量和尺度是根据内河航道的标准尺度确定的。

第二节　轮驳船队

分拖驳船队和顶推船队两种。拖驳船队由拖船和普通驳船组成，主要用于货物运输，也用于小河上旅客运输（见拖驳运输）。在海上一般是一艘拖船拖带1～3艘驳船，在内河可拖带10艘以上。拖驳船队基本为一列式拖带的队形。拖船和驳船、驳船和驳船间用缆绳连接。顶推船队由推船和驳船组成，用于运输货物（见顶推运输）。顶推船队分两种：①普通驳顶推船队，用缆绳将推船和普通驳绑结而成，船队有多种队形。②分节驳顶推船队，由推船和分节驳组成。推船和分节驳之间、分节驳和分节驳之间有用缆绳连接，也有用机械连接。在海上，一般是一艘推船顶推一艘驳船；在内河，一艘推船可顶推驳船数十艘。如在美国密西西比河下游，一艘16000马力的推船和40多艘驳船组成一个顶推船队。

第三节　轮驳运输与江海直达运输的比照分析

一、轮驳运输相对江海直达运输劣势分析

1. 船公司的角度

编解船队技术复杂。编解不好，影响船舶的操纵性，严重的会发生安全事故，对公司的经济和社会声誉造成不良的影响。在当今坚持以人为本的科学发展观指导下，政府和社会更加关注安全问题。因此，中小型航运公司如没有过硬的编解船队的经验不敢轻易涉足轮驳运输，即使有经验的公司，也会规避安全问题而减少轮驳运输。

航速较低。在同样载重量和航速的情况下，驳船队的阻力大。所以，如果主机功率相同，驳船队航速较机动货船低。

运输组织要求高。由于拖轮与驳船的分离，拖轮与驳船队作业时间安排不当，就必然会相互等待，增加非生产性停泊，使港航运输难以继续生产。以

前拖轮与驳船的组织看似协调，是因为港航一家；如今市场经济下政企分开，航运企业、货主、港口都是以自我利益为中心的，在没有额外利润的前提下，货主、港方难以将船公司的利益放在第一位，船公司与港方、货主的统一调度变得极其困难，一旦任何一方没配合好，都会增加推船的在港停留时间，不利于驳船队轮驳在港分离优势的发挥。

管理人员要求高。驳船队运输是一种高风险和高技术的运输方式。鉴于船队运输组织与编解的高技术性，队形、航速等设置考虑的因素很多，而且直接影响船队的经济性、安全性和运输质量。一般管理人员如果没有相当的理论知识与实践经验，很难胜任驳船队运输的管理工作。

江海直达船资金周转快，投资回收期短，见效快。江海直达船的投资回收期一般是2～3年，而驳船队的投资回收期平均是5年左右。

2. 港口企业的角度

轮驳运输对港口基础设施要求高。基于增加吞吐量的目标追求，港口更愿意将资金用在能直接提高港口吞吐量的码头泊位建设、装卸工艺改进等方面，而不是建设专门的锚地等基础设施供驳船停靠。因为这部分建设投资对于提高港口吞吐量没有直接的影响，这就导致了轮驳运输在港口装卸时没有相应的配套设施。

轮驳运输泊位利用率低。对于目前同吨位级别的驳船与自航船，自航船的载重量大，所以轮驳运输泊位利用率低，港方从自身利益出发，一般都让自航船优先靠泊。目前的情况是，港口生产能力远远低于需求能力，港口生产长期处于繁忙状态。港口更愿意将人力、物力资源用于机动驳、江海直达运输。

轮驳运输无人驳如果在港口停靠装卸期间出现货损、货差或者事故，很难分清船公司与港口、货主的权利与责任。在计划经济体制下，港方可以不计单位利益为船公司提供服务，但在市场经济的今天，所有劳务付出都是应该得到相应报酬的。船公司在将驳船编解以后交予港方，实际上是将责任也交予港方，但由于船公司并没有为驳船的停靠、取送、管理等额外支付费用，对港方其实是不公平的。

一艘驳轮要配二人管理。在目前港口企业管理人员缺乏的情况下，要再派出一些人员对附加值不是很高的轮驳进行管理，对港口来说，是一种人力资源的浪费。

轮驳运输增加了港口的费用。目前无人驳均由拖轮公司取送，与此同时，拖轮公司会收取港方2～3元／吨的费用，对于港方来说，是一种额外的费用支出。

轮驳运输取送操作复杂，费用摊付有争议。目前，拖驳运输主要由港方联系专门的拖船公司进行取送。对于半日潮的港口，涨潮的时候要用到涨潮拖轮，落潮的时候要用到落潮拖轮，操作复杂，而且费用的摊付普遍存有争议。

3. 货主的角度

轮驳运输运达速度慢。以前，大型钢铁企业、电厂关心的是生产的连续性，运输的目的更主要是为了保产保供。只要能保证原料供应源源不断，大宗稳定的散货货主不关心货物运输时间的长短。如果短时间内将原料都运抵货主卸货码头，反而会导致货主在卸货码头压港，可将驳船当成一个流动仓库，缓解卸货码头的压力。但在最近几年，各大钢厂、电厂都在扩大规模，生产能力大大增强，对原料的需求与日俱增，经常发生货源供应不足，生产受到原料供给的威胁。此时，轮驳运输的周转速度已不能满足货主保产保供的要求，货主企业更趋向于快捷的江海直达运输。

轮驳运输的权利责任划分不清晰。当驳船停靠在锚地时，一旦出现货损、货差，货主难以分清是港方的责任，还是船公司的责任，赔偿问题复杂。在计划经济体制下，大型船公司、港口、货主基本上都是国有资产，即使权利责任分不清，反正都是国家的，损失摊在哪一方都无关紧要。在市场经济体制下，虽然大型货主、船公司、码头仍然是国有资产占主导地位，但自负盈亏，权利责任划分不清的运输方式，货主会尽力避开。

江海直达货损货差低。国际市场上，块矿、球团的价格是粉矿的1.6倍。矿石在装卸过程中每减少一次中转环节，块矿、球团的破碎率、粉化率均降低15%，损耗率减少1.5%。货主企业为了提高自己的竞争能力，减少矿石在中转环节的损耗，降低运输成本，迫切要求实现矿石江海联运，直达企业码头。

4. 政府的角度

政府最关心的就是资源节约、环境友好、经济又好又快发展和保证财政税收。

江海直达运输比轮驳运输节约资源。以武钢铁矿石一年江海直达量为100万吨、损耗率1.5%计算，则一年减亏1.5万吨，按每吨500元计算，则减少损失750万元。另外，江海直达船从北仑港至武汉需要96个小时，运输成本51.43

元/吨；而中转运输时间要长一些，运输成本为93元/吨。因此江海直达运输每年为武钢节约运费4亿元，由于中转损耗没有了，节约损耗4000万元。此外，江海直达运输相对轮驳运输而言对航道的利用率高。

江海直达运输比轮驳运输环保性更好。江海直达运输避免了中转换装对港口或水域的环境污染，在环境保护法规日益强化的今天，其所节省的环境治理费用和社会效益是明显的。据有关统计表明，8000吨级的江海直达货轮的成本构成中，燃油费用只占25%左右，而在传统的中转运输的成本构成中，燃油费所占比例高达50%。

江海直达运输比轮驳运输资金周转快，对国家税收贡献大。

二、轮驳运输相对江海直达运输优势分析

经济性和灵活性好。驳船队运输可根据内河沿线分布港点多、货源较分散的特点沿途编解，既有大吨位船舶的经济性，又有小吨位船的灵活性。

轮驳造价低。推船和驳船的总造价一般较同吨位的自航货船低20%左右。江海直达船既要满足船舶在海区航行的各项航海性能，又要满足长江狭窄航道中的操纵性要求，还要适应不同区段不同季节（枯水、洪水季节），需配备较复杂的通信导航设备。因此，其造价高于内河船。

营运费用低、船员费用低。在中短途航线上轮驳营运费用一般比货船低8%~15%，动力装置与载货部分分开，大大提高了动力装置的利用率。国外的万吨级货船一般配备船员20~30人，顶推船组的驳船上不配备船员，推船船员人数均在15人以下。

江海直达驳船既要在海上航行，又要在江段上航行，这就决定了其载重量有限，海段运量小，而传统的运输方式在一次载货量上有明显的优势。

驳船队可运输不同的货种。将承运各种货物的驳船在中转港的锚地进行分组、编解，然后由顶推轮顶推或由拖轮进行拖带运输。这一点要比江海直达运输灵活得多，因为江海直达船一般只承运单一货种。

第四节　长江驳船队运输方式发展现状

一、现状

近20年来，长江散货运输由以船队为主的运输方式发展为以机动船为主

的运输方式，船队运输呈萎缩态势。据调查，长江中下游大中型航运企业1000吨以下的驳船都已经被淘汰，并且都没有再订造驳船。

1. 驳船队运输开始萎缩

目前，长江中下游大中型航运企业1000吨以下的驳船都已经被淘汰，老旧的拖驳船也开始被淘汰，而且调研发现，长江中下游大型航运公司都没有再订造拖驳船。

而在过去10多年中，中国内河机动货船在市场竞争中逐步取得优势地位，贾大山、纪永波在《内河优势战略》一书中阐述了其竞争力的来源：①机动货船大型化：与20年前相比，机动货船平均吨位提高了10倍，5000吨级已经成为三峡主力船型，下游主力船型已达7000吨级，最大达到18000吨级，这使得驳船队的相对规模优势大大削弱或已经不具备优势。②港口大型化与专业化：码头条件的改善使作业效率大幅度提高，如武钢原干散货卸货效率约100吨/小时，现在则大幅度提高到单机700吨/小时，而以往的2000吨甲板驳、分节驳对应的作业方式使码头效率无法发挥，加之装、卸作业前后通常需要等待港作拖轮进行取送作业，严重影响了港口装卸效率的发挥。③运输服务质量不断提高：驳船船队队形大、航速慢、操纵难，其航行安全风险远高于自航船，同时驳船抗风能力差，在长江下游遇6级风需停航避风，也影响航行周期和船舶效率。相比之下，机动货船具有航行速度快、抗风能力强、靠离码头作业环节少、装卸时间短等优势，更能满足货主对运达期限和资金占用时效性的要求。④货源结构变化：长江干线传统的煤矿两大货源，过去上下水基本对流，为大型船队高效运行提供了条件。如从美国进口的4413千瓦（6000马力）推轮，下水顶推20艘载重2000吨的分节驳，由汉口运煤到镇江谏壁电厂，上水由镇江顶推3.6万吨矿石到武钢。但现在货物流量、流向格局发生了变化，一方面进口铁矿石运量大幅提升，上水货源增长迅速，与之相反，下水煤炭运量则急剧下滑，难以组织对流的大型船队，这也是加速驳船队不断萎缩的重要原因。

2. 长江中下游江海直达运输发展迅猛

我国长江中下游江海直达运输起步较晚，1997年“江夏”号首次运输5000吨矿石从北仑港直达武钢工业港，开创了武钢江海直达运输的先河。短短几年，从零星的几条单船发展到现在有专门从事江海直达运输的公司，每年有大量的江海直达船进入市场。单船的规模不断攀升，由以前的3000吨级已经提高到12000吨级，目前在建的江海直达船还将提高到16000吨级。其总量更是增加迅猛，长航凤凰集团目前拥有江海直达运力19万吨，公司“由江到海”“江海直达”的战略转型逐步提速，新模式下的核心竞争力逐渐形成。武汉创新江海运输公司于2003年成立，如今已拥有9艘5000吨、4艘7000吨、1艘8000吨、4艘12000吨江海直达船从事武钢铁矿石运输，总运力达13万吨。据调查，南京地区的江苏省炜伦航运有限责任公司、南京鑫武海运有限公司、南京两江海运股份有限公司、南京润武海运有限公司等共拥有专门从事江海直达的运力45万多吨。

二、存在的问题

根据调研分析，目前长江干线驳船队运输组织存在以下主要问题：

第一，船队编解队技术复杂，操纵难度大。船公司如没有过硬的技术支持不敢轻易涉足船队运输，即便有经验的公司，也会因规避安全问题而减少船队运输。

第二，航速低。船队技术速度一般为12～14公里/小时，实际营运中为5～10公里/小时，而机动船技术速度一般可以达到18公里/小时。近年来，沿江工业生产对原料的需求与日俱增，货主一般不愿采用送达速度低的船队运输。

第三，运输组织要求高，船队在港口非生产性停泊时间长。由于拖船与驳船的分离，拖船与驳船队作业时间安排不当，必然产生相互等待，增加非生产性停时。正常情况下，长江重庆至上海航段往返船次船队在港平均停时15天，长江中下游武汉至上海航段往返航次船队在港平均停时11天；不正常情况下，船队在一个港口的停时在1周以上，有的甚至达到一两个月。市场经济下，航运企业、货主、港口都以自我利益为中心，船公司与港方、货主的统一调度变得极为困难，一旦任何一方没配合好，都会增加拖船与驳船在港停留时间，这不利于驳船队在港分离优势的发挥。

图5-2 长江驳船

第四，船队运输增加了港口和船公司的费用。现在船队到达港口后，一般先由轮驳公司派遣拖船将在锚地解队后的驳船拖至码头泊位进行装卸，完后仍由轮驳公司拖船送至锚地编队后运输。为此，港口装卸公司每吨货物要另外付给轮驳公司2.6元的拖驳费用，船公司每吨货物也要支付0.9元的拖驳费用。港口装卸公司一般不愿支付给轮驳公司拖船费，在码头比较繁忙时，更愿为泊位利用率高的机动船提供优先服务，使得船队在锚地等泊时间大大延长。港口非生产性停泊时间长，导致往返航次时间长，在一定年运量下，所需配备的船队数多，相应各项成本都大，直接影响船队运输的经济效益。

第五，船队运输的权利责任划分不清晰，当驳船停靠在锚地时，一旦出现货损货差，货主难以分清是港方还是船公司的责任，赔偿问题复杂。在计划经济体制下，大型船公司、港口、货主基本上都是国有资产，损失摊在哪一方都无关紧要。在市场经济体制下，港、航、货自负盈亏，货主一般不愿采用这种权利责任划分不清的运输方式。

第五节　发展中下游驳船队运输政策建议

在长江中下游武汉至上海航段，如采取合理的发展对策和政策措施，通过压缩船队在港停时，降低船队运输成本，充分发挥船队运输技术和规模经济优势，可提高船队方式的竞争力水平。具体建议如下：

第一，鼓励和引导货主企业及港、航企业建立联盟关系，促进形成合适船队方式发展的运营模式。在原来计划经济体制下，港航一体，在国家计划下从事货物运输工作，基本不存在的利益矛盾，发生货损货差，也多由国家承担。现在市场经济条件下，航运企业、货主、港口都以自我利益为中心，利益矛盾凸显。在没有额外利润的支持下，船公司与港方、货主的统一调度显得极为困难，很大程度上阻碍了船队运输方式的发展。据此，可通过建立以船公司为中心，包括货主、港口在内的三方联盟合作共赢体制及运营模式，以适合船队运输的发展需要。

引导和协调港航利益关系，建立港航联盟体制，合作共赢，一方面可有效压缩船队在港停时，另一方面可通过交易谈判控制拖轮费用和不必要的交易成本。引导和建立货主和大型航运公司的物流联盟关系。船队运输要求运量大，规模经济，规律运输，以大型航运企业为主导。积极促进货主和航运企业建立物流联盟关系，可提升船公司货源组织效率，以充分发挥船队沿途编解队，货类适应性强，单位推进功率大，油耗省的竞争优势。当然，在引导建立联盟的同时，应当防止垄断。

第二，提高港航管理部门水平，明确船队运输的权利责任界限。协调港、航及货主企业建立损货差赔偿责任机制。

第三，开展船队技术研究。在推行长江推船、驳船船型标准化的同时，加强技术改造，提升船队技术装备水平，特别是要提高推船主机推进效率水平。加强船队阻力、优化队形、编解队技术及适应性研究，提高船队运输安全性与服务速度。

第四，加强散装码头发展规划，提高码头装卸设备水平和装卸作业效率。船队的发展除货运量大，航道条件适应外，配套的码头装卸功能也是系统内关键的生产力因素。据了解，美国密西西比河散货码头一般岸线很长，可供十几艘或几十艘驳船同时停靠或装卸，可大大缩短船队在港停泊时间和编解队时间，提高船队周转效率，其整个内河水运系统比较适合发展船队运输。长江船队运输发展是一项系统工程，应鼓励重点和规划建设长江沿岸重庆、武汉、南京、南通港的散货码头，以适应船队运输方式的发展。

第六章

渔船产业

渔船，即渔业船舶，进行鱼类捕捞、加工、运输的船舶统称，是捕捞和采收水生动植物的船舶，也包括现代捕捞生产的一些辅助船只，如进行水产品加工、运输、养殖、资源调查、渔业指导和训练以及执行渔政任务等的船舶。

图6-1　渔船

改革开放以来，我国渔业快速发展，渔船作为重要的渔业生产资料，在渔业生产和渔业经济发展中具有重要的战略地位和不可替代的作用。

第一节　渔船的分类及特点

一、渔船的分类

（1）按作业水域分为海洋渔船和淡水渔船，海洋渔船又分沿岸、近海、远洋渔船。

（2）按船体材料分为木质、钢质、玻璃钢质、铝合金、钢丝网水泥渔船以及各种混合结构渔船。

（3）按推进方式分为机动、风帆、手动渔船。

（4）按渔船所担负的任务可分为捕捞渔船和渔业辅助船两大类。

二、渔船的特点

（1）多数捕捞船只的船型较小，不过，为了适应在风浪中连续航行和作业，要求有较好的稳定性、耐波性，结构需特别牢固；

（2）作业期间载重量变化较大；

（3）船用设备要求结构性能可靠、坚固耐用、维修方便；

（4）主机功率较大，相对速度较高；

（5）除配置一般船用设备外，还需配备捕捞设备、保鲜和加工设备、助渔和导航设备等，渔舱要求隔热设施性能好。

第二节　中国渔船产业的发展历程

总的来说，我国渔船发展在技术层面上经历了3次较大变革：一是木质渔船机动化；二是以钢代木的渔船钢壳化；三是渔船玻璃钢化。

第一阶段：中华人民共和国成立初期，受技术和生产力的限制，我国渔船基本是木质风帆船。20世纪50年代出现了机帆船，船上安装20～80马力柴油机。第二阶段：20世纪60年代后期，出现了135～185马力钢质机动渔船；之后又出现250马力、400马力的钢质渔船。70年代发展到600马力渔船，但400马力以下渔船仍占主导地位。1958—1978年的20年间，我国年平均增加渔船1600艘，主机功率年增长12万马力。第三阶段：在技术材料上，FRP渔船具有强度高、绝热好、社会经济效益好、适于批量生产等优点。与其他材质的渔船相比，该类渔船风靡全球，受到世界渔业国家的青睐，成为我国目前渔船发展的新动态。但受到资金和政策措施不配套等的影响，要想进一步普及玻璃钢渔船还需要国家的政策扶持。

由三类材质渔船的性能对比，可了解到技术层面上的更新存在着一种产业的生命周期现象。当一种材料技术在一个时代发展时，就有其形成、成长、成熟和衰退期四个阶段，木质渔船可以说是我国历史上经历时间最久（经历了古代的筏、独木舟、木板船、木帆船和沙船等多种形式的形成、成长和成熟），在中华人民共和国成立时期处于衰退期，现在基本不存在这种木质渔船的海上作业。一种材料技术的退出必然产生一种新的替代品，而且其产业发展的规模高于前一个产业生命周期的材料技术，中华人民共和国成立时期就产生了钢质渔船，经过发展成熟，改革开放以来，渔船数和主机功率大幅度增长。截至1998年，我国机动渔船增加到47.2万艘，主机功率1811.4万马力。加上50余万艘非机动渔船，1998年我国拥有渔船已超过90万艘。目前，我国大部分是钢质渔船，可以说是钢质渔船的成熟时期。由于技术革新和发展，钢质渔船出现了易锈、笨重、对可再生资源的消耗量大等缺点，呼之欲出的玻璃钢渔船此刻吹响了号角。日本仅用13年的时间，玻璃钢渔船总数就达到60%以上，30年时间达到90%以上，基本实现了中小型渔船玻璃钢化。我国最近10多年也一直在提倡中小型渔船玻璃化，由于受多种原因的限制，发展进程十分缓慢，目前还处于形成时期。

第三节　中国渔船产业发展现状

随着市场经济的不断深入和发展，我国渔业处于发展的良好机遇，渔船产业作为我国渔业经济的分支，也开始在整个渔业产业中慢慢兴起并逐渐发展壮大。近几十年来，我国渔船产业取得了快速的发展，主要表现在以下三个方面：

一、渔船的数量增大和品种的多样性

中华人民共和国成立初期仅有几十条破旧机动渔船，设备极为简陋。经过几十年的建设，现已有机动渔船54.82万艘（2007年末），737.3万吨，1675.7万千瓦，处于世界前列。渔船发展保障了渔业总量不断提高，同时还参加保卫海疆、反走私、海难救助等工作。我国有28万多艘各种尺度的渔船从事远洋渔业，作业海区包括北美、西非、南太平洋、南亚等水域。在种类上，除流网船、围网船增加外，也建造了不少鱿鱼钓船。2001年已有鱿鱼钓船446艘，但近年来，鱿鱼钓船越造越大，在三大洋作业的金枪鱼延绳钓船也已达26艘。

二、大力发展玻璃钢渔船

在未来几十年普通的船将逐步被FRP渔船取代，中国存在着巨大的FRP渔船市场，农业部积极推进FRP渔船发展，正制定FRP渔船产业发展政策，组织FRP渔船船型设计，解决FRP舱室防水，防油施工技术，提高材质防水、防老化及抗碰撞能力。

三、发展远洋渔船的迫切性

我国海洋渔业捕捞量1999年为1497.62万吨，但沿海渔业捕捞量只有109.7万吨（1998年为137.3万吨），传统鱼类已经大为减少，如大黄鱼20世纪70年代占沿海捕捞量的10%，目前连1%都不到。反之，低质鱼如鳀鱼占海洋捕捞量的12%（1999年为132万吨），底拖资源已面临十分匮乏的局面，加上目前中日、中韩、中越渔业协定的签订，对我国海洋渔业形成严重的冲击，使每年近海的捕捞量下降一半多，全国有6000多渔船从过去传统渔场撤出。应该看到，沿海乃至近海渔船已经饱和。至于远洋渔业，由于联合国“海洋法公约”的实施，大洋渔业已成为当今国际远洋渔业发展的潮流。

第四节　渔船产业发展动力模型

一、资源：渔船产业发展的基础

资源主要是自然资源、人力资源和资本资源。在产业的形成期，由于渔船产业需求不大，在拥有技术的前提下，渔船产业首先在自然资源丰富、人力资源相对低廉的地区发展，我国三大造船基地主要集中在渤海湾、长江口和珠江口，就充分利用了资源优势。由于形成期产业基本不盈利，还需要雄厚的资本支持产业的高昂成本。随着渔船产业发展，技术不断完善，需求也会不断增加，需要更多的物力、人力和财力来支撑其产业的发展，这时人力资源和资本资源的作用就更为明显。产业进入成熟期后，产业的竞争主要依赖管理，人力资源的作用更加突出。当产业开始进入衰退期后，资源又开始向其他产业转移。

二、市场：渔船产业发展的拉力

市场不仅仅包括一般商品的市场，而且在某种意义上来说，还包括政治意义上的需求市场，比如大型鱿鱼钓船、大型金枪鱼围网船等渔船，这些大型渔船的平均制造价格在5000万元以上。若想通过这些渔船捕鱼来收回成本，基本上是很难实现的，而主要是用来占有世界海洋资源如公海资源、南极科考的磷虾资源等。在产业生命周期的形成期，市场需求有限，仅仅是能够承受高昂的价格的消费者才有兴趣和能力接受新产业的产品；产业进入成长期，技术的

图6-2　舟山渔船

进步、产量的增加导致新产品质量提升、价格下降、应用范围扩大。有更多的企业和消费者采用该产品。产业进入成熟期后，产业已经被普遍接受，该产品的消费已经成为大众消费，新增的消费需求越来越少。产业处于衰退期后，受替代产品的影响，消费者流失，新潮的消费者又去接受新的产业。

三、技术：渔船产业发展的引擎

技术是渔船产业发展最重要的驱动力。20世纪初中国引进了机动渔船。30年代中期，东海和黄海水域已有一定数量的舷拖、双拖渔船从事捕捞作业。中华人民共和国成立初期，基本上是木质风帆船，逐渐出现安装柴油机作动力的机帆船，机帆渔船得到发展。60年代后期，出现了钢质机动渔船（由最初的20～80马力发展到后来的400马力）。90年代出现了玻璃钢渔船，此时玻璃钢渔船得到缓慢的发展，但由于玻璃钢渔船在报废时不好处理，因此，目前有的国家开始建造铝合金渔船，虽然早就有铝合金用之于渔船，但不普及，应该说这是一个新动向。这一系列的发展，得益于发动机，新型造船材料的改进等技术进步。技术进步在渔船产业的发展过程中发挥着巨大的推动作用。

四、政府与渔船行业协会：渔船产业发展的扶持者和信息沟通者

政府在产业发展上，影响是很大的，特别是对移植型产业的形成期和成

长期，以及某些自然成长型产业的成长期。政府要做的事包括：如何分配有限的资金给选择性的产业，透过公开或暗示的保障与协助鼓励企业发挥冒险精神，刺激或影响厂商采购外国技术，运用暂时性保护以培养本地的竞争优势，建立现代化的设备。当一个产业进入成熟期和衰退期，政府必须快速淡出，或扮演间接性的角色。在产业成熟期，政府的基本任务就是创造企业持续创新和保持动力的环境。

渔船行业协会的信息沟通架起了企业与政府之间的桥梁，这也是渔船产业与其他产业的不同点。渔船产业具有高风险、监管难度大和交易市场不完善等诸多问题，在很多情况下都是企业与行业协会进行沟通和处理，有时并不直接与政府机构进行沟通，在产业生命周期当中始终处于一个重要地位。

综上所述，资源、市场、技术、政府和渔船行业协会五要素，相互作用、相互影响，共同推动着产业的发展。但是，在产业发展的不同阶段，五要素发挥作用的机制不尽相同。

第五节　提高中国渔船产业发展的对策措施

一、发挥劳动力优势，加大科学研究投入，推动产业科学进步与技术创新

渔船产品是集资金、技术、劳动密集为一体的产业，科技含量较高。目前，我国渔船产业核心竞争力依然是劳动力成本低，但是这个优势正在被削弱，因此，我国渔船企业必须依靠科学进步、技术创新来增强自身竞争力。技术创新要求应用创新的知识、技术和工艺，采用新的生产方式和经营管理模式，提高产品质量，开发生产新的产品。一是加强渔船产业科技发展战略研究，结合我国渔业发展对产品的要求，在技术体系建立、重要产品和技术引进、渔船船型标准化生产和装备配套等方面提出长期规划；二要积极探索产品研发的组织与管理方式，培育生产科研相结合的技术创新体系，促进科技成果的转化；三是要强化企业的研发主体作用，鼓励企业以联合出资、共同委托等方式进行合作研发开发；四是加强专业技术力量的培养，为建立技术支撑体系打好基础；五是加强科技服务体系建设，加强先进适用技术的推广和应用，促进科技成果向现实生产力的转化。我国渔船产业发展，要密切跟踪国外最新设计与开发技术，不断更新设计理念，推广设计、安全设计和全寿命设计等新一

代设计技术，选择高技术含量、高附加值产品，增加渔船研发经费的投入，加强渔船自主设计能力和渔船关键技术自主创新能力的培养，构建有效的渔船自主创新能力系统，已成为各造船强国保持其渔船产业国际竞争力的重要手段。

二、政府制定和完善法律法规，加强市场监管，进行管理政策创新

首先，在日益激烈的全球竞争中，国家政策是增强产业竞争力的重要因素，渔船产业的发展需要国家制定明确的渔船发展战略并给予政策上的支持。其次，渔船企业和行业协会应引入新型的管理办法与手段，革新企业管理，提高效率，降低成本，提高市场反应速度。同时，要建立健全规范市场秩序和质量监督管理行政及技术法规体系，最大限度地保护企业和渔民的合法权益，树立与时俱进的监管理念，提高执法人员的素质和执法水平，不断改革监管方式，完善监管手段，整合监管资源，提高监管效率，实施有效的市场监管，进一步规范市场秩序，维护公平竞争，按照市场诚信规则，对违规生产经营、严重失信的企业和行为进行有效监督和查处。最后，发挥政府和协会友好沟通协调作用，全面引进国外造船企业的先进生产组织管理技术与理念，从管理体制、组织结构、运行机制到生产流程全方位实施与国际先进渔船企业的对接，加速推进造船生产管理模式转换，实现现代区域造船。

三、积极进行产业链创新

抓住市场的需求导向作用，创造新的产业链及配套设备的发展。渔船产业被誉为面向海洋的装备业，体现着一个国家的综合实力，建造一艘大船需要有200多个配套企业密切合作。船用配套设备制造业是渔船产业的重要组成部分，主要船用设备基本立足国内是降低成本、全面增强竞争实力、确保渔船产业健康、稳定发展的基础。目前，我国不得不从欧洲、日本、韩国等国家进口大量配套产品，船用设备产业化水平还不及国内的1/2，产业链及配套设施的发展还难以跟上产业的发展，应该培养壮大一批具有国际竞争力的船用设备生产企业，要尽快改变配套企业规模小、低水平重复建设的落后状况，提高整体水平和生产规模。

四、合理利用资源，主动创新

我国的渔船主要分布在东部沿海各城市，主要是由于自然资源、人力资

源和资本资源比较丰富。自然资源是不可再生资源，这方面的创新空间较小，只能利用发展生产技术来节约自然资源，向其他可再生资源进行突破；改变人力资本结构，提高劳动力的知识水平，加强对劳动者的培训，提高工作效率；要发展渔船、管理好渔船，就必须了解各方面的情况，主动创新，掌握产业发展的客观规律，才能进行科学决策，制定符合客观实际的政策，使我国渔船业在现代化的科学管理道路上健康成长。

五、增强国际竞争力，促进国际贸易，努力成为渔船产业强国

一是引导企业树立质量意识和品牌意识，全面提高质量管理水平，加快产品创新的步伐；二是尽快制定我国渔船报废制度和渔船扶持机械化发展的优惠政策，促进渔船渔具产品更新速度，加大引进、消化、吸收力度，积极支持自有知识产权的成果开发，避免重要装备和技术大量重复进口；三是强化知识产权保护工作，严厉打击假冒和侵权行为；四是积极为国内生产企业了解国际市场，建立交流渠道，促进国际交流，鼓励名牌产品出国参展，扩大我国产品的影响力，提高产品的国际化程度；五是探索适应企业发展的管理体制，努力提高行业主管部门的宏观管理能力，充分发挥政策、经济调节和社会公共服务作用。

第六节　渔船产业发展与产业生命周期各阶段的特征

一、产业发展与产业生命周期的关系

产业发展是产业的产生、成长和进化的过程。这里所说的“进化过程”，其核心就是一个结构变化的过程。产业生命周期是指产业从产生到衰亡具有阶段性和共同规律性的厂商行为的改变过程。产业生命周期理论将产业划分为形成、成长、成熟和衰退期4个阶段。产业发展与产业生命周期之间的关系主要表现：产业生命周期是产业发展的一种表现形式，随着时间的推移，当产业进入衰退期，意味着该产业系统中的比重不断下降，但由于技术进步，市场需求的变化或是产业结构的调整，产业生命周期会产生突变，“起死回生”进入下一个发展周期。在下一个产业发展周期，产业的发展规模却会上升一个台阶，如此推动产业一步步地向前发展。

二、产业生命周期各成长阶段特征

已有许多研究表明，一个产业在不同的阶段有不同的典型特征。因此，为了较系统地认识产业在各成长阶段的特征，将产业经济学中有代表性的表观特征指标作为分析对象，其分别是产业创新活跃度、产业集中度、产业规模、产业链、产业利润和产业前景6个指标，下面主要分析产业创新活跃度和产业集中度。

1. 产业创新活跃度

产业的创新主要指技术创新、工艺创新、产品创新及产品应用创新。产业的创新主要表现为创新集群专利数量、参与科技人员数量和投入资本量等引自新经济下产业生命周期。主要用比较容易考量的创新集群专利数量的变化来表示产业创新活跃度，如$A_i=\frac{dQ_p}{dt}$，式中：A_i为产业创新活跃度，Q_p为产业创新集群的专利数，t为产业创新集群的时间维度。因此，产业形成之初创新专利（包括技术专利、产品专利等）数量相对较少，则产业创新活跃度很低；当产业步入形成期，产业的关键技术会有所突破，新专利数不断递增，故产业创新活跃度不断提高；当产业达到成熟期时，产业创新活跃度几乎达到极限值（A_i=0）；最后是产业的衰退期，由于消费者需求的变化或新的替代技术的出现，产业技术和产品创新的产出（主要表现形式是专利数）递减（A_i<0）。所以，由于产业生命周期各时期的产业创新活跃度的差异，在产业发展的过程中，应在产业生长形成期加大对技术和参与科技人员数量和资本投入。

2. 产业集中度

产业集中度是反映产业中企业数量、企业规模、市场竞争程度的指标，下文用产业经济学中较常用的赫芬达尔-赫希曼指数来衡量产业集中度。

$HHI=\sum_{i=1}^{n}(X_i/X)^2=\sum_{i=1}^{n}S_i^2$，式中：$HHI$为赫芬达尔-赫希曼指数，$X$为产业市场的总规模，$Xi$为产业中第$i$位企业的规模，$S_i$为产业中第$i$位企业的市场占有率，$n$为产业中的企业数。

HHI值越大，表明产业集中度越高；HHI=1，表明产业被一家企业完全垄断；HHI值越小，甚至趋于0时，表明产业市场竞争越激烈。同样可以推知，产业在形成期HHI趋近于1，产业集中度很高，市场竞争程度较弱，进入和退出壁垒低；产业进入成长期，占有优势的大企业逐渐主导市场，产业集中度加大，产业内部竞争主要表现为低成本价格竞争；成熟期的到来，产业集中度高，出现一定程度的垄断，产业内部竞争日趋激烈。在衰退期，产业内部竞争减少，经营不好的厂商逐渐退出产业，企业数量逐渐减少，但产业集中度仍很大。

三、我国渔船产业发展的产业生命周期特征

随着市场经济的不断深入和发展，我国渔船产业处于发展的良好机遇，近几十年来，更是取得了快速的发展，也逐渐成为一个新兴的产业。根据渔船产业发展要求，渔船产业主要包括渔业船舶制造、渔船船用产品制造、渔业机械仪器制造和渔用绳网具制造4大产业。

1. 从技术层面发展现状看产业生命周期特征

详见《第二节　中国渔船产业的发展历程》。

2. 从渔船地区分布发展现状看生命期特征

从表6-1看出，我国海洋渔船主要集中在江苏、广东、山东、福建4个省。4个省海洋渔船合计295545艘，功率合计8079951千瓦，分别占全国海洋渔船总量的53.91%和48.22%。数量最多的是江苏省，为95097艘，占总量的17.35%；渔船功率最大的是浙江省，共4042364千瓦，占总量的24.12%。我国渔船分布比较集中，主要在沿海几省，我国各地区机动渔船的数量均呈现逐年增加趋势，标志着我国渔船的发展态势良好。但近些年来，世界渔船发展呈现适应性调整，具体表现为渔船数量的减少、渔船种类和尺度的变化以及捕捞技术的发展。但渔船数量的减少不但没有使渔船捕捞量减少，反而提高了，这充分表明了技术进步的巨大作用，也说明了我国渔船行业的发展不仅在量上提高，更在质上实现了飞跃。

表6-1　2007年我国拥有机动渔船最多的13个省份

地区	数量/艘	总吨/吨	总功率/千瓦
江苏省	95097	673308	1409381
广东省	70236	826092	2380760
山东省	68243	821558	2050424
福建省	61960	760018	2239386
浙江省	48253	2131111	4042364
辽宁省	35865	603432	1165746

（续表）

地区	数量/艘	总吨/吨	总功率/千瓦
湖北省	31487	74032	158305
江西省	24581	114976	200908
广西壮族自治区	22817	289202	798795
安徽省	22270	260612	299282
海南省	15453	277924	756552
湖南省	12826	31224	87182
河北省	9381	159051	396719
全国合计	548189	7373282	16757077

注：①资料来源：《2008年渔业统计年鉴》。

②总吨表示渔船的容积，是无量纲单位，但实际使用中常加上吨作为单位；总功率表示发动机的功率之和。

第七章

海上石油平台产业

海上石油平台是一种岛状空间结构物，具有一个高出海面的水平台面，供进行生产作业或其他活动用的海上工程设施。海上钻井平台是主要用于钻探井的海上结构物，包括上装钻井、动力、通信、导航等设备，以及安全救生和人员生活设施。

第一节　海上石油平台的分类及特点

一、海上石油平台的分类

图7-1　海上石油平台

海上石油平台是海上石油开采的主要装置，它的分类方法有很多，其中按照用途大体可以分为四类，即钻井/勘探平台（主要用于勘探石油资源、钻探石油）、采油平台（主要用于石油生产）、中心平台（用于石油初步加工和石油输运）、储存式平台（主要用于石油采集后海上储存，并且还有预处理功能）。其中，海洋钻井平台，是主要用于钻探井的海上结构物。平台上装钻井、动力、通信、导航等设备，以及安全救生和人员生活设施，是海上油气勘探开发不可缺少的手段。

开发海洋石油，首先从浅海海域开始，然后逐渐向深海发展，海洋钻井平台经历了从浅海到深海、由简单到复杂的发展过程。海洋石油钻井平台可分为两类，即固定式平台与移动式平台。其中固定式平台又分为导管架式钻井平台、重力式钻井平台、张力式钻井平台、绷绳塔式钻井平台。移动式钻井平台包括底撑式钻井平台（坐底式钻井平台、自升式钻井平台）与浮动式钻井平台（半潜式钻井平台与浮式钻井船）。

1. 固定式平台

固定式平台：在整个使用寿命期内位置固定不变，其形式有桩式、绷绳式和重力式等。固定式钻井平台，固定于海底，在整个使用期内位置固定不变，不能再移动。主要用于有工业油流的油田，一般工作水深在20米左右（如渤海早期的埕北A/B钻井平台）。某些钻采综合固定平台的工作水深超过90米，但平台建造费用较高。固定式平台的结构特点是通过管架结构在海底将平台固定。固定式钻井平台按照导管结构可分为直桩式、直桩—斜桩式、联结式；按照桩柱结构可分为木桩、钢桩、混凝土，其中混凝土桩要先预制好，再在海上打桩，现在的钢管桩都要在管中加注混凝土；按打桩的设施可分为带桩架与不带桩架；按照设备布置可分为带浮船与不带浮船；按照结构特点可分为导管架式钻井平台、重力式钻井平台、张力式钻井平台、绷绳塔式钻井平台。

（1）桩式平台：是由承台（上部甲板）和桩基构成，按桩的材质又分为木桩平台、钢桩平台和钢筋混凝土桩平台。20世纪40年代末出现了导管架平台，它是先在陆上用钢管焊成一个锥台形空间框架，然后驳运或浮运至海上现场，就位后将钢桩从导管内打入海底，再在顶部安装甲板而成。70年代出现的塔架平台，是由一个垂直的导管架和若干组底桩构成，底桩沿导管架外围打入海底。桩式平台已广泛应用于建造海上码头、灯塔、雷达台、水文气象观测站等。其中导管架平台和塔架平台则多用于钻采海底石油或天然气。这种结构的主要优点是波浪及水流荷载小，但造价随水深成指数倍增长，使用水深受限制。

（2）绷绳式平台：亦称系索塔平台，是将一个预制的钢质塔身安放在海底基础块上，四周用钢索锚定拉紧而成。它适用于水深较大的海域。

（3）重力式平台：是靠平台自身重量稳坐在海底坚实土层之上。这种平台的底部是一个或多个钢筋混凝土沉箱组成的基座，基座上有钢立柱或钢筋混凝土立柱支撑上部甲板。由于整个结构比较大，一般先在岸边开挖的泥坞中建造基座，再拖往有掩护的深水区接高，然后浮运至现场，加载下沉。目前这种平台一般是作为海底贮油罐或用于钻采海底石油。其主要特点是抵御风暴及波浪袭击的能力强，结构耐久和维护费用低，但需开挖岸边坞坑，并要有近岸深水施工水域，结构高度因此受到限制。

表7–1 各种固定式钻井平台性能对比表

	导管架式	重力式	张力式	绷绳塔式
用途	钻井、采油	钻井、采油、集输	钻井、采油	钻井、采油
工作水深（米）	达到400	超过150	超过180	超过300
可钻井深（米）	超过3000	超过3000	超过3000	超过3000
海底条件限制	对海底无特殊要求	要求平整、稳定的海底	各种海底	各种海底
灵活性	极差	极差	差	差
可钻井数	10～60	10～60	—	—
工作效率	90%	90%	90%	90%
安全性	好	好	好	好
定位方式	桩基固定	靠重力定位	靠张力腿定位	桩和绷绳定位
船体储藏能力	较大	很大	较大	大

固定式钻井平台的优点是稳定，海面气象条件对它的影响较小，而且完井后可作为采油平台，使用时间大大增加。但是它的灵活性差，不能及时运移，而且造价高，不能在较深的水域工作。固定式钻井平台的面积和平台上的设备都要合理，而且结构强度要满足要求。

2. 移动式平台

移动式钻井平台，在作业完成后，可拖航或自航到其他地点。包括座底式钻井平台、自升式钻井平台、半潜式钻井平台以及浮式钻井浮船。可随意移动，特别适用于钻勘探井或纵式生产井。钻井模块既可以放到固定式平台上，也可以采用移动式平台，但上部模块价格比较贵，一套要好几亿美元以上，所以一般都放在移动式平台上面，一般是“打一枪换一个地方”。

浮式平台是一种大型浮体，有的可以迁移，有的不迁移。

（1）可迁移的浮式平台：又称活动平台，它是为适应勘探、施工、维修

图7-2　海上石油钻井平台

等海上作业必须经常更换地点的需要而发展起来的。现有的活动平台分坐底式、自升式、半潜式和船式4种：①坐底式平台（亦称沉浮式平台）多用于水深较浅的水域，其上部为工作甲板，下部为兼作沉垫的浮箱，中间用立柱或桁架支撑。作业时，往浮箱内注水使之坐落海底；作业后，把箱内水抽出，平台依靠自身的浮力升起。②自升式平台适应水深范围较大，在漂浮状态时为一艘驳船，它的四侧装有若干根圆柱式或桁架式桩腿，用齿轮、齿条或液压机构控制升降。作业时，放下桩腿并插入海底一定深度，从而将船底托出水面，成为工作甲板。作业后，降下船体，拔起桩腿，即可拖航至新地点。桩腿底部带箱形沉垫的称沉垫自升式平台，不带沉垫的称插桩自升式平台。③半潜式平台多用于水深较大的海域，也是由上层工作甲板、下层浮体结构、中间立柱或桁架3部分组成。下层浮体结构又分下船体式和浮箱式两种，下船体式更利于航行，故新建造的自航半潜式平台多采用双下船体式。这种平台作业时处于半潜状态，采用锚泊定位或动力定位。作业后，排出压载舱内的水，上浮至拖航吃水线，即可收锚移位。过去建造的少数半潜式平台兼有坐底式的功能，也可以在浅水区坐落海底进行作业。④船式平台（钻井船）是在普通的船舶上加一个作业平台，船舶有单体和双体之分，一般可以自航，作业时采用锚泊定位或动力定位。目前可迁移的浮式平台在海底石油与天然气勘探中应用得最多。

（2）不迁移的浮式平台：在整个使用期间或较长使用期间固定系泊于海上作业位置。靠近岸边或海况较好海域使用的平台，一般采用普通驳船结构；置于海况较恶劣海域的平台多采用半潜式结构。系泊采用锚定法。为了控制平台的摇荡而将索链拉紧，使平台处于半潜状态的称张力式平台，又称张力腿平台。20世纪70年代出现的铰接式平台，由甲板、塔柱和底座组成，塔柱与底座之间用万向节铰接。不迁移的浮式平台造价比固定式平台低，适应水深大，最初多用于开采海底石油，近20年来，已扩大应用于建造海上浮式工厂（如发电厂、海水淡化厂、天然气液化厂、纸浆厂等）和海上浮式贮库（如贮油槽及危险品库等），使一些传统在岸边或陆上进行的经济活动转移到海上。这些生产设施和装置可以先在加工工业发达的地区制造安装完毕，然后拖运到计划使用的地点系泊固定。例如在浮式平台上建成的海上天然气液化厂，将从海底开采出来的天然气在工厂中进行液化，然后装罐运往陆地。这种生产系统代替了敷设长距离的海底管线，可以节省大量投资。

表7–2　各种移动式钻井平台性能对比表

种类性能指标		坐底式	自升式	半潜式	浮船式
工作水深（米）		5～30	10～100	>300	>300
可钻井深（米）		超过3000	超过5000	超过5000	超过5000
海底条件限制		黏土、砂质黏土海底；海底坡度要小	根据海底土壤承载，决定插入深度	各种海底	各种海底
正常工作气象	风速（米/秒）	20	20	20	20
	潮流（节）	4	4	4	4
	波高（米）	约7	约7	约7	约3
气象设计极限	风速（米/秒）	60	60	60	60
	潮流（节）	4	4	4	4
	波高（米）	10	10	15	10
底撑时的稳定性		较好	很好	很好	—
浮动时的稳定性		易受风浪影响	易受风浪影响	抵抗风浪能力强	抵抗风浪能力强
船体定位方法		主要靠压载	桩脚插入，底垫压载	锚定；自动动力定位	锚定；自动动力定位

各个钻井平台适用于不同的水深。重力式平台适用的水深较浅，桩基式平台适用的水深较深，张力式和绷绳塔式平台则可在较深的水域使用。坐底式

钻井平台一般作业在0～10米，自升式钻井平台一般作业在10～120米，半潜式钻井平台一般作业在70～1000米，浮船式钻井船一般作业在1000米，现在使用范围最广的是自升式钻井平台。

海上钻井平台的选择是一个涉及面很广的问题，需要考虑综合因素，如钻井类型（是钻勘探井还是生产井，是直井还是丛式井以及完井方式等）、作业海区的海洋环境条件（包括水深、风、波、潮流等海况，海底地质条件及离岸距离等）、经济因素（主要是各种装置的建造成本、租金及操作费用）和可供选择的钻井平台及其技术性能、使用条件。

勘探阶段和早期开发阶段用移动式钻井平台为宜，因为这样可以灵活调动，重复利用。开发生产阶段使用固定式平台较好，可以一井多用、一台多用。在选择钻井平台时，一般要首先考虑水深情况。按水深范围选择平台的基本原则如下：①钻勘探井用的钻井平台：水深小于15米可选用坐底式平台；水深在15～75米可选用自升式平台；水深在75～200米时可用锚泊定位的半潜式平台或钻井船；水深在200米以上可选用动力定位的半潜式平台或钻井船。②钻生产井用的钻井平台：水深小于300米可选用桩基导管架式平台；水深在300～600米可选用绷绳塔式平台或张力腿平台；水深小于160米，如果海底地形平坦，又有可建造混凝土重力式平台的深水港湾和航道，可选用混凝土重力式平台；若选用浮式生产系统或早期生产系统，可根据水深选用打探井的移动式平台。海上钻井平台的选择是整个海上油田开发系统的一部分，要综合考虑各种经济和技术因素后才能做出选择。

二、海上石油平台的技术特点

（1）作业范围广且质量要求高。移动式钻井平台（船）不是在固定海域作业，应适应移位、不同海域、不同水深、不同方位的作业。移位、就位、生产作业、风暴自存等复杂作业工况对钻井平台（船）提出很高的质量要求。如半潜式钻井平台工作水深达1500～3500米，而且要适应高海况持续作业、13级风浪时不解脱等高标准要求。

（2）使用寿命长，可靠性指标高。高可靠性主要体现在：①强度要求高，永久系泊在海上，除了要经受风、浪、流的作用外，还要考虑台风、冰、地震等灾害性环境力的作用；②疲劳寿命要求高，一般要求25～40年不进坞维修，因此对结构防腐、高应力区结构型式以及焊接工艺等提出了更高要求；③建造工艺要求高，为了保证海洋工程的质量，采用了高强度或特殊钢材（包括Z向钢材、大厚度板材和管材）；④生产管理要求高，海洋工程的建造、下水、海上运输、海上安装甚为复杂，生产管理明显地高于常规船舶。

（3）安全性要求高。由于海洋石油工程装置所产生的海损事故十分严重，随着海洋油气开发向深海区域发展、海上安全与技术规范条款的变化、海上生产和生活水准的提高等，对海洋油气开发装备的安全性能要求大大提高，特别是对包括安全设计与要求、火灾与消防及环保设计等HSE的贯彻执行更加严格。

（4）学科交叉，技术复杂。海洋石油钻井平台的结构设计与分析涉及了海洋环境、流体动力学、结构力学、土力学、钢结构、船舶技术等多门学科。因此，只有运用当代造船技术、卫星定位与电子计算机技术、现代机电与液压技术、现代环保与防腐蚀技术等先进的综合性科学技术，方能有效解决海洋石油开发在海洋中定位、建立海上固定平台或深海浮动式平台的泊位、浮动状态的海上钻井、完井、油气水分离处理、废水排放和海上油气的储存、输送等一系列难题。

第二节　海上钻井平台的布置

平台的总体布置是解决工艺布置与结构布置的总体问题。海上钻井平台作为海上钻井的场地，所安装的各种机械设备和堆放的器材及物资不能像陆地井场那样比较随意地改变位置，这是因为每座平台在设计和建造时都是按照一定的公益设施分布条件来确定平台各部分的结构形式和尺寸的。改变平台的工艺布置，对平台的强度和稳性都会产生不同程度的影响，所以平台在设计和建造时是按照工艺要求选定设备，并根据这些设备在平台上的布置位置确定平台的结构尺寸。通常，为了使得工艺设备的分布和平台结构之间配置合理，需要进行反复研究和比较才能确定。

一、需选择确定的主要设施

对已经建成使用的平台，如要变更它的设备或设备位置，必须首先考虑平台的结构强度和稳性是否允许，否则就不能改变。

通常，在钻井平台的总体布置中要选择确定的主要设施有以下几个方面：

（1）钻井机械设备，包括井架、绞车、转盘、泥浆泵和制浆设备，“三除一筛”等泥浆净化设备，固井泵、气动下灰等固井设备和空压机等。

（2）动力设备，包括柴油机、发电机、电动机、晶闸管整流装置等钻井用动力设备和航行、动力定位、桩腿升降等专用动力设备，锚泊、起重等辅助动力设备及应急发电机组等。

（3）器材及物资，包括钻头、钻杆、钻铤、方钻杆等钻具和套管、重晶石、泥浆、化学处理剂、水泥、燃油、润滑油及生活给养物资等。

（4）测井、试井设备，包括测井仪、测斜仪、综合录井仪等测井设备和分离器、加热器、试油罐、燃烧器等成套试油设备。

（5）起重设备，锚泊和靠船设施，包括起重机和锚机、锚缆、大抓力锚等锚泊设备及护舷材料等靠船设施。

（6）安全消防和防污染设施，包括耐火救生艇或救生球、工作艇、救生圈、救生衣等救生设施和水灭火系统、化学灭火系统以及废油、污水、废气的回收处理装置。

（7）供水、供电、供气设备，包括锅炉房、水泵房、海水淡化装置、配电室、空调设备、通风设备等。

二、平台布置的原则

海上钻井平台布置的基本原则有以下几个方面：

（1）保证平台工作时安全可靠。各种公益设施的布置要适合工艺作业的要求，各系统相对集中，便于操作和维修；配备的设备要能力大、性能可靠、使用寿命长，能在预定的工作环境条件下工作；对平台钻机工作有直接影响的主要机组必须配备应急设备。

（2）满足平台的结构要求和稳性要求。平台上的各种设备工作时的载荷要与平台的承载能力相适应。载荷大的设备应有局部加强结构，而且尽量对称布置，以使平台承载均匀。分层布置时，层数不宜过多，以防平台稳性降低。

（3）合理利用平台的面积和空间。海上平台的面积和空间十分有限，因此要尽可能选用技术先进、体积小、重量轻、功率大、效率高的机械设备，尽量采用先进的工艺程序，提高机械化和自动化程度。所选定的设备可按照设备功能和工艺流程装载若干组和模块，以便平台的组装和改造。组成模块时要考虑模块的外形尺寸和重量应满足现有起重机的起吊能力要求。

（4）必须有完备的安全、消防和防污染的设施。这些设施包括可燃气体和火灾探测与报警系统，通风和灭火系统，应急进、出口设施，各种救生器具等。在敞露的甲板上要设栏杆、扶手和安全网，上下平台要有安全的移乘设备。平台上含有化学药剂的物品以及各种污油、污水要经处理设备处理后再排放。

（5）要有良好的通信、靠船和直升机起降设施以及生活设施。平台上要设置先进的对内外通信联络设施和安全可靠的靠船设施。生活区要同作业区严格分隔开，而且要离振动和噪声大的设备远些或有减振噪声的设施。另外，还应设置直升机起降设施。

（6）满足有关建筑规范的要求。移动式平台要满足海上移动式钻井船入级与建造规范中的要求，设备的选择和布置要尽量采用国际上通用的规范和标准，以提高平台的竞争力。

三、总体布置的步骤

总体布置包括4步：确定主体设备的位置和区域、调整各区的边界、在各区域内安排设备、规定相互间的通道。

总体布置时要兼顾各方面的需求，如工艺流程的连续性、辅助设备使用的方便性等；要分清主次，采取措施，尽量使各区域间的相互关系达到最佳状态。对于人员正常上下通道和紧急时的撤离通道、危险区域的分类及安排予以重视。

第三节　我国海洋石油钻井平台现状

我国油气开发装备技术在引进、消化、吸收、再创新以及国产化方面取得了长足进步。

（1）建造技术比较成熟。海洋石油钻井平台是钻井设备立足海上的基础。目前我国在海洋石油装备建造方面技术已经日趋成熟，有国内外多个平台、船体的建造经验，已成为浮式生产储油装置（FPSO）的设计、制造和实际应用大国，在此领域，我国总体技术水平已达到世界先进水平。

（2）部分配套设备性能稳定。海洋钻井平台配套设备设计制造技术与陆上钻井装备类似，但在配置、可靠性及自动化程度等方面都比陆上钻井装备要求更苛刻。国内在电驱动钻机、钻井泵及井控设备等研制方面技术比较成熟，可以满足7000米以内海洋石油钻井开发生产需求。宝石机械、南阳二机厂等设备配套厂有着丰富的海洋石油钻井设备制造经验，其产品完全可以满足海洋石油钻井工况的需要。

（3）深海油气开发装备研制进入新阶段。目前，我国海洋油气资源的开发仍主要集中在200米水深以内的近海海域，尚不具备超过500米深水作业的能力。随着海洋石油开发技术的进步，深海油气开发已成为海洋石油工业的重要部分。向深水区域推进的主要原因是由于浅水区域能源有限，满足不了能源需求的快速增长需求。另外，随着钻井技术的创新和发展，已经能够在许多恶劣条件下开展深水钻井。虽然我国在深海油气开发方面距世界先进水平还存在较大差距，但我国的深水油气开发技术已经迈出了可喜的一步，为今后走向深海奠定了基础。

尽管我国海洋石油钻井装备产业取得了骄人业绩，但同发达国家近百年发展历史相比，我国海洋石油开发装备产业起步相对较晚，总体来看主要表现出以下明显的不足：

（1）关键设备国产化程度低。尽管我国在一些比较先进的油气工程装备方面已实现国产化，但国内厂商还基本停留在结构物的制造上，相关配套技术滞后，关键设备、技术仍然掌握在国外厂商手里，严重制约着海洋油气的规模开发。我国海洋石油钻井平台的国产化率仅在20%左右，自配套产品范围较窄，性能和质量同国外有一定差距，关键设备几乎全部依赖进口，目前完全依赖进口的设备有：平台（船）配套的柴油发电机组、电控系统、大型吊机、船舶主机、主推进系统、轴系、前后侧推等；钻井系统配套的水下防喷器、固控设备等；自升式平台升降系统齿轮和齿条等。关键设备依赖进口带来的问题有：供货周期长，有时交货期比合同规定延长达5个月，甚至不定期延长；成本高，因为国内没有替代品，国外厂家大幅加价，而且采购环节多，成本高；国内相关产业的设计制造水平提升速度缓慢。

（2）现有钻井平台数量不足。我国三大石油公司在海洋石油钻井装备方面数量明显不足，而且种类和作业能力也远不能满足海洋油气勘探开发的需要。截至2016年，我国共有移动式钻采平台58座，已退役7座，在用51座，在建7座。其中中国海洋石油总公司（CNOOC）拥有其中的大部分设备，中石油集团（CNPC）现有1座自升式钻井平台，但只能在滩海和极浅水域作业；中国石油化工股份有限公司（SINOPEC）拥有8座钻井平台，其中3座坐底式，5座自升式。

第四节　国内外海洋石油钻井平台技术发展与差距分析

海洋石油的绝大部分存在于大陆架上，海底蕴藏着丰富的石油和天然气资源。根据1995年的估计，世界近海已探明的石油资源储量为379亿吨，天然气的储量为39万亿立方米。据不完全统计，海底蕴藏的油气资源储量约占全球油气储量的1/3。目前，海底油气开发已经从浅海大陆延伸到千米水深的海区。

海上石油是一个高投入、高风险、高科技的产业，决策和操作的失误都可造成巨大的经济和社会损失，同世界石油工业一样，中国海洋油气产业面临着油气田开发难度、投资额度和风险程度日益增加，油气储量增长缓慢，环保保护费用递增，国际油价波动性起伏很大等难题。针对这些问题，需要在油气田勘探、开发过程中，优化作业进程；有效地利用各种人力、技术和财力资源；促进地质油藏、钻完井、工程建设和经济评价等各专业的充分协同配合；进行观念创新，科技创新，管理创新，制度创新，以最小的投资成本和作业费用，获得最大的经济和社会效益。其中，海洋石油钻井平台产业的开发与利用是非常重要的一项内容。

世界范围内的海洋石油钻井平台发展已有上百年的历史。1887年，美国人以栈桥连陆的方式在加利福尼亚距离海岸200多米处打出了第一口海上油井，标志着海上石油产业的诞生。1920年，美国在委内瑞拉的马拉开波湖进行石油普查钻井。苏联也根据泥火山理论，在里海开始了从巴库到阿普塞隆近海油气田的勘探开发，当时是以木制的固定栈桥与陆岸相连接。第一个石油平台于20世纪40年代建造成功，标志着海上石油工业与陆地石油工业相同，开始了明确的分工，即海上石油公司与专业服务公司的分野。50年代后，移动式钻井平台研制成功，此时已系统地形成了海上石油工业体系，通过一种严密的社会分工体系，多专业公司协作开展海洋石油的开发工作。深海石油钻井平台研发热潮兴起于20世纪80年代末，虽然至今仅有20多年历史，但技术创新层出不穷，海洋油气开发的水深得到突飞猛进的发展。

（1）自升式平台载荷不断增大。自升式平台发展特点和趋势是：采用高强度钢以提高平台可变载荷与平台自重比，提高平台排水量与平台自重比和提高平台工作水深与平台自重比率；增大甲板的可变载荷、甲板空间和作业的安全可靠性、全天候工作能力和较长的自持能力；采用悬臂式钻井和先进的桩腿升降设备、钻井设备和发电设备。

（2）多功能半潜式平台集成能力增强。具有钻井、修井能力和适应多海底井和卫星井的采油需要，具有宽阔的甲板空间，平台上具有油、气、水生产处理装置以及相应的立管系统、动力系统、辅助生产系统及生产控制中心等。

（3）新型技术FPSO成为开发商的首选。海上油田的开发愈来愈多地采用FPSO装置，该装置主要面向大型化、深水及极区发展。FPSO在甲板上密布了各种生产设备和管路，并与井口平台的管线连接，设有特殊的系泊系统、火炬塔等复杂设备，整船技术复杂，价格远远高出同吨位油船。它除了具有很强的抗风浪能力、投资低、见效快、可以转移重复使用等优点外，还具有储油能力大，并可以将采集的油气进行油水气分离，处理含油污水、发电、供热、原油产品的储存和外输等功能，被誉为海上加工厂，已成为当今海上石油开发的主流方式。

（4）更大提升能力和钻深能力的钻机将得到研发和使用。由于钻井工作向深水推移，有的需在海底以下5000～6000米或更深的地层打钻，有的为了节约钻采平台的建造安装费用，需以平台为中心进行钻采，将其半径从通常的3000米扩大至4000～5000米，乃至更远，还有的需提升大直径钻杆（16813毫米）、深水大型隔水管和大型深孔套管等，因此发展更大提升能力的海洋石油钻机将不可避免。

我国海洋勘探开发从无到有，至今已具备一定规模，海洋石油装备在消化吸收国外先进技术和自我发展过程中也取得了显著成效，但与国外相比还有不小的差距，主要表现在以下方面：

（1）钻井平台类型单一，技术含量低。我国目前主要采用导管架式、坐底式、自升式钻采装置，结构简单，功能单一，新型张力腿平台（TLP）、单柱平台（SPAR）、顺应式平台及其他多功能综合性平台的设计和建造技术还是空白。针对海洋石油钻井平台的特点和国内外市场的需求，结合我国研发与建造的实际水平，进一步发展海洋石油钻井平台，需要解决以下关键技术：探索海洋石油钻井平台的新型式；总体设计与结构设计准则；主要设备配置与模块化技术；主要设备国产化技术；特种设备与系统技术开发；特种结构分析技术开发；海洋防腐技术；海洋项目管理与信息化技术。对于自升式钻井平台应尽快掌握关键设计技术，研究主体布置格局、桩腿及桩靴型式与尺度、升降装置的型式，进行在各种情况下的结构设计载荷与强度分析，结构关键节点的疲劳分析，以及悬臂梁结构的设计等。对于半潜式、张力腿钻井平台，应合理设计平台结构，提高其抗疲劳寿命。主要研究风浪载荷等复杂的动力学问题，考虑实际海浪的随机性与不规则性，预报波浪载荷；改进钢架结构局部结构，消除在交变载荷、海水腐蚀等作用下，结构连接节点处出现应力集中危害及疲劳破坏；系泊索疲劳问题也是张力腿平台的主要研究课题之一。

（2）现有钻井平台不适应深水需求。目前我国的石油开采装备大多只能在300米水深以内的海域工作，急需深海移动式钻采平台（船），海底基盘、水下井口及水下采油维修设备，水深大于500米的浮式生产系统，海底管线安全检测及维修装备（水下机器人），天然气水合物勘探及采收技术装备，配套深水作业的定位、通信、运输保障、安全求生、环保设备等。

第八章

拖轮产业

拖轮（Tug Boat）又称为拖船，是用来拖曳没有自航能力的船舶、木排或协助大型船舶进出港口、靠离码头，或作救助海洋遇难船只的船舶。拖船没有装载货物的货舱，船身不大，但装有大功率的推进主机和拖曳设备，具有“个子小、力气大”的特点。拖船分海洋拖船、港作拖船和内河拖船。

图8-1　拖船

第一节　拖轮的特点

一是拖轮船身小，船上没有装载货物的船舱，构造坚固。

二是拖轮上的动力装置功率大，所以，具有较大的拖带能力。

三是船上还备有拖带设备，利用拖带运输方式，拖带没有动力的船舶。拖轮是船舶家族中的小个子大力士，就像举重队里的轻量级运动员。它们经常在江河中、港湾里忙碌着，拖带别的船舶。

第二节 拖轮的种类

按照使用水域不同，拖轮又可分为远洋拖轮、沿海拖轮、港作拖轮和内河拖轮。

不同的拖轮特点不同，远洋拖轮、沿海拖轮在海上航行，船首翘得高高的，构造坚固，以防止海上波浪冲击；港作拖轮在港湾内使用，船身短，操纵灵活；内河拖轮在江河中航行，吃水浅。

第三节 拖轮拖带船舶的方式

拖轮拖带船舶，可以像火车头拖带列车车厢一样，呈一列式拖带驳船，也可以从两旁舷侧拖带驳船。拖轮还可以拖大船，几艘小拖轮可以同时拖带一艘万吨级大船，使大船顺利地进出港，调动船位，或进出船坞。

第四节 全回转港作拖船产业现状

全回转港作拖船是指在原地可以360°自由旋转的拖轮，一般都采用双Z型导流管式螺旋桨和中高速柴油机，与单车船相比，其操作更方便、更灵活，适宜在有限水域操纵。在靠离码头，协助大船靠离泊和接送引水员作业中，能通过调整两桨的角度和转速使拖轮作任意方向的运动。根据其操纵控制方式不同，可分为单柄船和双柄船两种形式。全回转拖轮特点：该类型拖轮是无舵双桨，螺旋桨可在360°范围内自由转动，转向灵活，旋回圈小，并可以在原地打转。进车改为倒车，调节螺旋桨方向180°即完成，只需12秒，控制性能好，可在较短时间内把船停住。在缓流无船速的情况下可横移，对本船靠离泊十分有用。该船无舵，倒车时只要调节螺旋桨方向，比前进更灵活。由于该船马力大、船身短、双桨、方型系数大、艏艉成一直线，若用船艏先离码头或离开有前进速度的大船时非常困难。

自从中国加入WTO以来，市场开放的速度在进一步加快，给国内港口和航运事业带来了极大的发展机遇。原来经由港、澳地区各大港口中转的大型散货船以及集装箱船运输业务，因其中转成本较高，纷纷经由深圳及内地各大沿海港口中转，这不仅仅促进了港口及航运业的大发展，同时也增加了对港口作业船舶的需求。20世纪80年代中期，上海一家船厂及山东烟台一家船厂率先和新加坡的航运部门及设计公司联合研发这种船型，并陆续投放市场，缓解了国内需求矛盾。当时，江苏镇江一家船厂看准了其市场发展前景，分析了内部条件：设计及生产力量雄厚，且所处的岸线航道等地理条件及船厂的船台设施均非常适合开发、制造这种船型。1987年与新加坡联合设计并开发了第一艘全回转港作拖船。自此，随着各大港口集装箱货物吞吐量不断扩大，集装箱船也随之更新换代，该厂全回转港作拖船业务也不断地得到了发展，其主机功率也由最初的2×660千瓦，发展到了如今的2×2390千瓦，其航速及拖力也得到了相应的提升。

如今，随着世界船舶市场船型向“一大”（吨位大）、“二高”（高附加值、高技术含量）、“三新”（新技术、新工艺、新船型）方向发展，第七、八代超大型集装箱船已纷纷投放集装箱运输市场，但目前国内市场上，尚且没有配合集装箱船靠、离港口及码头作业的全回转港作拖船。随着国内货物转口贸易的发展，全回转港作拖船已纷纷到了更新换代的时候，全回转拖船产业的市场，自2002年下半年以来出现了前所未有的火爆现象。

第五节　世界拖船技术发展现状

近年来，随着拖曳对象的增加以及对拖曳性能要求的提高，拖船的功能不断增强，设备更加先进，拖船已进入高附加值船舶的范畴，新造拖船数量也达到了前所未有的水平。世界上建造拖船的船厂主要集中在荷兰、挪威、英国、德国、新加坡、西班牙和中国等国家。我国拖船建造已有几十年的历史，积累了丰富的经验，尤其是进入21世纪以来，拖船的设计和建造取得了突飞猛进的成就，已达到国际先进水平，主要有港作拖船和远、近海拖船，以及为海洋石油平台服务的多用途守护船。

一、港作拖船的现状及发展趋势

港作拖船主要是用于操纵停靠港口的大型船舶离靠码头、进出港口和港内掉头、移位等，要求船型小巧、操纵灵活，能提供大的拖力，但不追求航速、自给力和续航力。近年来，国内外民用港作拖船得到了前所未有的发展，功能越来越先进，马力也越来越大，采用Z型推进装置，可实现原地全回转功能，操纵灵活；更有一些大马力港作拖船，还配有首侧推以达到更好的操纵能力。此外，港作拖船具有灵活机动的拖带方式，可进行尾拖、旁拖、首拖和顶推作业，配有相应的拖钩、旁拖系缆柱、首拖绞车和顶推护舷等。为便于和被拖对象靠泊，港作拖船上层建筑高度设计较低。

港作拖船通常附设有一个重要功能——对外消防功能，用于对港内失火的船上进行消防灭火。港防能力按照规范又分为三个等级，相应的消防设备配置不同，具有不同的灭火时间和灭火距离，满足不同类型船舶的消防要求。

由于港作拖船的任务需求和工作特点不断延伸、变化，追求更进一步的机动灵活，更大马力是其发展趋势。同时，新的需求和新技术的应用，对港作拖船功能进行了很大拓展，一些港作拖船还兼顾近海拖船的一些功能，如提高拖带能力和抗风浪能力等，故产生了新型抗风浪全回旋港作拖船等，也是世界上同类船中最先进的一种，主要是在港作拖船的基础上加设艏楼或增加首部脊弧等。

二、远洋拖船的现状及发展趋势

远洋拖船主要用于海上救助人员和遇难船，有一定的排水量，以确保有较好的适航性；配备有大功率主机，已具备快速机动和较强的拖带能力，并具有较强的自给力和续航力。随着世界经济的发展以及人类对远海资源的探索和需求不断提升，远洋拖船的发展非常迅猛。为了适应远海的作业海况以及被服务船只能力的不断提高，拖船主尺度、装机功率和拖带能力等不断增大，功能性能不断增强。除了拖带功能外，还同时具备救助、打捞和补给等特殊功能，配备了满足上述功能的设备和设施，并且为适应远海复杂海况，在拖带能力和稳性等方面有很大的提高。

此类船的特点是：设有艏楼，较大的艏舷弧及干舷；较大的液舱舱容；主机功率较大；甲板作业面积大；配有大型拖缆机；推进方式大多采用双机双调距桨，推进功率更大，使得航速高、拖力大；配有减摇装置，适航性好，抗风能力强；还具有动力定位、对外消防和救助能力。我国在远洋救助拖船的设计建造能力近年来有着较快发展，技术水平不断提高，远洋拖船向着大型化和多功能方向发展，船型已由第一代发展到第三代。其功能已经突破了最早的救助、打捞等功能，并向具有较强的消防、排水、供水、供油、供电、堵漏、水下焊接切割和潜水作业等功能发展。

三、近海拖船的现状和发展趋势

近海拖船主要用于近海拖带，其性能介于港作拖船和远洋拖船之间。船长等主要尺度不受航道和港口的限制，在满足设备布置、功能及拖带能力的条件下，尺度相比远洋拖船较小，配置功能也较小。由于航行于近海，在风浪较大时具有一定的储备浮力并避免上浪，所以一般也没有艏楼，干舷相对较低，拖曳设备主要配有拖缆机。

在近海拖船的发展过程中，主要代表是为平台保障服务的多用途供应船和守护船。随着海上石油采集的发展，海洋平台的建造业得到了迅速发展。为平台保障服务的多用途供应船和守护船（实际上是多用途拖船）也发展迅速。我国自行设计和建造的多用途供应船和守护船有：2000马力、4400马力、5000马力、6000马力、6500马力、8000马力、10000马力和13600马力等。它的主要功能为：近海拖带，为平台和其他船舶远距离伴航和近距离拖航；为海上工程船进行起抛锚作业；为平台供应油、水、水泥和钻井物资及输送人员；对外消防以及进行海面油污处理。从发展趋势来看，近海拖船的作业对象及多功能作业能力不断得以拓展，总体性能优化、作业设备合理配置及多功能任务模式平衡等综合性能优选是其追求目标。

拖船业发展至今，已有180年的历史。随着船东与港务局对更大动力、更高效拖船的需求日益增多，拖船推进系统和相关船体设计的发展也越来越快。人们越来越重视拖船作业的高精确度，高系柱拉力已不再是唯一的考虑因素。

回顾拖船的发展历史，最初是由不断建造更大型拖船搭载大功率主机驱动大型、深浸螺旋桨来满足系柱拉力增长的需求。随着新型推进系统的出现，船体设计开始发生实质性的改变。拖船历史性变革的标志是1952年在德国诞生的福伊特拖船。它采用的平旋推进器可产生全方位的推力，并且系柱拉力可精确地作业于需要的位置。这型拖船的诞生促进了全方位推进器或“Z型传动装置”的发展。新技术的出现使设计者极大地摆脱了传统的螺旋桨/尾轴传统的束缚。目前，四种采用“Z型传动装置”的设计概念在拖船业已得到公认，且每种都能够解决“将正确数量的力准确作用于正确位置”这个问题，使得拖船可以安全、有效地针对大型船只进行作业。这四种技术分别是全方位尾驱动（ASD）、带有Z型推进器的拖船、回旋圆通拖船（Rotor Tug）以及Z-Tech拖船。

1. 现代ASD

目前，大多数的拖船船东对拖船的选择基本都是全方位尾驱动拖船，该船型有两个位于船尾下方的Z型传动装置。每个推进装置可以独立控制，在任意角度对船体产生推力。ASD拖船可前进、后退以及横向运动，可精确地在自身长度范围内转向，具备高度的灵敏性和相对较高的系柱拉力，且吃水并没有明显增加，这使得尾驱动拖船在许多应用中可替代一般拖船。该船型一般利用设在前甲板的绞车进行作业，在顶推模式中船艏装有坚固的护舷材，当需要的时候利用其敏感性可快速复位，需要时可在船尾安装第二台绞车。该船型采用斜削型船艉，向船尾方向行进时可提供较高的航速，同时还可以保留足够的机动性。长箱型龙骨或尾鳍可使得拖船在斜拖模式作业中的动力牵引力明显高于船舶的静态系柱拉力。

Damen船厂在2011年交付了基于其7型标准船型设计的多艘ASD拖船，从小型的紧凑型港口拖船到可在无限航区作业的护航拖船。ASD Tug 2810是达门船厂最受欢迎的设计之一，已交付给全球许多客户，如Smit Harbour Towage公司，其船队中拥有20艘该型船。“Evgeniy Yakovtsev”号是2012年交付的一艘具有代表性的ASD Tug 2810型拖船，它是乌克兰国有企业尤日内港订购的两艘冰级拖船中的一艘，拖船长28.67米，宽10.43米，吃水（船尾）4.96米，采用两台卡特彼勒3516B TA/B型主机，总功率为3132千瓦（4200制动力），驱动为两个罗尔斯·罗伊斯US 255 Z型传动装置，前进系柱拉力50.9吨，后退时为48.3吨，最大自由航速前进时为12.8节，后退时11.9节。

ASD Tug 3213是Damen船厂一款较新的大马力拖船，用于港口作业，俗称“Big Cat”级。荷兰海事研究所发起的专门研究拖船在无限航区作业的“安全拖船联合工业项目”中的许多研究成果都在该型船上得以应用。该船长32.14米，宽13.29米，船尾吃水6.43米。除了之前提到的特征外，船体设计还增加了舷弧并提高船尾，减少了甲板上浪。推进动力由两台卡特波勒C289-8/MC型柴油机提供，1000转/分时最大持续功率可达5420千瓦（7268制动力），连接罗尔斯·罗伊斯US 285 Z型传动装置及可调距螺旋桨。试验中，“Big Cat”前进系柱拉力可达94.7吨，后退时为88.9吨，在任意方向自由航速均为14节。

2. Z-Tech拖船

Z-Tech拖船是结合ASD拖船和全方位推进拖船最好的操作特点发展而来的，由RAL公司与香港财利船厂合作，专门为新加坡国际港务集团开发，如今已在全世界领域得到广泛的应用。采用该技术的拖船在任意方向上的性能几乎相同，整体性能和安全性也得到改善。

Z-Tech拖船是真正意义上的“双头”船舶，独特的船型基于ASD结构，一个非常深的箱形龙骨（或尾鳍）位于船艏下方。作业工具包括重型防护的船艏和安装在较低位置处的拖缆绞车及导缆器，作业方式与ASD拖船相似。驾驶室位于船中后方，提供了良好的净空高度和稳定的牵引特性。

第一艘该型拖船——Z-Tech 2800于2004年投入运营。之后，PSA、巴拿马运河公司、美国海军等客户又相继大量购入了该型拖船。

财利船厂又为巴拿马运河管理局建造了第二批13艘Z-Tech拖船，这批新订单为更大功率的Z-Tech 6500系列，拖船总长27.40米，宽11.50米，吃水5.83米，采用两台GE 12V228型主机，总功率4422千瓦（5930制动力），驱动两个，为Schottel SRP1515FP全方位推进装置和直径为2.6米的四叶片定距螺旋桨。拖船系柱拉力为65吨，前进、后退时最大航速均为12.5节。船上还装有两台MacGregor Plimsoll单卷筒拖缆绞车，分别在拖曳甲板两侧，这种配置是专门为在巴拿马运河上作业而设计的。3艘已于2010年完工，9艘于2011年底完工，还有一艘于2012年底交付。

3. 回旋圆筒拖船

回旋圆筒拖船由Kotug公司开发，采用三台全方位推进装置，两台位于前部，与常规拖船结构相似，一台位于船尾，代替了常规的尾鳍结构，形成三角形的格局。该船型为尖舭设计，船底几乎是平的，使得通过三台推进装置的水流特性达到最佳状态。回旋圆筒拖船最主要的特征是三台推进装置的控制系统。每台推进装置都有独立的手动控制器，船员可以单独控制每台装置的推动方向和螺旋桨转速。另设有一个“Masterpilot”控制器，使得推进装置可以任意组合协同工作。由手动操作的方式来选择合适的控制器组合。

回旋圆筒拖船具有以下几个优点：

（1）通常这类拖船由经验丰富的船员操作时，其功能可达到两艘普通拖船同时在大船两边拖曳所产生的效果。

（2）拖船机舱空间一般较小，该类拖船却能巧妙地以三角形的方式布置三组主机和推进系统，有效地提升了拖船的功率。

（3）此类船体积较小，所能产生的系柱拉力是其他同等级大小拖船所无法达到的。

（4）具有高度的可靠性，即使一组推进系统失灵，其余两组仍能提供相当于一艘拖船的拖力。

（5）可在船闸内和狭窄区域对大型船舶进行作业。

第一批4艘回旋圆筒拖船由Kotug的船队在荷兰及德国的港口运营。该批拖船长31.43米，每艘都采用3台主机，总功率为4698千瓦（6300制动力），系柱拉力为75吨。回旋圆筒拖船的灵敏性十分惊人，回转速度很高，横向移动速度高达6节，可在任意方向发挥其全部系柱拉力。所有4艘拖船可在广泛的作业环境中应用，如港口、海岸、近海甚至海滩救助作业。

最初回转圆通拖船的概念发展得比较缓慢，不过拖船船东们积极地接受该型拖船。截至2013年，已有超过30艘船正在运营或者建造。3个基本版本由Kotug的联营公司KST公司提供。RT80–32型拖船长32米，宽12米，吃水6.1米，系柱拉力80吨，最大航速12.5节，在航速为10节的斜拖（护航）模式中，可产生超过90吨的转向力。船头和船尾各设置一台绞车，该设计来源于最初的原型，并根据10年来的经验进行了一些改变。

所有14艘已经完成或正在建造的RT80–32型拖船分别由日本新潟船舶修造厂和新加坡ASL船厂建造。“RT Rob”号、“RT Peter”号、“RT Adriaan”号、“RT Champion”号和“RT Laeder”号已经于2009—2010年完工，目前在欧洲使用。“RT Darwin”号和“RT Tasman”号是最新交付的船只，目前正在澳大利亚作业。

ASL船厂也负责了8艘RT 80–28型拖船的建造工作。这是一艘较短、较低的船型，主要用于港口作业，可通过船艏或船艉拖曳。其中4艘已于2008年完工，其中3艘为汉堡Bugsier航运公司建造并命名，还有1艘“RT Margo”号交付给了Kotug的一家联营公司。另外，不莱梅Unterweser航运公司也订购了4艘该型船，其中“Dorum”号和“Midlum”号已于2010年交付，“Accurat”号和“Exact”号已于2011年交付。

KST公司还为魁北克Groupe Ocean公司本土建造的第一艘回旋圆筒拖船110–37E出售了一艘“设计与技术支持”包。RT110–37E是第一艘新一代高性能回旋圆筒拖船，适用于护航拖曳及其他广泛的领域，包括近海作业。Robert Allan公司受KST公司的委托设计了该船型并进行了水池试验。该船船长37米，型宽14.50米，深5.65米，最大吃水深度7.25米。该船型体现了RAL公司拖船设计的几个特点，包括船舷突出部，明显的舷弧和球形船艏。当进行护航作业时，拖船由于拖缆的作用将产生倾斜，致使船舷突出部分浸没入水中，产生了一个巨大的回复力，从而提高了拖船的稳定型。这些特点使得该拖船成为一型系柱拉力达到110吨，前进和后退自由航速15节，横向航速高达6节的高性能拖船。

4. Z型传动拖船

使用方位型推进装置和螺旋桨的拖船于20世纪70年代初期在欧洲诞生，被认为是福伊特-施耐德系统的替代品。然而，由于福伊特-施耐德平旋推进器有了很大的改进，市场上建造的Z型传动拖船很少。最值得关注的例子是由Damen船厂建造，在英国海军船厂使用的一系列4艘拖船，运营商为Sevco海运服务公司。

5. 福伊特拖船

该型拖船使用的福伊特-施耐德推进器是一种灵活的可调节推进器，可在不改变转速的情况下将推力作360°的无极改变。前进和后退以及船舶横向的操纵是通过对螺距的调整进行的。船只如果装备了两台或多台福伊特-施耐德推进器，即可任意改变方向移动。该推进器既是驱动装置又是操纵装置，特别是按照X/Y坐标的快速无极的推力变化提高了船舶操作的安全性。相对其他推进器，该推进器以非常低的转速工作，因此它以寿命长和维护费用低而闻名。

福伊特-施耐德推进器主要被用于拖船、渡船、客轮、航标船、猎雷潜艇、平台供应船、豪华游艇等船舶上。基于该推进器开发的福伊特拖船大大提高了船舶行驶的安全性，即使在高速的情况下，也可保证安全的护航作业。

如今，福伊特-施耐德推进器经过福伊特驱动技术系统公司的大量产品改进，与早期版本相比，在系柱拉力以及对推力和方向的精确控制方面更有效率，不过建造成本高可能是面临的一个主要问题。但该型推进器主要用于对船只安全性和机动性要求较高的领域，比如在受限制码头作业的拖船、尖端护航拖船及类似的需要精确控制的拖曳应用。

值得关注的例子为西班牙Union Naval Valencia船厂为Shet land Islands Council建造的两艘坚固的、大马力护航拖船，总价值为1400万英镑。两艘船被命名为“Bonxie”号和“Solan”号，主要在萨洛姆湾的油港对油船进行作业。船总长40.0米，型宽14米，最大吃水深度6.4米。船体和上层建筑设计包括了一个艏楼和一个全通甲板。甲板室离船艏较远，以确保在恶劣气候下提供最大限度的保护。船上安装有两台Voith Schneider 36R5/250-2型平旋推动装置，叶片轨道3.6米，与一个电传控制系统相连。主机采用两台MAN 9L27/38型柴油机，每台在800转/分时最大可持续功率为3285千瓦，总功率约为6570千瓦（8810制动力）。在最大可持续功率下，该推进系统可提供87吨系柱拉力（前进时），后退（顶推）时为81吨，前进时自由航速为14.1节。

总之，现代船舶越造越大，在港口内不容易操作，经常需要雇佣动力强大、操纵灵活的拖船进行辅助作业，这样不仅可以弥补大型船舶在灵活性上的缺陷，还能减少自身燃料消耗，省去安装价格高昂的首尾推进器，实现客观的经济利益。一般拖船如果能代替两艘甚至多艘拖船的功用时，其意义并非只减少了需要雇佣的拖船数目，同时还能提供现场工作效率，减少多艘船之间相互干扰的情况。因此，单一拖船增加其拖力具有经济与效率等多方面的意义，今后拖船若能应用新式装置达到以一顶二的效果，势必会取得较高的竞争优势。

新造拖船体积比传统拖船更小，动力和功能却比以往更大。小型拖船可在窄小的区域内作业，而体积较大的拖船往往不容易在这些区域作业，比如运河、水闸或大桥下方、桥墩间的通道等。体积较小的拖船若能提供和大型拖船一样或者更大的拖力，在许多场合将会有着绝对的竞争优势。回旋圆筒拖船就是这方面的典型例子。

现代拖船与传统拖船相比，也具备更多的功能。若一般的港作拖船还能兼做海滩救助船、护航拖船及近海供应船，它势必将获得船东的青睐。

从安全与环保的角度出发，在一些港口和区域，如北美地区、挪威油港或环境敏感区域，特别制定了法规，要求油船必须由护航拖船来护航。这一情况从某种意义上来说增加了对大动力拖船的需求。

综上所述，全球拖船市场正在呈现出一种高效率、多功能、小型化及大功率的发展趋势。作为一种主要对大型船舶等提供航运辅助与多方面服务的小型船舶，其作业效率与经济性皆为船型设计的重要考量因素。由于功能多、设备繁多、先进，该类船已属于高附加值船范畴，具有良好的市场发展前景。国内船厂的规模和能力，非常适合建造各类新型拖船，因此对于全球的拖船技术发展及市场需求的变化应当予以关注。

第六节　全回转拖轮协助大船靠离泊过程中的应用及注意事项

拖轮在港口生产当中，担负着协助靠离泊、抢险、救生、拖浅、拖带、接送人员等任务，其中最常见的作业是协助船舶靠离泊。在协助船舶靠离泊过程中，以双拖轮协助大船靠离泊最为典型，下文以双全回转拖轮协助大船靠离泊为例，论述全回转拖轮的实际应用及注意事项。

一、靠离泊时的拖轮带缆位置与长度

1. 拖轮带缆位置

双拖轮协助大船靠离泊时，一般拖轮带缆位置宜尽量靠近大船两端位置以增加转动力臂。带缆时，应该避开大船线型收放较大的部位，避免拖轮上层建筑撞碰大船，尤其是当协助空载大船靠泊过程当中更要注意。

2. 拖力水平分力与俯角的关系

拖力、拖力水平分力、俯角β的关系为：拖力水平分力=cosβ ×拖力。其关系成余弦曲线关系，如下图8-2所示。

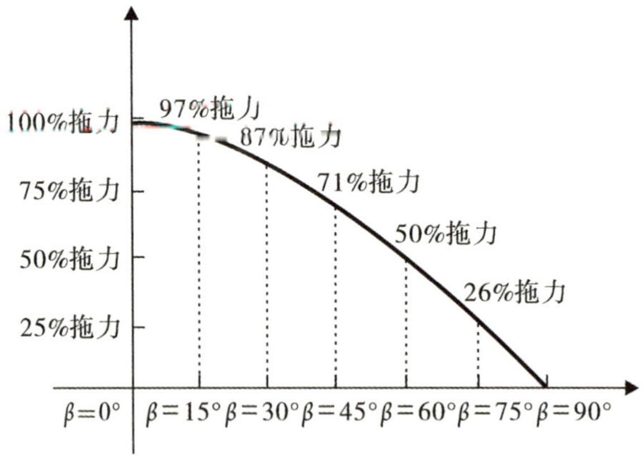

图8-2　拖力水平分力与俯角的关系

3. 拖轮缆绳长度

由拖力水平分力与俯角的关系可以看出，较小的俯角可以提供更大的有用拖力。拖轮的拖缆都有一定的断裂强度，当拖缆受钝力时的受力是正常拖曳受力的几倍，较长的缆绳能够吸收钝力造成的影响，减轻缆绳负荷。所以，在拖缆长度不受水域和作业限制时，应使拖缆有一个较小的俯角，一般情况下应小于15°，拖缆长度应大于被拖船缆孔至水面高度的4倍，即使大船的缆孔高度较低，拖缆长度也不应少于45米，一般可放缆绳长度到拖轮2倍船长左右。

当靠泊时，拖轮经常会有顶、拖的转换，所以一般情况下拖轮的缆绳较短，以利于及时的顶、拖。但当空船靠泊，遇到较强吹拢风，应及时放长缆绳减小俯角β以增加拖力水平分力，尤其是受风面积较大一端的拖轮。

空载船舶当俯角β过大时，就要防止拖轮的“吊船”现象的发生，所谓“吊船”现象，即稍松一下拖缆，马上就有拖轮船首向下一坐的感觉。此时缆绳受力较大，容易造成断缆事故，尤其是拖轮在受到波浪影响产生上下颠簸运动时，会由拖轮重量引起较大的冲击力，因此拖缆的长度要适量。

二、协助靠泊

船舶的靠泊与离泊相比其他许多方面更有难度，因为船舶的靠泊过程是一个由动态到静态，由面到线的过程，对于拖轮协助操作的精准性和及时性要求更高。

1. 带缆拖轮对大船操纵的影响

拖轮带缆时，会以一定角度用船头贴靠大船，此时双螺旋桨推力及风流外力产生的合力对大船施加一个推力，使大船转头。当艏艉拖轮同时带缆时这个转头力矩相互抵消，但大船会产生较大横移；如果艏艉拖轮不是同时带缆，在这个过程较短时，对大船不会产生很大影响，但当这个过程持续时间较长，且与大船停车减速矛盾时，此时必须提前预防或者采取应急措施。

现举例说明不考虑风、流对大船影响情况下，船首拖轮先带缆时对大船保向的影响及应急预防措施。当船首拖轮先靠时，因为带缆绳操作的原因拖轮一般都会与大船形成一个角度，施加一个推力，这个推力的大小视带缆位置的线型和拖轮驾驶员的操作水平不同而不同，但一般都会产生一个与拖轮相反舷的转头力矩。为了克服这个力矩，大船将与拖轮保持同向舵，此时大船会产生与拖轮相反舷的横移，所以控制船位时要充分考虑，预留出大船横移的量。当用舵难以克服时，可以让船首拖轮减少顶推的力，或平靠带缆，并尽快使船尾拖轮就位，平衡转船力矩。总体来说一般情况下拖轮带缆时，大船一般还有较大的减速距离，但是左右两舷的位置一般相对较小，所以在余速可控的情况下，原则是先保向后减速。

2. 大线型位置的拖轮

拖轮带好拖缆之后，当船首拖轮或者船尾拖轮因位于船舶的大线型位置，可能处于“悬空状态”。此时，拖轮除了两个螺旋桨提供的推力外，没有其他支点，想保持拖轮平稳，相对困难，此时大船如转向，驾引人员应该控制转头速率，且进速应较慢。

3. 充分运用拖轮协助，增加靠泊安全系数

当拖轮协助靠泊时，要充分发挥拖轮的性能，降低风险因素，使操纵的安全系数更大。大船可减小入泊角度并留有足够的横距，如遇大船主机故障没有倒车的时候，船头拖轮可以及时变向向外档拖，以增加前冲的位置，船尾拖轮可以改变拖曳角度向后拖，以降低船速。这种方法在实际应用当中，曾多次避免因大船主机故障，而发生碰撞事故。

4. 艏艉拖轮不同的顶托效果

重载或平吃水大船具有一定的船速时，受水动力影响，转心靠前，所以使用船尾拖轮转船要比使用船首拖轮效果好得多。实际应用当中，提前应用船尾拖轮可以化解一些危机。随着大船船速的降低，这种效果会越来越不明显，直至大船停止，艏艉拖轮顶、拖效果明显。

5. 拖轮的顶托角度

靠泊过程中当需要顶时，拖轮要根据大船对水速度选择合理的顶、拖角度。当大船对水有进速，需要拖轮顶推或拖曳时，受到水阻力的影响，拖轮会产生横倾，大船进速越高，拖轮越接近垂直，拖轮横倾越大，顶推或拖曳的分力也越小，而且其因为没有拖轮船首摩擦力克服横倾旋转，当其横倾的程度要大于顶推接触时，拖轮操作更加困难。

三、协助离泊

船舶的离泊过程是一个由静态到动态、由线到面的过程，当在狭窄水域掉头时，需要注意控制实际的旋回圈的大小和船位。

1. 拖轮起拖前的注意事项

大船解缆期间，拖轮带好缆绳之后，拖轮缆绳如果带着力，虽然力量不会很大，但是因为其作用时间较长，会使大船的一端产生位移，做旋转动作，尤其是大船解缆前后不协调、一端快一端慢的时候，可能会造成触碰码头及附属设备的危险。所以起拖前，拖轮要利用平移、原地旋回等功能，保持好自己的位置。当空船离泊遇有吹开风时，可根据实际情况选择拖轮带好缆绳后顶推大船，大船再解缆绳。

2. 狭窄水域掉头离泊

狭窄水域掉头离泊时，驾引人员要控制艏艉拖轮起拖的角度和拖力的大小。使拖轮垂直于大船船体拖曳，离开码头较小的横距，就开始掉头旋回时，船舶的实际旋回圈会偏向拖力较大的一侧。如船首拖轮力量较大时，大船将向

船首拖轮一侧轮回，因船首拖力大、转心位于重心之后，且拖力作用点与转心之间因为船宽的原因存在向前的分力矩，产生向前的速度，造成大船前冲，掉头实际的旋回圈应向船头方向移动。相反，如果船尾的拖轮力量较大，大船后缩，掉头实际的旋回圈应向船尾方向移动。

如果要控制在原地掉头，则可采取离开码头较大横距时，开始旋回，且一端拖、一端顶，利用全回转拖轮的操纵灵活性，控制转心在重心附近，使大船的旋回圈基本在泊位附近。

第九章

大件运输船产业

大件运输船舶（Heavy-lift Ship）又称重载船，是指专门设计建造用于运输不可分解的、常规船舶也不能运输的重件或大件货物（重大件货物），主要包括：半潜船（Semi-submersible Ship）、坞式船（Dock Ship）、装备运输船（Heavy Lift Ship or Project Cargo Ship）。装备运输船也常被称为重货船（Heavy Cargo Vessel）和重吊船（Heavy Project Vessel）。这种船主要用于重件或大件的运输、移动作业，对于不可分解的重大海上装备也可能包括在运输、移动作业后的安装定位。

重大件货物主要是基于货物在运输过程中的不可分解性，其重量特别大，外形尺寸特别大，或形状特殊等方面特征从裸装货物中分离出来的一个类别。然而，衡量“重”和“大”的尺度也是随着人类的进步和生产能力的增强

图9-1 大件运输船

而提高，尚无准确和一致公认的定义，一般是指单件50吨以上，长度、宽度或高度超过30米、不能装入集装箱或不能采用常规运输方式运输的货物，如发电机、涡轮机、反应堆、锅炉、塔架、大型防护罩、加热器、压力容器、牵引机车、船艇、卫星、军事装备等。重量超过1000吨，长度、宽度或高度超过100米的单件货物也被称之为特重或特大件货物（特重大件货物）。这些超大尺度或超重的物体需要整体从一地运往另一地，或者从建造场所运送到工作场所，并进行安装。

运送此类重大件货物的最大特点是没有常规或标准做法，必须针对运输对象的特性和货主的要求设计专门的运输方案。运输这种货物的成本必然高昂，风险通常巨大，承运人的利润也往往非常丰厚。因此，每一项重大件的运输都会受到运输需求方、供给方以及相关各方的高度重视。

第一节 大件运输船分类及运输特点

大件运输船是基于多用途船或干杂货船衍生出来的一种高度专门化的船舶，其与多用途船或干杂货船明显不同之处在于船体结构、船舶稳性和装卸设施等方面的特殊性。相关研究机构并没有对海上大件运输船舶做出评细分类。在广义中，根据具体用途及推进方式不同，可以将大件运输船分为以下6种船型：

（1）重吊船。重吊船一般有大船舱和舱口，利于装卸大件货物；甲板上有重吨位大吊，灵活性好。

（2）自航式半潜船。自航式半潜船在大件运输中使用较多，尤其是钻井平台等海洋工程设备的运输，速度快、安全性高。

（3）甲板运输船（也称滚装船或载驳船）。甲板运输船一般用于运输岸桥等大型机械，船队规模不大，中远航运的“远景”“远鉴”号和振华船运的“振华12”均为此类船型。

（4）远洋拖航拖轮。对于一些能漂浮的大件货物，可以使用远洋拖航拖轮进行拖航运输，成本低廉，但速度较慢。

（5）非自航式半潜船。非自航式半潜船可以装载大件货物，但其没有自航能力，在运输过程中必须使用远洋拖航拖轮协助作业。

（6）拖驳船。拖驳船一般在港口中使用，用于大件货物从海到装船铺地的湿拖过程或货物在铺地的装船过程中。

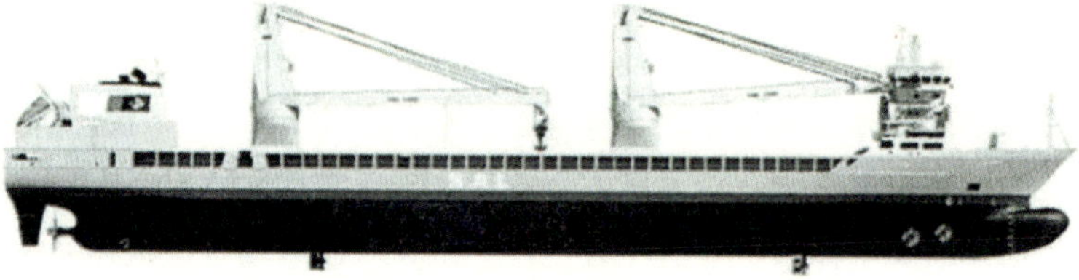

图9-2　重吊船

在6种船型中，重吊船和自航式半潜船占主要地位，本章节主要讨论这两种船型。在装卸大件、重货时，采用的装卸方式有：重吊吊装方式、滚装方式、滑装方式和浮装方式等。根据船舶是否能够下潜，并采用浮装方式，又将大件运输船舶分成重吊船和半潜船两大类。

重吊船（Heavy Lift Vessel or Heavy Lifter）也常被称为重货船或装备运输船，是能载运重件货物并依靠自身设备装卸的远洋运输船舶，可以在无起重设备的港口或港口设备出现故障时进行装卸，受码头条件限制小。船体设有2～3层货舱甲板，大舱室可容纳超长、超宽、超高货物，主甲板上也可以装载超长重大件，最长可达百米左右。重吊船一般有2个重吊，有些船舶还会有一个较小的辅助装卸的吊。该船型最适合装运成套设备和工程项目重大件等。由于重吊船或称重大件运输专用船是相对于半潜船而划分出的一类船舶，它不是通过下潜方式浮装大型运输对象，而是通过重吊吊装方式、滚装方式、滑装方式等装卸大件、重件货物。因此，这种船船型上有五个明显的特点：①多设有重吊，起重量一般要达到350吨以上，有的起重量甚至超过1000吨，两台重吊联合作业可达2000吨以上；②重大件运输专用船船型较为肥胖，其船型系数较其他船舶要大；③具有特大货舱，货舱口开敞，便于装载大型装备；④设有高强度的装载甲板，且甲板平坦、位置低、面积大、承重能力强；⑤为了减少装卸操作过程中船舶的横倾角和保持稳性，重大件运输专用船在双层底、舷侧、甚至甲板附近设置大量压载水舱。同时在船舶上配备专用计算机，以便及时显示注、排压载水时对船舶横倾角和稳性的影响。

重吊船主要有以下五个特点：

（1）起重能力大。重吊船拥有起重能力可达百吨甚至上千吨的重吨位大吊，目前中国造出世界最大起重船，起吊重量达12000吨。

（2）船型较肥胖，船速快。重吊船船宽一般较宽，在26～32米之间，船速可达17～18节。

（3）拥有超大船舱和舱口。一般来说，货物装载在舱室最安全，大的船舱和舱口可以满足一些货值较高、尺寸适中、对运输有较高要求的大型设备的运输。

（4）甲板承重能力强。一些无法通过货舱装运的超大件货物必须放在甲板上运输，为保证运输安全，甲板承重能力必须很强。重吊船甲板承重能力一般大于20吨/米^2，足以承受船舶载重量下的任何货物。

（5）压载水船多。受货物重量及船型特征等因素影响，重吊船必须有足够的压载水舱来保证船舶的浮力和稳性。

半潜船（Semi-submersible Vessel）也称半潜式子母船，指通过利用船舶（母船）本身压载水的调整，将自身的装货甲板潜入水中，以便将所要承运的特定货物（子船，一般为被承运的驳船、游艇、钻井平台等），从指定位置浮入船舶，在船舶的装货甲板重新浮出水面适当位置并对所承运的货物进行必要的绑扎加固后，将货物运到指定位置，通过与装货时同样的方法将特定货物卸下（浮出）的船舶。具体流程见图9-3。半潜船也常常被称为“浮装”船或“浮装浮卸（Float-on/Float-off）”船，这种船的明显特点是在船首领航员舱和机舱（上层建筑）之间设有既长又低且承重能力强、表面平展的甲板，并设有大容量的压载水舱。压载水舱充水后，可以使船甲板沉入水面之下，以便于石油钻井平台、其他船舶或其他运输对象漂浮移动到半潜船的甲板上方。排出船舱内的压载水，使船浮起，甲板露出水面，经过固定绑扎结实后即可航行运输。

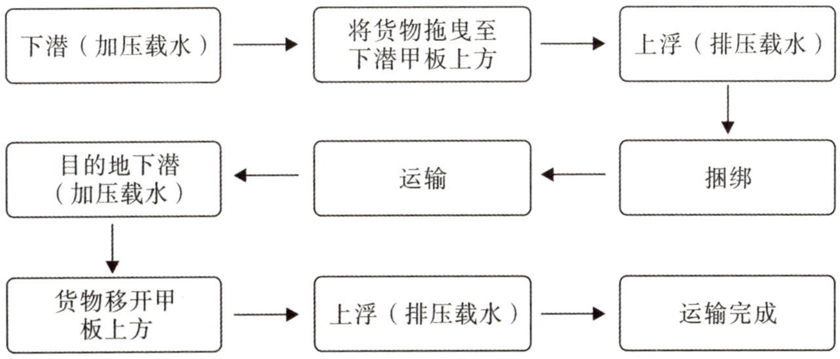

图9-3　半潜船工作流程

半潜船主要有以下特点：

（1）可以下潜。半潜船区别于常规船舶最基本的特征是可以下潜。该船型装运的货物巨大，下潜越深，越利于装卸货作业。“Dockwise Vanguard”号下潜深度可达31.5米。

（2）船舶吨位大。半潜船载重吨位一般都在万吨以上，且呈现大型化的特征。目前最大的半潜船载重吨已达117000吨，可以装运任何大件货物。

（3）载货甲板超长、超低且承载能力强、空间大。20000吨半潜船甲板有效长度一般可达130～140米，50000吨达160～170米，可以装运超长货物；型深较小，利于船舶下潜；承载能力为15～20吨/米^2，能满足船舶载重量下任何大件运输需求；甲板空间巨大，非常适合装运不规则超大货物，对于浮箱可移动的开放式半潜船，船舶载货空间更大。如“Dockwise Vanguard”甲板空间可达（275×70）米^2，装卸货时4个浮箱可以移动，船舶具有更大的载货空间。

（4）压载水船多。半潜船没有货船，但有大容量的压载水舱，通过调节压载水，可以方便地调节船舶下潜深度，如中远航运“祥云口”号半潜船有61个压载水船。

（5）技术含量高。半潜船是海运船舶中技术含量最高的船型，能够实现浮装浮卸、定位安装等功能。船舶一般装备电力推进系统、动态全球定位系统和360度回旋的螺旋桨系统，能够保证船舶在较小的回旋半径内准确定位，自行靠离码头和装卸货物。

（6）在港作业时间短。半潜船装卸作业一般不超过4小时，可以节省大量在港时间，对于那些对运输时间要求高的货种具有很强的吸引力。

（7）装卸货对天气条件要求高。半潜船装卸货作业方式为浮装浮卸，对风力、浪、涌等天气状况要求较高，在有利天气条件下，应尽可能快地完成装卸货作业。

半潜船根据不同标准可以分为不同类型，如图9–4所示。

自航式半潜船即有自航能力的半潜船舶；非自航式半潜船也叫非自航式半潜驳，与自航式半潜船同样具有上浮和下潜功能，但是没有自航能力，在装运货物时需要拖船拖带运输。非自航式半潜驳早于自航式半潜船出现，但自航式半潜船发展迅速，并且有部分非自航式半潜驳被改装成自航式半潜船。目前全球以自航式半潜船为主，非自航式半潜船较少，我国有招商局重工（深圳）有限公司的“招商重工1号”、中交第三航务工程局有限公司的“三航工3号”

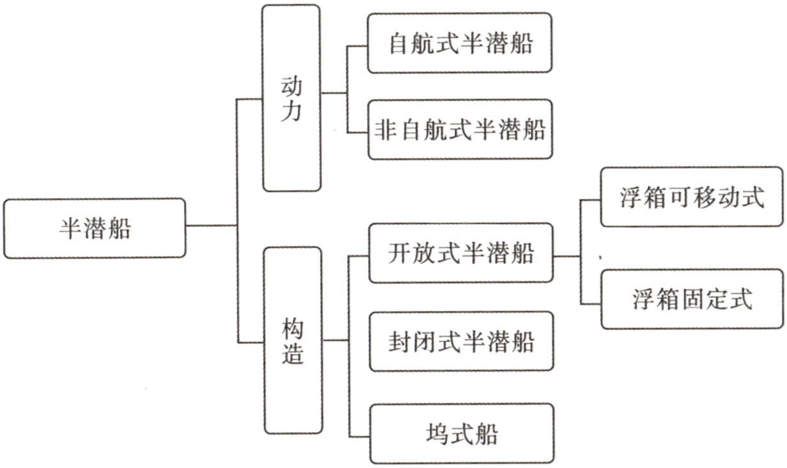

图9-4　半潜船分类

和中交第四航务工程局有限公司的“四航广州号”非自航式半潜船。

开放式半潜船（Open Stem Semi-submersible Vessel）即船尾开放，货物可以从船尾进行装卸货，左右两侧有浮箱，浮箱内有机电压缩设备来协助调节半潜船在下潜时的均衡高度。开放式半潜船驾驶室在船首或船侧，保证视野开阔。在开放式半潜船中，浮箱可移动式（True Open Stem）半潜船在装载较宽的货物时可以将浮箱吊到其他位置，扩大了载货空间；浮箱固定式（False Open Stem）半潜船即浮箱不可移动，部分超宽货物无法从尾部装卸，只能通过舷侧装卸。目前新建船舶均为开放式半潜船。

封闭式半潜船（Closed Stem Semi-submersible Vessel）是指船尾封闭，货物只能从船侧进行装卸货，如图9-5。这种船型一般都是由油轮或其他船舶改装而来的，驾驶室在船尾，船首是辅助瞭望台，保证航行安全。改装半潜船的

图9-5　封闭式半潜船

成本低，改装时间短，船舶可以迅速进入市场营运，但是装货甲板较短，无法装运长度较长的大型设备（如图9-5），半潜船总长为199.33米，但载货甲板长度只有113.7米。

坞式船（Dock Ship）类似于船坞，舷侧有很高的壁，甲板上一般有重吊。在几种半潜船型中，坞式船装载货物安全性最高，但装载宽度受限，不适于装载开放式货物，且只能从船尾浮装。坞式船装卸货物还可以采用滚装、滑装和吊装等作业方式，采用滚装和滑装方式时需要放下尾部跳板，货物由尾部进入船舶，此时船舶并不下潜。坞式船数量不多，载重量小，目前最大的坞式船载重吨只有11000吨。

有相当一部分半潜船是通过对干杂货船、散货船改造后形成的，即通过对船体加宽、加长等改造提高其装载能力。例如，1999年Dockwise公司在韩国现代船厂将一艘船加宽10米、加长30米；2004年又将一艘船（Blue Marlin）的船宽加大21米，改装后船的总长224.8米，船宽63米，载重量达到76061吨，成为当时世界上最大的大件运输船，并于当年创造了运送BP石油公司的59500吨半潜平台的大件运输纪录。

基于半潜船所运货物具有高、大、重和不规则的特点，这种船通常需要提供大而开阔的甲板面积，使半潜船的主尺度比值与常规运输船的主尺度比值有较大差别，如半潜船的船宽较大。船舶载货后，一般重心较高、稳性较差，需对稳性及强度进行准确核算。正是由于装载在船上的大件或重件尺度、重量大，重心高，船舶一旦与其他物体碰撞，极易快速翻沉。例如，Dockwise公司拥有的一艘29000吨大件运输船“Mighty Servant 2”，1999年11月从新加坡至安哥拉的卡宾达运载8790吨的海洋平台上层构件，航行途中在印度尼西亚一海岛附近风平浪静的情况下撞上一个海图上没有标注的海底凸起岩石尖，侧翻在35米深的海底，造成5人死亡，船舶全损。

对于重吊船而言，起重机的最大起重量与吊杆的位置相关，错误计算和控制吊杆作业会直接导致船舶倾覆。例如，2003年12月9日，Jumbo公司拥有的大件运输船“MV Stellamare”在美国纽约州奥尔巴尼港（Albany）装载发电机时向左侧翻沉，造成3人死亡。当时已经装入船舱中一个258吨的发电机，正在装载一个340吨的定子时船舶翻沉河底，船员从发现有问题到船舶翻沉只有1分多钟的时间。

为大件运输船配载是一项相当复杂的工作，不允许有丝毫差错。要求在多装货物的前提下，确保船舶在装卸、进出港和航行途中保持足够的稳性和强度。这项工作需要通过电脑事先准确计算和配载操作，以便让重型大件设备的重量比较均匀地分布到船上各个部位，如果货物的重量（或应力）集中到某一点，对船体会造成破坏，不利于海运安全。因此，与常规运输不同，大件运输应提前相当长的时间，如数月甚至一年，签合同、订舱位、做计划，以便承运人预先做好装卸、绑扎、运输方案设计和强化货舱甲板、提高甲板承受能力等运输安全准备。这种做法已经成为重型大件海运的惯例。

新建半潜船大多采用全电力推进形式，主推进器可选用全回转推进器和常规舵桨组合形式，采用全回转推进器时动力定位性能较好；采用常规舵桨组合形式则更适用于航行工况，且维护保养简单。此外，许多大件运输船（半潜船）上安装有动态定位系统（DPS），以便满足海上油气工业和风力发电等行业的需要。动态定位系统利用卫星通信使船舶能够在海上精确定位和保持位置。

第二节　大件运输船舶发展历程

20世纪20年代初，德国的DDG Hansa公司预计到市场对整体运输火车头（牵引机车）的需求，建造了世界上第一艘大件运输船“MV Lichtenfels”。该船载重量10500吨，船上安装了一个120吨的甲板吊，这在当时是非常巨大的起重设备，DDG Hansa公司也因此成为世界上第一个能够承运大件的运输船公司。70年代后期，为了满足半潜式或自升式海洋石油钻井平台运输需求，荷兰Wijsmuller公司建造了世界上的第一艘自航式半潜船“Super Servant 1”。该船总长139米，载重量14310吨，可以下沉到15米吃水，甲板以上达到6.5米水深。

第二次世界大战之后，DDG Hansa 公司是世界上最大的大件运输船公司。1978年该公司船的起重能力发展到顶峰，在日本改装了一艘日本建造的散货船，在船上安装了两台320吨的甲板吊。该公司于1980年破产后，只剩荷兰的Jumbo公司和Mammoet公司（后改名为Biglift公司）继续作为专业的大件运输公司。

相对于传统的通过拖轮对漂浮在水面上的物体进行拖带的运输方式（称为湿拖），行业内将半潜船运输方式称为干拖，因为被运输的物体脱离了水面。美国20世纪80年代中期开始用半潜船运送军用船舶，试用成功后，认为这是一种快速、安全、可靠的军方船艇、受伤舰艇及其装备长距离运输方式，随后发展了该运输领域。

为了降低生产成本，企业家需要在不发达地区建立工厂。这就导致大型装备从发达国家向发展中国家的运输需求。20世纪90年代大件运输开始增加，吸引越来越多的航运公司进入大件运输领域。如位于德国不莱梅的Beluga航运公司成立于1995年，1998年购入第一艘多用途大件运输船，随后快速发展，到2010年初时已经拥有69艘多用途大件运输船。但该航运公司在2011年初遇到困境，部分子公司进入破产程序。

追求装载更大的单件、在船上安装更大的起重设备不是船东的奇想，而是市场需求不断发展的必然结果。单件货物越来越大、越来越重，而且这些重大件运输的目的地往往是一些不发达地区，特殊用户的需要和不发达地区没有装卸设备等原因都需要更大的、起重能力更强的大件运输船。事实上，即使是发达地区的港口也往往没有足够大的起重设备装卸特大件。

自古以来，船舶就适合于大范围货物的运输，从散货到大件、甚至特大件。即使在五种现代交通运输方式并存的条件下，相互比较而言，船舶也是其中最适合于运输大件、特大件的一种运输方式。随着科学技术的发展和重型工业的发展、转移，大件运输船的大型化和专业化趋势必然会继续。

第三节　大件运输船研究发展方向

从世界上第一艘大件运输船的出现到现在已经有了80多年的发展历史，在这期间，单件货物从几十吨、上百吨发展为数万吨，装载方式从吊装、滚装发展为浮装，运输对象也不断多样化，市场发展空间扩大。法国船级社DNV深入地研究了大件运输船的市场前景，认为仅欧洲地区近期内就需要大约30艘大件运输船。随着海上风能工业的发展和重型工业的发展及其生产基地从发达国家向发展中国家转移，大件运输市场发展前景趋好。在专业化大件运输船供不应求的情况下，必然会有些大件装备和重型设备用多用途船或散装船载运。然而，重型大件运输需要超重型吊杆设备，超厚甲板和特种稳性系统以及能够处理超宽超长重大件能力的专用运输船承运。因此，大件运输船未来的主要发展方向包括：

1. 船型改进

大件运输船船型的改进从未间断过。现有船型存在的不足包括：在海况不好的情况下，船舶运动的稳定型满足不了要求；船上不设电站，或者设有电站而功率不足；船的尺度有时显得太小，难以承受大的起重设备；船舶的起吊能力方面往往不能满足要求，等等。

重型大件的吊装技术一直处于变革之中，大件设备运输船必须根据用户的要求不断更新和优化重型超大件吊杆，以便在比较偏僻和港口设备落后的地方，在没有港口机械设备支持的情况下，由船舶自行装卸重型超大件货物。

鉴于燃油价格攀升，节能减排的法律规定等新情况，大件运输船的推进动力设备未来也必然会发生变化和改进。

2. 大型化趋势

随着科学技术的进步和人类生产能力的提高，不可拆解运输的单件装备的尺度和重量极限还会增加，海洋石油钻探、开采由浅水区向深水区的发展也要求船舶具有更大的尺度、更深的潜水能力和更好地稳性。2011年初，Dockwise公司宣布与韩国现代重工签订合同。耗资2.4亿美元建造一艘重量110000吨的世界上最大的大件运输船（半潜船），装在甲板的甲板尺度达到275米×70米，并于2012年底交船。这表明了大件运输船的大型化趋势仍在继续。

3. 运输安全标准规定

大件运输安全是关键，随着大件运输活动的增加，应该针对不同情况深入研究大件运输装、卸、绑扎、运输各个环节的设计规范和安全操作标准，建立安全评价体系，提高大件运输各项作业的可靠性和安全性，提高运输作业效率，降低全程运输成本。

最近20多年来，重型大件运输业务发展较快，船舶行驶、船队规模、运输公司的数量都有了大幅度的增加。尽管一些大的运输公司已经积累了很多运输特大件、超重件的经验，也逐渐形成了成套装卸运输作业方案，但尚未见全面系统的相关经验总结和技术研究。因此，随着大件运输活动的增加，需要深入研究大件运输方案优化技术；编制大件运输设计规范和安全评估标准；对大件运输船的稳性衡准、结构优化、局部强度、装卸条件、绑扎技术等进行系统研究；以特殊装备运输需求为导向，进一步探索开发适应性更强的大件运输新船型，以适应不断大型化、特殊化和不断增加的大件运输业务。

第四节　海上大件船舶的运输市场

大件货物是指超长、超宽、超高、超重的货物。公路大件货物一般指长度在14米以上或者宽度在3.5米以上或高度在3米以上的货物；重量在20吨以上的单体货物或不可解体的承租货物。海上大件货物尺寸比公路大件货物大很多，不同时期对其界定也不同。20世纪60年代初，海上重大件通常是指40～60吨的结构件或设备，主要有发电机定子、转子、主轴、锅炉汽包、导水机构、变压器等。21世纪初，重大件指超过150吨的设备。目前，常见的海上重大件主要为大型及超大型钢结构，包括化工容器、码头门机分段或整机、桥梁分段、大型船体分段或整船、船舶上层建筑、海洋石油勘探钻井平台、军舰等，重量从上百吨到几万吨不等，体积庞大且无规则。全球海运业界通常把重大件货物分为三种，即600吨以下、600～1000吨、1000吨以上，大件货物重量和体积大型化的趋势也越来越明显。

在实践中，海上大件货物主要有以下几类：

（1）超大型海洋工程设备，也称Offshore设备，主要包括海上钻井平台、钻井平台上部模块、海上石油生产设备、浮式生产储存卸货装置（Floating Production Storage and Offloading，FPSO）和海上风电设备等，体积庞大且不规则，重量一般在千吨以上，甚至上万吨。

（2）工程成套设备和构件，包括化工和炼油设备、热交换器、核反应堆、大型容器等能源设备，大型工程机械设备和工程车辆等。

（3）港口和海洋设施，主要包括港口生产需要的岸桥、龙门吊、门机等港口生产机械和海上用于指示或引导的浮标等。

（4）公路车辆和铁路机头，包括火车头、车厢、火车等铁路车辆和大型平板车等，体积较小，但重量较大，一般使用重吊船进行运输。

（5）各类船只，主要包括船壳、船体部分结构及驳船、游艇、渔船等，外形不规则，占用空间较大。

（6）军事设备，主要包括新建造的军事装备和在海上发生故障需要修理或拖航运输的军事设备。

（7）其他浮动和非浮动的重大件货物。

海上大件运输市场从传统件杂货运输市场演变而来，但货种与传统件杂货市场的货种也有区别，二者在单件重量、体积、价值和技术含量等方面不具有可比性。传统件杂货市场货种吨位较小，如钢材及钢材制品、小型机械设备、交通工具等。大件运输市场货种一般在百吨以上，重吊船市场以轮胎吊、小型船舶、拖轮、大型设备等为主；半潜船市场以钻井平台、大型浮吊、挖泥船等为主，最大可达上万吨。除了货种本身的特点，货物在运输过程中还有以下特点：

（1）运输可靠性要求更高。工程设备等海上大件货物作为工程项目的重要部分，其运输需求具有很强的时间性，必须保证在规定的时间内运抵目的地，否则会对工程造成严重影响。

（2）运输安全性要求更高。海上大件货物一般是工业产成品和生产设备等重要物资，货物价值和技术含量都很高，体积和重量较大，形状一般不规则，如海上钻井平台体积庞大、重量千吨以上甚至达万吨，价值上亿美元。因此要求运输过程必须安全可靠。

（3）对货运技术要求高。一方面，货物在性质、大小、重量等方面不同，采用的装卸方式和装卸设备也不同；另一方面，海上大件货物体积庞大，积载、衬垫和绑扎系固等工作复杂烦琐，加之大型货物重心高，易对船舶的稳性和强度等造成影响，因此对货运技术要求很高，须事先制订详细的方案，同时也要借助先进的动态定位系统等技术保证运输过程的安全。

（4）运输需求向全程物流服务需求发展。大件货物往往是大中型建设或生产项目的工程物流和项目物流的重要组成部分，运输服务需求不再是单纯的海上运输需求，而是逐渐向包括陆上运输在内的“门到门”一站式服务需求转变，具有系统性和全程性的特征。

机械行业、石油化工行业、工程船、游艇业等常常需要将大型机械设备、石油化工装备、船艇等在生产厂组装好后，在不拆装的情况下，整体运送到安装地点或运送给客户，所以这些行业是大件运输船的主要需求者。运输的对象包括：大型成套设备、大型港口装卸机械、重型机械装备、海上石油钻井平台、工程船、船艇（游艇、救生艇、潜水艇）等。例如，重吊船的需求增长主要源于装备制造的大型化和不易于拆解性，专业化的重吊船更适合重大装备的运输。

海洋石油开采行业的客户是大件运输船（特别是半潜船）的最大需求者，他们常需要将海上石油钻探平台从建造场所整体运送至海上钻井油田，或从一个海上钻井油田运送至另一个海上钻井油田。大件运输船的运送速度是自航式钻探平台航行速度的3～4倍，而且能满足远洋运输的安全要求。在长距离运输的情况下，快速运送会给石油开采带来巨大的经济效益。

海军也常常是大件运输船的客户，例如，美国海军就常常利用民用大件运输船运送小型军用船艇，如扫雷艇、巡逻艇等。如果用湿拖方式运输，价格会便宜些，但航速只有6～7节，而干拖方式航速可达13～14节（Blue Marlin），更重要的是干拖能够更好地提供远洋运输所需的安全保障。

在市场需求的拉动下，已有许多航运公司进入大件运输领域。重大件运输专用船舶目前主要聚集在德国及北欧国家的航运公司旗下。荷兰的Dockwise公司是其中实力较强、影响较大的航运公司。同时还有一批以Jumbo和Biglift为首的拥有专业化的重大件运输船队的重吊船公司。我国的中远航运股份有限公司和上海振华船运有限公司在某些方面也具有较强实力。

1993年，荷兰的Wijsmuller Transport 和Dock Express Shipping两个航运公司完成合并，组建了Dockwise公司，从事多样化海上运输。该公司于1996年扩充船队，添置4艘Swan级大件运输船，并于1997年成为获得ISM证书的第一个大件运输船公司，主要面向海洋油气公司进行大型、重型结构件和装备的运输。到2011年初，Dockwise公司已经拥有19艘半潜船，可以运输小到10吨重的动力游艇，大到73000吨的海上石油钻井平台，成为当今世界上最大的大件船运输公司。而德国SAL公司新建造的重吊船，船吊联吊作业负荷可以高达2000吨，且具有高航速、浅吃水的特性，属于当今航运界船吊吊装能力最强、设施最先进的重吊船。

中远集团下属的中远航运股份有限公司拥有4艘半潜船、12艘重吊船。其中祥瑞口和祥云口两艘半潜船的载重量达到50000吨，可承运目前世界上90%以上的石油钻井平台及大型海洋工程产品。2011年8月21日，祥瑞口轮在大连成功浮装深水铺管作业船“DEEPENERGY”轮，首航大连至挪威。“DEEP ENERGY”是TECHNIP公司的专业深水铺管作业船，船长194米，宽31米，高45米，重达17000吨。

上海振华船运有限公司作为上海振华重工（集团）股份有限公司（ZPMC）的子公司，成立于1995年，主要承接大型起重机和超重、超大件的海上运输业务，是伴随着振华重工（集团）有限公司的发展而壮大起来的。2010年，振华船运运力发展到了23艘，其中有4艘半潜运输船。在保障其母公司（ZPMC）产品运输的同时，还面向全球用户提供从运输方案设计、海上运动计算到装卸、运输的一系列服务。

从市场供需关系上看，大吨位半潜船、船吊能力很强的重吊船由于数量少，仍然处于垄断经营状态，利润丰厚，但潜在的和新的竞争对手不断涌现。常规半潜船和主流重吊船的市场竞争将更加激烈。

第十章

快艇产业

快艇吨位小，航速高，机动灵活，排水量通常为数十吨至数百吨，航行速度30～40节，有的可达50节，续航能力500～3000海里。艇上装有武器，有些快艇还加装20～76毫米口径舰炮，吨位较大的快艇还可能包含水雷、深水炸弹等。搭配的感测系统有搜索、探测、武器控制、通信导航、电子作战等功能。

图10-1 快艇

第一节 快艇简介

快艇是舰艇中的“短跑冠军”，最大航速可达40～60节，有“海上轻骑兵”之称。快艇按装备的武器分类，有鱼雷艇、导弹艇和导弹鱼雷艇等。快艇虽然小，但它的威力不小，作用很大。对于侵入到近海范围内的大、中型敌舰，鱼雷艇和导弹艇可以单独编队出击，也可以与其他水面舰艇协同出击，消灭来犯的敌方大、中型舰艇。也可以派快艇去攻打敌方运输船队，破坏敌人的海上交通运输线。快艇的速度快，艇体小，能隐蔽，能有效地突然地袭击敌方的基地、停泊场。在浅水航道、狭窄海区、礁岛区等处，可以使用快艇布雷。

快艇中威力最大的要数导弹艇，它继承了鱼雷艇的优点，在海战中具有十分重要的地位。但与大、中型舰艇相比，它的自卫能力较弱，抗风浪性能较差，只能在近海作战。

现代快艇广泛应用导弹武器，先进的小型化电子设备，大功率燃气轮机和水翼、气垫技术，正朝着导弹化、大型化、高速化、电子化等方向发展。在未来的海战中，快艇将会发挥更大的作用，快艇将在军事上给人极大的帮助。

第二节 快艇的分类

一、鱼雷艇

是以鱼雷为主要武器的小型高速水面战斗舰艇。亦称鱼雷快艇。特点是体积小，航速高，机动灵活，隐蔽性好，攻击威力大。主要在近海区与其他兵力协同作战，攻击敌方大、中型舰船，也可进行反潜和布雷等。鱼雷艇艇体采用合金钢、铝合金、木质和混合材料结构，动力装置多数采用高速柴油机，少数采用燃气轮机或燃气—柴油机联合动力装置，航速40～50节。艇上装有2～6枚鱼雷和1～2座单管或双管舰炮。此外，还有火箭、深水炸弹发射装置、声呐、指挥系统、通信导航设备等。鱼雷艇诞生于美国南北战争（1861—1865年）时的水雷艇。当时还没有鱼雷，水雷艇艏部突出一根长长的撑杆，撑着水雷向敌舰猛烈撞击，将敌舰炸毁。1864年，北军的水雷艇就用这种办法炸沉了南军的“阿尔比马尔”号装甲舰。

1866年，在奥匈帝国工作的英国工程师R.怀特黑德发明了世界上第一条能够自动航行的水雷。由于它能像鱼一样在水中运动，因而被称为鱼雷。后来制造了专门用来发射鱼雷的舰艇便是鱼雷艇。

世界上第一条鱼雷艇是英国于1877年建造的“闪电”号，几乎与英国同时，俄国建造的“切什梅”号和“锡诺普”号水雷艇也可看作是最早的原型鱼雷艇。1887年1月13日，“切什梅”号和“锡诺普”号第一次用鱼雷击沉了土耳其海军的“国蒂巴赫”号通信船。

此后，欧洲各国海军都相继制造和装备了鱼雷艇，鱼雷艇的性能也不断得到改善。在第一、第二次世界大战中，鱼雷艇都取得了较大战果。在1918年6月10日，2艘意大利鱼雷艇用2发鱼雷就击沉了奥匈帝国的万吨级战列舰“森特·伊斯特万”号。在20世纪50年代和60年代，中国人民解放军海军鱼雷艇部队曾多次参加海战，取得了击沉国民党海军“太平”号护卫舰，“洞庭”号、“水昌”号炮舰，“剑门”号、“章江”号猎潜和多艘运输舰的战绩。鱼雷艇具有体积小、航速高、机动灵活、隐蔽性好、攻击威力大的特点，但适航性差，活动半径小，自卫能力弱。由于它的造价低廉，制造容易，使用方便，加之现代鱼雷的性能不断提高，因此它的发展仍受到当今世界各国的重视。但随着导弹艇的崛起，鱼雷艇在快艇中逐步退居次要地位。现代的鱼雷艇的满载排水量一般在40～150吨之间，少数大型鱼雷艇在200吨以上，航速为75～100公里/小时，续航能力为900～1800公里；艇上装有2～6具鱼雷发射管。

二、导弹快艇

导弹快艇是中山科学研究院仿以色列“毒蜂”（Dvora）级的设计，由高快艇雄厂建造，于1979年完成两艘原型艇。1979年5月16日以12艘本级艇成立自强中队，1979年11月16日扩编成立海蛟大队；随着新艇陆续完工，于1980年10月1日成立第二中队；1981年3月16日成立第三中队，6月1日成立第四中队，至8月1日第五中队与支援中队同时成立。

海蛟大队下的每一快艇中队都辖有两个分队（番号一至十分队），每分队各辖导弹快艇5艘。整个海蛟大队共拥有48艘“海鸥”级导弹快艇，2艘以色列原装“毒蜂”级导弹快艇。支援中队下辖一至五分队，每分队各支援一个中队的保养维修。海蛟大队原辖两艘“龙江”级导弹巡逻舰，但在1996年此二舰已拨归131舰队的212战队。海蛟大队长为上校，中队长为少校，“海鸥”艇长则为中尉编阶。

“海鸥”级导弹快艇为铝合金艇身，排水量47吨，艇身长75尺，宽18尺，至桅顶高22尺，吃水6.6尺，有3部12汽缸MTU331TC92型柴油主机，马力2605匹，三车双舵极速达36节，32节巡航速度的续航力为700里。艇尾装备一门有炮身稳定系统的国造T-75/20毫米机炮（1994年后方陆续加装），以及两具雄风一式导弹发射箱，舰桥两侧尚装配有两挺12.7毫米机枪及四管AV-2干扰火箭发射器。射控系统为中科院的“海鸥二型”，并有Mk35Mod3光学指挥仪供在不使用雷达的情况下发射导快艇弹。本级艇编制乘员军官2人，士官6人（分别是上尉艇长、中尉副艇长、导弹士官长、油机士官长、导弹士、电子士、雷达士、电机士）。“海鸥”级艇只有编号而无艇名，编号至目前为止发现最多编至“59”号（中间扣除传统禁忌的4，13，22，31，40等号，另原型艇1，2号除役），但根据资料，却有到“FABG-68”号，此点尚待查。本级艇最初是称作“FAB”，并将“FAB-XX”的编号以牌子悬挂在舰桥后方的两侧；现在则改称“FABG-XX”，并将编号以极小的反白字漆于艇艄，另将单独阿拉伯数字编号的大字漆于艇尾；水线部分则是漆成红色。

“海鸥”艇除了驻守各军港基地担任快速打击部队外，亦分驻在各渔港协助巡防工作，驻守澎湖的第一中队尚且担任反快艇操演的“假想敌”。除自制的“海鸥”级艇外，海蛟大队尚有两艘以色列制的原装“毒蜂”级艇（即“FABG-5”与“FABG-6”，主桅为较低的A字形）。因当初中科院在仿制过程当中曾发生问题，所以买了两艘原装货回来研究便留下服役至今。

此外，“海鸥”级的两艘中科院原型艇并未真正服役（原型艇的主桅是方柱型，与量产艇的格架型桅杆不一样，并且导弹发射箱的位置也比较靠近艇尾），已于1994年11月6日以装柜海运方式赠送给巴拉圭。由于当初采用铝合金材质，在服役18年后“海鸥”级的艇身已经出现无法修补的金属疲劳，使得本级艇面临即将淘汰除役的窘境。所以新的导弹快艇设计已在进行中，可能是曾在展览中出现的以“光华六号”为名的匿踪型设计。1998年7月11日晚6时，FABG-46号导弹快艇与其他3艘快艇在澎湖湖西乡龙门村外海东方约2里处操演时触礁进水半沉，经渔船及保七警艇救起。

第三节　中国快艇的发展

“黄蜂”级（021型）大型导弹艇，苏联于1959年转让，搭载4枚“上游-1号”导弹，在当时是较先进的装备。首舰由上海沪东造船厂制造，1963年下水，1965年12月底服役。1970年该型艇实现全面国产化。

在国产化过程中，中国的技术人员也对该型艇进行了不少改进，主要有：研制了钢质可放倒桅杆，导弹装载架改成装载短架，人工收、抛锚改为锚链筒自动收、抛，在南方使用的艇上加装了空调系统，增加了无线电台、侦察雷达、保密机等设备。1975年，该型艇定型，开始大规模生产，装备部队。

首艇由芜湖造船厂制造，1966年4月开工，8月下水，12月服役，命名为66型小型导弹艇。因为受“文革”影响，直到1975年2月才定型，由芜湖造船厂和上海求新造船厂生产。1980—1982年，701所与海军4805厂将4枚C-801型多用途导弹改装到一艘024艇上，攻击力大大加强。近年来，海军还在该型艇上进行C-101超音速反舰导弹的试验工作。

1997年7月1日随驻港部队进驻香港昂船洲基地。中国自行设计建造的第二代大型导弹快艇，国外称红箭级或黄级导弹快艇。由广东黄浦造船厂建造，首艇于1989年下水，1991年服役，至1997已建成4艘（编号770-773），服役于解放军驻香港部队。该型艇长65.4米，宽8.4米，吃水2.4米，标准排水量520吨，满载排水量542吨，航速32节，18节航速的续航能力为1800海里，战斗乘员75人。武备：2座三联装“鹰击”-81（C-801）反舰导弹发射架，1座37毫米全自动双管舰炮（774艇起换76毫米舰炮），2座30毫米双管舰炮。

2002年6月18日，由内地自行设计、制造的目前内地第一快艇——海豹HP1600型超高速缉私巡逻艇在蛇口港成功下水试航，并很快装备至深圳边防缉私部队。该艇由深圳海斯比船艇科技发展有限公司设计、制造。据该公司总经理、高级工程师施军介绍，海豹巡逻艇总长16米，宽3米，高1.65米，吃水深度为0.65米，排水量达8.5吨，续航能力为250海里，能抗击6级风浪。最高速度为60节，即每小时航行112公里，为当时速度最快、最先进的船艇。该艇采用了世界上最先进的驱动系统和最“王牌”的柴油发动机，技术上有重大突破。同时，该艇还独特地采用了“断级”船型，大大减少了海水对艇身的阻力，这在大陆也是首创。此外，该艇采用了大量的新型高科技材料，甚至动用了不少飞机建造用料。该艇的建造费用还不到300万元，仅为国外同类产品的1/3。

第十一章

游艇产业

游艇是一种高级水上娱乐耐用消费品。它集航海、运动、娱乐、休闲等功能于一体，主要满足个人或家庭进行娱乐和运动的需要。在发达国家，游艇像轿车一样多为私人拥有，而在发展中国家，游艇多作为公园、旅游景点的经营项目供人们消费。游艇属于消费品中的特殊商品，有别于作为运输工具的高速船和旅游客船。

图11-1 游艇

第一节 游艇产业概述

一、游艇的定义和分类

游艇分为广义和狭义两种。意大利法拉帝游艇公司亚太区总部代表陈钢说，广义上的游艇范围较大，公园里的游船也算；狭义的游艇则专用于休闲娱乐，一般有一定的尺寸要求，内部房间有明确的分工。根据中国交通运输部通过的《中华人民共和国游艇安全管理规定》，游艇的定义为：指仅限于游艇所有人自身用于游览观光、休闲娱乐等活动的具备机械推进动力装置的船舶。

欧洲从法律上把游艇定义为：长度不小于2.5米，不论属于任何性质的器具或设备，其作为或可以作为水上的移动装置的航水器具，且用于非谋利的海上运动、钓鱼运动或娱乐。游艇分类如下表所示。

表11–1　游艇分类

分类标准	类别
按大小	小型游艇（36英尺以下）、中型游艇（36～60英尺）、豪华游艇（60～80英尺）、豪华型艇（80英尺以上）
按动力类型	无动力艇、帆船（又分为无辅助动力帆船和辅助动力帆船）、动力艇
按材质	木质艇、钢质艇、铝合金艇、玻璃钢艇、碳纤维艇
按发动机类型	舷外挂机艇、舷内外机艇、舷内机艇
按速度	低速、中速、高速和超速艇
按功能	运动艇、巡航艇、商务艇、赛艇

1. 游艇设计的概念

游艇设计十分讲究，技术人员要依照游艇所有人的要求，充分考虑游艇的舒适性、方便性、卫生美观性、室内设计艺术性，还要考虑游艇本身的速度、经济性、安全性、环保及设备的可靠性等诸多因素。以上各种因素中，很多是互相矛盾的，比如客户要求动感的外形设计，就有可能会影响舱内空间，优秀的设计就是充分考虑客户要求，尽量平衡各种关键因素。

纵观世界游艇制造领域，我们可以看出当今不少的大牌厂家，都是由第一条优异的游艇设计而逐渐奠定它的品牌地位。而对于成熟的游艇企业来说，一个好的设计很有可能是它真正成为某一类游艇主导地位的第一步。

2. 游艇的设计内容

麻雀虽小，五脏俱全。无论是一条游艇还是一艘万吨巨轮，它们的设计都不外乎包括船、机、电三大组成部分。所谓“船”是指船体本身的设计；“机”是指在考虑用户要求的运行指标后，结合船体设计而来的结果，进而为其配置动力装置；“电”是指船上的电气装置，它们的主要作用是便于船艇的用户实际操作和使用。

但是由于产品的用途不同，加上大小尺寸上的悬殊，大型商用船只是以盈利为目的，设计的最终目标为“多拉快跑、节约成本”。由于游艇的目的是休闲，显然“多拉”并不是游艇所追求的目标。对比商用船，游艇可能只需要携带与其休闲相关的物品，例如钓鱼艇它只需要带上钓鱼有关的器具，以及存放少量战利品的备用空间。这同要长期远洋作业的拖网渔船大不相同。在人员的承载上，按照目前的国际海洋公约，无论游艇的大小，非船员的乘客不得超过12人。在这一公约的制约下，我们常常可以看到，哪怕是上百尺的超级游艇，为乘客准备的双人卧舱数目也不会超过6个。

商用船只的“快跑”也是建立在通常的运营性价比上的。一般船只的燃油消耗是以航速的提高而非比例增加的，也就是说往往船速仅仅提高一点，但所需要增加的功率会是成倍上涨。因此除了一些工作艇，如海关缉私艇，可以不顾运行成本，在一般的船艇中很少有见到高速艇。但是对于高速型的游艇来说，它的航速往往可以同海军的小型快艇相媲美。它为“快跑”的功率消耗，可以是一个小型乡镇的民用电能的总和。例如意大利制造的118尺长的涡力游艇，它的主机是3台总功率高达1.6万马力之高的涡轮发电机（一台F1赛车的发动机功率仅在1000马力上下），也就是说它的功率足以点亮12万盏199瓦的电灯，如果按照平均每户1000瓦计算，这样一条不足40米的游艇的功率相当于1万户的居民小区的照明能耗总和。在仅仅40米长的有限空间里，安装这样强大的发动机本身就是设计上的一个挑战。

当然，游艇主人的喜好是多种多样的，如果他们追求的休闲是在水上逍遥自在，那么船主所期望的游艇可能并不在乎“快跑”，如不少全排水的远洋巡航游艇，他们更在意是否能够远航去大海的每一个角落。某些游艇协会组织大小不同的游艇船队，组织进行横跨大西洋之类的远距离活动，对于这些游艇，设计师面临的主要难题则是游艇的续航能力。

除此之外，游艇在外观上和乘坐（或是船上生活）的舒适性上的要求极高。赏心悦目的外观几乎是任何一条游艇在市场上赢得认可的先决条件。一般长度大于30尺的游艇，由于内部空间较大、航程的扩展，游艇的使用就逐渐由当天往返的简单出游发展到可以持续数日的“远足”。这一特点就使得游艇内部设计不但要考虑到乘坐的舒适性，同时要兼顾游艇的可居住性。所以一条长度超过40尺的私家游艇，往往可以看作是一栋装修豪华、漂浮在水上的别墅。这些也是游艇设计中不同于商用船的部分。

3. 游艇制造

游艇制造业属于技术、劳动“双密集”型产业，它包括原材料工业、游艇船体制造、游艇装配三方面。船体制造主要指模具、玻璃纤维、树脂胶、涂料等制造，如在玻璃钢游艇的制造过程中，艇潜模具的建造非常重要，模具质量的好坏直接影响到船体的质量。所以，船体制造为游艇产品工业的第一环。游艇装配工业，即游艇零部件制造业和艇内装饰业。主要游艇装备包括专用发动机、发电机、专业的仪器仪表、导航设备和螺旋桨等，这部分装配件在很大程度上决定了游艇的使用性能。由于这部分产业技术密集、利润空间大，国际市场上竞争非常激烈。目前，豪华游艇这部分设备大部分市场空间主要还分布在欧、美、日等跨国公司手中，如著名的艇用发动机康明斯、雅马哈、水星等。而像游艇用的雷达、电话通信装置、冷气设备、家用电器、船用空调、各种信号灯等船用电器设备，它们的利润空间相对小一些，却正是国内游艇配件制造商或供应商主要参与竞争的市场所在。现在国外的分工已经非常精细，有许多专门制造船体和内部家具的工厂，游艇厂就完全成为真正意义上的组装厂。

二、游艇俱乐部和游艇消费

游艇俱乐部是发展游艇旅游最重要的载体，是提供游艇旅游服务的主题，也是游艇旅游最常见的经营方式。游艇俱乐部成立的宗旨为推广海洋休闲活动，为会员及其家属与宾客提供商务应酬、娱乐、休闲等多功能的生活空间，扩展海洋休憩与商务联谊，并将休闲提升到更精致的层面。游艇俱乐部的业务功能主要包括：星级酒店功能、休闲度假功能、商务功能、社交功能、娱乐功能、别墅功能、水上生活动能、水上运动培训功能、游艇租赁、游艇停泊、维修保养、补给功能等。有的俱乐部也会提供高尔夫球场、沙滩泳场、网球场、森林公园等配套娱乐设施。

游艇俱乐部服务形式多样，范围很广。大致可以归纳为以下几个方面：生日联谊、同学聚会、社交联谊、结婚周年、婚纱摄影、公司联谊、节日庆典、商务联谊、度假会议、商品特卖会、时装展、套装旅游、滑水训练活动、潜水训练活动、动力小艇训练等。

游艇消费门槛较高，据粗略估计，一艘新游艇装配游艇驾驶以及水上运动培训、游艇停泊管理、游艇维护、游艇租赁、船装配件和水上游艇器材供应等费用，一年需几万元，价格着实不菲。一般而言，游艇消费服务各项职能主要由游艇俱乐部承担，且豪华游艇消费主要与商业经营活动挂钩。

另外，游艇租赁、旅游，是当前游艇消费服务业的热点。目前，越来越多的艇主将游艇以不同的方式租借到旅游航线上，有的私人游艇公司经营豪华游艇近海旅游，为私人和公司提供服务。还有一些船主将游艇租借给一些大型的租船服务公司，以弥补航行旅游中所消耗的巨额费用。游艇租赁对于那些没有实力拥有游艇的游艇发烧友来说，无疑是一项巨大的优惠。他们可以租借游艇，从而省去购买和维护游艇所需的大笔资金。游艇租借方式和类型也日益多样化。国外有些游艇公司开展“游艇团购”等销售方式，即一条游艇可以由不同的几个客户集体购买。如北卡洛丽娜公司的“Yachtscape”计划为客户提供74～112英尺的各型游艇，可以由3位客户共同购买，每位客户可以使用90天，由船厂为船主配备船员并负责游艇维护，每个船主只需每年缴纳一定费用。3年后，船主可以将他们的股份以特定的价格再卖给船厂。

三、游艇相关联产业

游艇制造业除了游艇本身的价值不菲，而由游艇制造形成的游艇产业链带来的综合经济效益也是巨大的，它的生产将带动玻璃钢材料、涂料、电子仪器、仪表、发动机、推进系统等配套工业的发展。它的消费也将带动游艇码头、游艇运输、驾驶培训、游艇维修、燃料加注、水上娱乐、餐饮服务等一大批相关行业的迅速发展。这样不仅可以吸收大量劳动力，还可以为国家带来更多的税收，成为新的经济增长点。

第二节　世界各国游艇产业概况

从全球游艇市场总体看，美国、意大利、法国和英国等欧美国家主导着市场。美国每年建造休闲游艇20000艘左右，居世界第一位，法国和英国分居第二、第三位，年产量分别为7900艘和3300艘。游艇全球出口三大国分别是法国、英国和德国，年均出口量分别为4300艘、2100艘和1900艘。

1. 美国

美国游艇的建造量和消费量均居世界首位。美国的游艇消费概念很广，游艇的种类主要有帆船、个人小艇、舷外挂机艇、船内装机舷外驱动艇、船内装机小汽艇和船内装机豪华艇等，价格从几千美元、几万美元，直至数千万美元不等。

美国游艇协会有700多家、14000多个游艇码头，其游艇制造业主要集中在西海岸，佛罗里达州是世界上最大的游艇市场和娱乐中心，每年都举办国际性游艇展览，其游艇的原材料、设计、建造工艺和质量控制等方面均处于领先地位。

2. 法国

法国游艇制造业中以帆船制造和帆船消费为主。法国游艇租赁公司出现后，高档游艇的需求迅速增长，目前法国已成为世界上规模较大的帆船和气垫船制造国和出口国。其中，中国已成为法国船用配套企业产品的主要进口国。

3. 意大利

意大利游艇工业发达，其玻璃钢游艇在原材料、设计、工艺和制造设备等方面均处于世界领先地位。意大利最早将Kevlar纤维用于建造游艇艇体，一艘15.5米长的摩托艇“M274”，由于采用了Kevlar纤维，比纯玻璃钢艇体轻40%，航速高达47海里/小时。

意大利拥有8000公里海岸线和许多著名岛屿，在大陆北部还有很多湖泊，具有很好的水域条件。意大利约有84万个游艇泊位，其中大约有8%注册的是娱乐艇，50%注册的是小舢板、独木舟、橡皮艇等。意大利的动力艇远多于帆船。

4. 英国

英国也是世界上游艇制造业较发达的国家，它最早制定了游艇的设计和建造规范，英国劳氏船级社于1978年就率先颁布了《游艇和小艇入级规范和规则》。

英国在玻璃钢ACM游艇的设计和建造方面颇具实力，特别是在采用碳纤维和Kevlar纤维研制的新颖ACM游艇则更有优势。经研究认为，在碳纤维中混杂Kevlar纤维制造的ACM游艇艇体减重效果明显，可提高航速20%，节约燃料费33%。

5. 德国

德国大约有150个船厂和游艇厂，雇员约8000人。2000年共生产约28000艘总值5.48亿美元的游艇。德国游艇市场竞争非常激烈，世界上任何一个知名的游艇品牌在德国都有销售。

6. 澳大利亚

澳大利亚人口1790万，平均每33个人有一艘游艇。昆士兰州的游艇市场最大，澳大利亚有游艇泊位55万个，三个主要的游艇展是：悉尼国际游艇、

Sanctuary Cove和国际游艇展。

7. 韩国

韩国作为新崛起的造船大国，在造船和修船业上已成为造船强国日本最强劲的对手，在游艇的制造和出口方面也不例外。韩国自1976年以来游艇的产量和出口量逐年上升，韩国生产的游艇主要是玻璃钢游艇。

8. 中国台湾

中国台湾的GRP材料玻璃钢游艇已成为重要的出口产品，出口以美国为主，其次是加拿大、澳大利亚和日本。台湾游艇的竞争优势在于其质优价低。如台湾制造的某25米游艇的报价是275万美元，比意大利品牌的同类游艇报价350万美元便宜两成。

9. 中国香港

中国香港现注册有游艇、帆船近2万艘，有10余家游艇会（或俱乐部），平均每艘游艇每月消费1.5万港元。据估算，香港每年靠游艇创造的产值高达40亿港元。

第三节　中国游艇产业的发展现状

我国于20世纪70年代中期开始制造玻璃钢游艇。由于消费水平较低，主要发展公用型游艇，如供公园、人工湖及海边用的划桨艇、机动小艇和游览艇。后为适应旅游区的需要逐渐建造客位较多的游艇，大多是用作旅游观光和交通的公用型艇，私人和家庭用豪华游艇很少。

80年代初，随着改革开放的深入和旅游业的发展，美、日及我国的香港、台湾等游艇厂商开始与大陆的FRP船厂合作生产游艇。通过来料加工，引进专家和先进技术，与外商合资以及外商独资办企业等形式，促进了大陆FRP游艇的发展。在这期间先是根据欧美等的要求，采用国外原材料和设备生产了帆艇、钓鱼游览艇及家庭用游艇等，取得了一定成绩，后来又逐渐发展到与国外合作，甚至自行设计建造较大的游艇乃至高级豪华游艇。其中有深圳江辉船舶工程有限公司、广东省东莞市玻璃钢船厂、厦门玻璃钢游艇厂、常州玻璃钢造船厂、广州中华人民共和国船厂、苏州玻璃钢船厂、无锡船舶修造厂、无锡东方高速艇发展公司、广船国际特种船事业部、东莞南华游艇制造有限公司、江西江新造船厂、青岛北海船厂游艇分厂、兴南船舶工业有限公司、温州东方船艇制造公司（原温州玻璃钢建材厂）、长沙太阳鸟游艇制造公司、广州高华游艇制造有限公司、富阳水上运动器材厂、富阳市飞鹰船艇有限公司、苏州江辉船舶工程有限公司、上海长城玻璃钢制品有限公司、广州新船玻璃钢有限公司、大连松辽玻璃钢船厂及如皋华翔玻璃钢高速艇制造有限公司等。

创建于1976年的东莞市玻璃钢船厂是大陆较早生产FRP游艇的国有企业，建厂以来已生产了各种规格的摩托艇、高速客船和高级游艇，特别是1994—1995年为法国CATANAL游艇公司建造了4艘38英尺的双体风帆机动游艇，当时在广东地区产生很大影响。

1981年建立的深圳江辉船舶工程有限公司至今已生产了500多艘款式各异的豪华FRP游艇，尺度为32～80英尺不等，全部销往美国、欧洲及亚太地区。创建于1981年的厦门玻璃钢游艇厂为原国家体委水上运动器材定点生产厂，除了大量生产帆板和帆船外，近年来与国外建立了多方面的合作关系，还专业生产32～50英尺等一系列豪华游艇，远销欧、美、日等国家和我国港、澳、台地区。

1970年由国家投资建造的常州玻璃钢造船厂是大陆FRP造船行业中建厂最早的国有企业，迄今为止已生产了近万艘各种FRP船。无锡东方高速艇发展公司自1985年创办以来，已开发了东方系列快艇、游艇等40多种型号，已有2000多艘FRP艇广泛用于我国的江河湖海中，而且是国内首批推出绿色环保型旅游观光船的FRP船厂。

值得一提的是，20世纪80年代末90年代初，台湾因劳务价格急剧上涨和台币升值等原因，导致游艇出口困难，此时不少FRP船厂和游艇商决定移师大陆，纷纷来大陆建立独资游艇公司。

1992年5月来沪投资设厂的上海宝岛游艇有限公司就是其中的一个典型。该公司已建立3个FRP车间，员工数超过了100人。它生产的高级豪华游艇全部外销欧美等地市场，颇受客户肯定和赞赏，现已在国际市场中打开HAMPTON游艇的知名度。另一个范例也是1992年到大陆投资建厂的台商独资深圳大庆游艇股份有限公司，它创建了一个有生命力的FRP游艇厂，约有80名工人。该公司建造了令人意想不到的高质量豪华游艇，其主要市场是美国，其次是北欧等国。上海红双喜游艇有限公司现拥有豪华游艇制造场地2万平方米，上海黄浦江岸线193米，投入使用的厂房7000平方米，综合楼1700平方米。为适应各种型号的玻璃钢游艇制造需要，该公司正在建设大型游艇下水设施。2001年6月，该公司成功建造第一艘出口瑞士的42英尺豪华型游艇。目前公司已形成3条生产线：42～45英尺游艇生产线；80～86英尺豪华型游艇生产线；双桅帆船、风帆赛艇生产线。该公司生产的游艇技术性能、舒适豪华程度远超过一般游艇，配套设施和内部舾装档次达到国际一流水平。继进入欧美市场后，该公司的产品不久前又打进了澳大利亚市场。总之，这些台商独资或合资专业游艇公司的开发业绩及其高质量的产品对推动大陆FRP游艇工业的发展起了很好的示范作用，也提高了大陆游艇的出口业绩。

游艇业作为新兴产业，受到很多地方政府高度重视，纷纷对游艇业的发展寄予厚望，并把它作为城市品牌。广东、福建、上海、山东、江苏、浙江等沿海和内陆水上旅游资源丰富且经济相对发达的省市游艇业已有所发展，其中以珠海、深圳、上海和青岛等地发展较快。

中国的游艇制造企业主要分布在三大区域，集中度最高的是珠江三角洲，以珠海、深圳、广州、厦门为主；其次是长三角地区，还有一部分分布在以青岛、威海、天津、大连等城市为主的环渤海地区。此外，内地的湖北、湖南、重庆等沿江城市也有一些厂家。上述游艇工业聚集地主要以游艇工业区（园）的形式集中布局，目前已建成并形成规模的游艇工业园主要有珠海平沙游艇工业区、上海市奉贤区游艇工业区、福建的漳州和厦门的游艇工业园等。

目前，中国船舶工业在游艇制造标准上已与国际接轨，我国在制定游艇标准方面已形成一套体系。随着2009年1月1日《游艇安全管理规定》的施行，意味着游艇跨海区巡游成为可能，这是我国游艇航行的又一重大突破。同时，伴随着游艇生产企业的增加，成本的降低和价格的大众化，国内富裕阶层扩大和迅猛发展的旅游经济，将为我国的游艇产业发展带来全方位的机遇。我国游艇产业正在进入有史以来最好的发展时期。在一系列政策利好下，“游艇热”正在全国各地迅速地扩散，珠三角、长三角、环渤海城市群纷纷将游艇业作为重要产业列入发展日程。上海将把奉贤的游艇工业园区建成上海游艇产业的“母港”；青岛政府也明确表示借游艇经济调整旅游产业结构和增长方式；同样临海的福建省也声称要在未来的5年内重点打造游艇旅游项目，涉及整艇的制造、工业园区和游艇配套产业。目前中国有不下20座沿海城市每年举办各类游艇展，每届都有高成交率和天价订单传出。自2011年开始举办的中国（舟山群岛）国际游艇展便是国务院正式批复设立舟山群岛新区后的一次成功“试水”。

近两年，中国的游艇产业从南向北，快速发展。目前中国游艇制造业共有374家，其中制造整艇的54家，游艇零配件企业320家。此外，中国游艇俱乐部已达99家，其中28家已经建成，26家正在建设，45家已完成规划。目前已有厦门、福州、三亚、海口4个城市，成立了以市长为首的游艇发展领导小组。另外，8个城市已制订了游艇产业总体规划，这些变化使得我们的游艇产业发展有了一定的基础。此外，一些试点政策也正在积极推进，比如，2014年在海南、厦门、珠海和深圳4个试点城市中，非本地户口居民也可在当地停泊游艇，该政策今后若在天津推行，北京人就不必将游艇放到香港、海南等地去了。

目前国内游艇制造业的特点：

（1）品种在增加。国产游艇品种有公务艇、休闲健身艇、高速客运艇、观光游览艇、体育竞技艇、垂钓捕鱼艇、私家游艇等。

（2）制造商在增加。代表性制造商有松辽、红双喜、宝达、太阳岛、江辉、江龙、常州、北海、宝岛、输盛、东方等。

（3）游艇制造基地在增加。目前在规划筹建的游艇业区有珠海平沙、福建漳浦、厦门海沧、上海奉贤、舟山、江阴、青岛、大连松辽、浙江平湖、连云港、南通、昆山及福州等。

（4）游艇投资在增加。国内大的实力集团纷纷加入或正在准备加入游艇制造业；国外游艇业的实力集团也都非常关注，或已进入中国游艇市场的销售和制造领域。

（5）制造能力总体比较低。整个大陆地区做过游艇、出口且被外商所接受的厂家约30家，产值不超过1亿美元。他们没有自己的品牌和设计，新建工厂没有特定产品，存在盲目性。

（6）配套业在不断发展。目前我国中高档游艇机、电、仪配套产品主要依靠进口，少部分是外国品牌中国制造。这些产品性价比已超过进口产品，引起游艇业界重视。

（7）游艇俱乐部、水上游艇配套项目在增加。全国至少有17个省市陆续建立和规划建设54家游艇俱乐部。

（8）产业链在延伸。游艇展会方面，上海已成功举办12届国际游艇展，是国内最大、最有影响力的展会。广州、珠海、宁波、千岛湖、福州、北京、青岛、大连等都在举办游艇展会。游艇驾照培训方面，在上海、苏州、珠海、大连、青岛、广东、福建、浙江都已开办相应机构。

第四节 中国游艇产业发展基础条件与现存问题

我国发展游艇产业具有很大的优势条件。从自然地理位置上看，我国南北跨纬度近50度，具有热带、亚热带、温带、寒带气候。全国大多数地区，每年都有一个月以上的时间可以进行航海和水上运动，海南省更是全年四季都可进行航海及水上运动，这是发展航海运动及水上运动的优越基础条件。从水域资源上来看，我国拥有1.8万公里的海岸线，众多的优良港湾，目前我国陆地旅游资源的开发已经达到饱和状态，而游艇业尚处于起步阶段，相比之下更显得“水上市场”潜力惊人，我国游艇业还有巨大的发展空间。

我国在造船水平方面的进步对中国游艇工业提高竞争力有推动作用。多年来，对于船舶工业的发展，中国政府都对它呵护有加。随着中国一代又一代造船人的不懈努力，如今中国商船新接订单已经超过韩国，成为世界第一，让业界刮目相看。船舶工业的快速增长，无疑会带动游艇工业的发展。同造船相比，游艇的制造和配套要简单得多，其玻璃钢、铝合金、木质等材料用量有限，所需生产车间占地小，游艇码头也小，投入资金比一般商用船制造少很多；游艇制造业属劳动密集型产业，和中国商用船制造的优势一样，中国具有劳动力成本优势，相对发达国家，游艇制造成本低很多。这些均有利于中小企业在游艇制造行业的发展。

从游艇制作的主要材料玻璃钢来看，与国外没有多大差别，但选用品质高的成本也会提高，反则降低。目前游艇生产用的发动机、螺旋桨、发电机等技术含量高的部分关键设备我国还没有优势，绝大多数从国外进口。但是我国在电子通信、机械制造方面还是具有一定优势的，从长期发展规划来看，将这方面的资源整合到游艇产业园区当中是值得我们考虑的问题。

从游艇制造业的人才来看，我国现在还存在高级技术人才缺乏、培养机构欠完善的问题。游艇制作的工艺是大有讲究的，玻璃钢制作的过程决定了艇体质量。玻璃纤维与树脂融合时，其中产生气泡或缝隙就会影响质量，因此工艺流程看起来很简单，但实际上配合起来还是有一定难度的，它其实是设计、材料和制造专家相结合的结果。因此，游艇制造技术人员在游艇生产环节中的作用很重要，技术人员不是从人才市场招来就能干的，生产制造过程也不是简单劳动，游艇制造业人才是复合型人才，要懂得船舶结构、复合材料的性能和制造过程的实际操作。现有企业的技术工人一部分是从企业退休下来，有的是通过传帮带的方式带出来的，缺少完整体系的背景，只是简单地接受前人的经验。尽管我国的造船技术取得了巨大的进步，但是我国的游艇设计还在起步阶段。目前，国内极少有成熟的设计机构和人才。游艇的设计和汽车一样，要新，要求很高，而且更新很快，否则没有市场。国内高等学校还没有设置游艇制造专业，没有培养游艇设计、制造等专门人才。这些都是存在的现实状况。

综观我国目前300多家游艇制造企业，可以看出中国游艇制造业的现状、特点是各自为战，品牌意识薄弱，代工企业多，各类高级游艇人才奇缺，创新能力严重不足，核心竞争力不强。随着经济发展，一旦我们的人力成本优势不再而技术创新能力不足，那么很大一部分国内游艇制造企业必将被竞争所淘汰。只有注重人才的培养及品牌创立的企业才能在激烈的市场竞争中立于不败之地。可喜的是目前国内的一些游艇制造企业已经意识到这个问题，并在着手努力去解决。曾获中国游艇业创投第一单的湖南太阳鸟游艇股份有限公司董事长李跃先在被采访中说道：“现在国内所有的大学都没有开办真正的游艇专业，没有此类专业就没有此类人才，这是天然瓶颈。”对此，太阳鸟不得不采取“先引进，后吸收，再创造”的策略，先把合适的人招进来，再派到国外去学习，学成回来后编写游艇教材，并与武汉船舶职业技术学院、长沙交通学校等大专院校合作培养游艇方向的专业人才。“从现在状况来看，人才培养的速度还是有点慢。目前返工率比较高的问题还是存在，如果专业技术人员和生产人员能更充足的话，我们的成本将进一步降低，同时与国际一流品牌工艺上的差距还会缩小。”

从游艇融资方面来看，由于游艇生产周期长、产量小不能形成规模经济效应，因此其投资风险相对较大，这无疑会影响游艇企业的信贷问题，资本投入不充足成为影响游艇企业发展的一个重要原因。另一方面，个人或企业购买游艇时，还是传统的购买方式居多，一次性付出一笔资金，游艇价值不菲，高额的初期投资已经让许多游艇爱好者望而却步，再加上游艇的日常停泊、维护和审核等费用，又是一笔不小的开支。

第五节 游艇产业发展趋势

游艇产业兼具劳动密集、技术密集、知识密集、资金密集和文化密集等特点，因其具有较长的产业链而被誉为“漂浮在黄金水道上的巨大商机”。众所周知，游艇是一种水上娱乐用的高级耐用消费品，它集航海、运动、娱乐、休闲等多种功能于一体，可以为个人及家庭休闲生活提供许多便利。在发达国家，游艇像汽车一样被广泛普及，但它比汽车有更多的娱乐性乃至奢侈性。

目前一般理解游艇产业链包括用于航海运动、休闲娱乐、聚会交际、游览观光、探险竞赛的各种帆船、游艇的创意、开发、研究、设计、生产、制造、企业管理、销售贸易、操驾培训、安全管理、技术保障、航海活动、检验注册、驻泊服务、竞赛组织、国际联络、生态环保等领域与行业。乐观估计，中国游艇产业产值有望在未来几年达到2000亿元，并能解决150万人就业，产生的经济和社会效益十分巨大。中国游艇产业正在进入有史以来最好的发展时期。

在列为时尚消费娱乐的3个项目——游艇、F1赛车和高尔夫球当中，游艇最为昂贵。随着生活水平的提高，人们的交通概念和消费模式也发生着巨大的变化，游艇已被认为是继汽车消费之后又一令人向往的时尚消费品。作为水上休闲娱乐器材，游艇正成为风行世界各地家庭和个人的高级耐用消费品，周末驾驶自己的游艇举家出游或邀请客人到自己的游艇上度假，正逐渐成为当下最时髦、最体面的商务与社交活动。此外，游艇还可以作为各种公务艇及特种艇使用。

中国同西方的差距最主要还是在于国民的收入，收入是决定性的，如果有经济实力，消费游艇的人自然就多起来了。据欧美国家的发展模式，当地人均GDP达到3000美元时，“游艇经济”就开始萌芽了。目前，我国人均GDP已超过1000美元，东部沿海发达省市已超过或接近3000美元，广州、上海、杭州等许多城市已达到4000～6000美元，进入了消费游艇业的启动期。据统计，我国拥有有百万资产的大约150万人，而且这个数字正以每年12%的速度增长。我国大陆拥有1.8万多公里海岸线，岛屿海岸线1.4万公里，6500个大小岛屿和24800个湖泊，“水上市场”潜力惊人。游艇业尚处于起步阶段，主要集中在以上海为中心的华东地区；以广东为中心的华南地区；以北京、辽宁等为中心的北方地区；以湖南、湖北为中心的华中地区；以四川、重庆为中心的西部地区。若干游艇建造企业集群，约有各类玻璃钢船艇制造厂300多家。

虽说全球金融危机使世界经济下行，已是不争的事实，但中国的奢侈品销售却在2008年创纪录地突破了30亿美元，《华盛顿邮报》甚至预测：“如果按照目前的速度增长，中国奢侈品消费最快将在3年内超越日本，7年内超越美国。”事实也表明，众多的高端消费品企业已经视中国为金融风暴下的最佳避风港，海外游艇企业也同样将目光投向了这个潜力巨大的市场。

近几年，新艇总销售额逐年增加和总销售数量逐年减少。新艇单艇的销售价格逐年增加，其中增长最快的是舷内机艇。其次是舷外挂机艇、舷内外机艇和帆船三类艇，它们的零售价格增长速度大致相同，约为每年增长6.67%。私人小艇和喷气快艇零售价格的每年增长速度约为3%，而独木舟则基本维持在550美元/艘的水平上不变。

另外，各型艇的价格差距较大。其中，舷内机艇的价格最高，超过了10万美元/艘，而其余的各类艇价格则都在4万美元/艘以下，价格最低的独木舟的价格仅为550美元/艘左右。这说明美国新艇市场上对各型艇的市场细分是十分明显的，不同的细分市场有不同的价格定位、不同的市场容量和不同的用户群体，用户对艇的技术、配置和服务等的要求也不尽相同。因此，对那些想进入新艇市场的厂商来说，在进入之前必须对各型艇的市场情况进行仔细的分析研究，然后结合自身的实际选择合适的领域进入，只有这样才能将有限的资源在确定目标市场中发挥最大的作用，不断争取到更大的发展空间。

和全球经济疲软形成鲜明对比的是，豪华游艇（100英尺，即约30米）定购量逐年增加。单从数量上看，2004年比2003年增加了5.2%。如果计算80英尺以上的总建造长度，大概增长了6%，达到62056英尺。

从数量上来看，全球每年交付的豪华游艇有100艘左右，如果将这些游艇首尾相接，全长将达到3000米。从价值上来看，每年全世界在新建游艇（80英尺，即约24米）上的花费都超过了10亿～15亿美元，其中的绝大部分都是花费在100英尺、30米以上的大型游艇上。

我们相比国外游艇企业还有相当的差距，游艇设计缺乏创新、工艺落后、游艇配套产业不完善、缺乏检验规范、销售渠道不畅、工人素质低等许多问题。但是游艇制造业属于劳动密集型产业，中国由于劳动力成本低，相对发达国家，游艇制造成本会低很多。在整个制造业东移的大环境下，只要中国游艇企业抓住机遇，通过引进技术或者直接和国外优秀企业合资办厂的方式，相信不久的将来中国可以在世界游艇制造业占有一席之地。

相比中国游艇制造业，游艇娱乐业的发展要滞后许多。到目前为止，中国只有为数极少的游艇码头，基础设置不完善极大制约了游艇娱乐业的发展。中国目前和游艇相关的法律基本是一片空白，例如游艇驾照的考核发证、游艇码头的经营管理、航道准航管理等。随着中国经济快速增长，在环渤海、长三角、珠三角地区已经具备消费游艇的经济实力，随着配套设施和法律法规的完善，中国的游艇娱乐业也一定会随着制造业的发展而发展。

总的来说，我国游艇产业还处于起步阶段，无论在产品质量、生产工艺，还是市场营销、行业管理等方面仍存在着许多问题。中国游艇业想在世界游艇业中占据一席之地，就必须抓住机遇，在发挥自身优势的同时要借鉴世界上游艇大国的发展经验。

首先，要科技挂帅，技术创新。游艇集高科技、资金、劳动、文化、艺术于一身，我国的游艇设计制造相对落后，能生产高档玻璃钢游艇的企业还很少，面对国际游艇业的激烈竞争，我们要大胆引进先进的技术，加紧科研创新，组织攻关，尽快使国内游艇质量达到国际水平。

其次，坚持自主品牌的道路。目前，国内很多游艇企业都是贴膜生产，具有自主知识产权的品牌游艇很少。从长远角度看，国内游艇产品要真正开拓国际市场，必须创立自己的品牌，壮大综合实力。

同时，加快配套设施的建设。游艇业的发展离不开航道水域、港口码头、游艇俱乐部、景观水系等基础设施的配套建设，目前我国在这方面还存在许多障碍，在一定程度上阻碍了游艇业的发展。我们可以有计划有步骤地建设一批国际水平的配套设施，满足游艇消费的需求，同时要注意资源的可持续利用。

在此基础上还要丰富销售渠道和网络。一方面，加大宣传力度，通过广告、媒体、展览会等方式，增强国内外认知度，同时引导消费；另一方面，建设网络平台，为消费者提供最新的产品信息，为国内外企业提供双赢合作机会，逐步实现与国际游艇销售模式的接轨。

国内的各高等院校及科研院所应该积极与企业合作，为游艇制造业培养、培训急需的技术、技能型人才，全力为企业发展提供人才支持和智力支撑。同时也可减轻我国当前高校毕业生的就业压力。具体到高职院校对游艇专业人才的培养应具有以下几个特点：①教学内容的针对性。在教学过程中不必过分要求学生完全掌握系统的理论知识，只掌握本专业必要的理论基础知识即可。而应该强调本专业技能的实用性、针对性和所学理论基础知识在实际中的适用性。与游艇制造企业紧密合作，运用“教、学、作”一体化教学和生产性实训教学。实训采取校内实训与校外实训相结合，有针对性地为企业培养“高层次应用型人才”。②教师职业能力的培养。教师应具有较高的专业技术应用能力和组织管理能力，较强的社会活动能力和知识创新能力。教师要定期到游艇制造企业的生产和管理第一线去，必要时可以去国外一些游艇产业发展比较成熟的国家进行考察调研，学习和掌握现代生产技术，不断更新知识，丰富实践经验，提高教学水平。随时根据市场的变化和企业的需求来调整教学内容。③毕业生的“可用性”。当前游艇制造企业对人才的渴求已经到了十分急迫的地步，人才的缺乏制约着企业的发展。企业需要的是一批在生产、建设、管理、服务第一线下得去、留得住、用得上的高层次应用型人才。所以学生除了拿到毕业证外，还应取得相关的能力证书或职业资格证书。特别是学生在校期间，可以有针对性地与企业开展合作，承担生产项目开发，增强企业与学生间的互动与了解。从而减少学生毕业后与企业的磨合期，尽快融入企业的研发生产中去，最终达到学生觉得“有所为”，企业觉得“有所用”的目的。

第十二章

无人艇产业

随着作战方式的变革，无人作战系统是现代武器装备的发展趋势之一，得到各国重视并在海、陆、空等多维领域涌现出各种各样的无人系统，如在空中领域发展的无人机平台，在地面发展的无人地面平台，在水下发展的无人水下航行器平台以及在水面发展的无人艇平台等。无人平台成为在未来战争中信息对抗、精确打击、完成特殊作战使命的重要手段。其中，无人艇大体分为无人舰艇、无人水面艇、无人潜艇。

第一节　无人舰艇

无人舰艇是一种无人操作的舰艇。主要有无人水面舰艇和无人潜航器两种。主要用于执行危险以及不适于有人船只执行的任务。无人舰艇有望在未来10年内彻底变革海军的军事行动和战争。

图12-1　无人舰艇

一、无人舰艇的发展历史

无人舰艇的历史可追溯到“二战”时期，彼时，它们只是被作为一次性的制导武器使用；冷战开始后，旨在搜寻和清扫水雷的无人航行器开始列装各国海军。这些早期遥控舰艇多由电缆发送的导航信号或母舰通过无线电控制，自主活动能力有限。

20世纪90年代以后，人工智能和自动化技术的进步，让水上水下的无人舰艇迎来了真正的活跃期，更复杂的水下机器人（AUVs）和水面机器人（ASVs）也从概念走向现实。目前，西方国家的无人舰艇大多担负侦察任务，具备攻击能力的改型也已开始列装。

作为一个特别重视减少士兵伤亡的国家，以色列率先启用现代化无人舰艇合乎逻辑。自2009年以来，他们的“保护者”无人水面艇，被用于沿黎巴嫩海岸巡逻并监控真主党的活动及布防情况。“保护者”很小，长9米，排水量只有4吨，用轻质复合材料建造，最高航速达到50节，机动性很高，极难被敌方发现并跟踪。

“保护者”的小口径自动武器系统非常精准，足够对付试图渗透或攻击以色列海岸的武装分子的轻型船只。最新型号还装备了高压水枪，专门用于驱逐试图进入加沙地带的“志愿者”。此外，它还可以安装备用发动机，使续航力更强、可靠性更高。

相比以色列，财力雄厚的美国大有后来居上之势，已披露的无人水面艇共有3种。从2001年开始投入测试的第一艘是“斯巴达侦察兵”硬体橡皮艇。其重量不足两吨，配备一挺12.7毫米口径机枪、光电和红外传感器及一部小型水面搜索雷达。它也被认为是一艘“概念验证”无人水面艇，以确定这类武器平台在未来战争中的实用效能。

“斯巴达侦察兵”的示范带动了“舰队”型的出笼。这款被美军正式列装的无人水面艇旨在扩大“濒海战斗舰”的监视区域和任务范围。“舰队级”长12米，排水量7.7吨，最高航速35节，最多可携带2.3吨装备，可自行运转48小时，还可以在24小时内转换成载人平台。其可在夜间活动，即可遥控操作，也可自主活动。其标准配置包括无人驾驶系统，电光/红外线搜索转塔、控制用视频摄像机、导航雷达、水面搜索雷达、全球定位系统接收机、视距/超视距通信系统等。“斯巴达侦察兵”战斗力可与某些大型军舰相媲美。它可搭载舰炮、反舰导弹及反潜感应器等武器，执行监视侦查、反水雷或反潜任务。如果装备海尔法或标枪导弹，它甚至可以对地面目标进行精确打击。该舰先进之处还在于其高带宽通信系统，通过使用类似无线局域网技术，可以实现与乙方飞机、舰艇和潜艇高速传输实时战斗信息。

相比之下，2010年露面的“食人鱼”无人水面艇的设计更为前卫：长16.5

米的艇身几乎全部用最新的碳纤维-纳米管复合材料建造，排水量只有3.6吨，可携带的有效载荷却超过6.8吨，续航范围超过2170海里。它被认为可胜任海军和海岸警卫队时下的各种使命，包括港口和海岸巡逻、搜索与救援、打击海盗及反潜，让更多有人舰艇转作他用。

世界上最大的美军无人驾驶军舰“海猎号”（Sea Hunter）自加利福尼亚州圣迭戈海岸下水，于2016年顺利完成首次试航。该舰艇船身长达132英尺（约合40米），速度达每小时27节（约50公里/小时），可航行数千英里，无须船上人员操控。

二、无人舰艇的未来

在公众视野之外，美国还在积极测试无人潜艇和水下机器人。无人潜艇既可以由操作人员控制，也可以通过编程应对不断变化的新情况，水下机器人则完全按照预先编制的程序操作。

其实，类似的民用产品20世纪就已问世，主要用于海底勘察、生物学研究和测绘。但是，如果服务于军事和作战，就需要对控制与回收环节所需的软硬件提出更苛刻的要求。

早期的无人潜艇外观与普通的鱼雷相似，发射也是利用潜艇上现成的鱼雷管。实践证明，如此操作的无人潜艇虽然能自主返回母艇，但回收程序过分复杂。这推动了通用发射与回收模块的开发，使得母艇能够轻松运用吨位更大、功能更强的无人潜艇。该模块的最大特征是配有一只功能强大的机械手，可把无人潜艇直接“拽回”母艇。据报道，美国海军最新的“弗吉尼亚”级攻击核潜艇，将同时扮演无人潜艇以及无人机母舰的角色。

根据美国《国防系统》网站报道，在未来战争中，自主航行的无人舰艇将推动先进两栖作战理论和战术原则的发展。无人舰艇参加两栖作战的优势十分明显，能使水兵和海军陆战队员免于暴露在敌人火力之下。两栖作战中的火力支援、战术佯动、情报侦察、后勤补给等任务，都能由无人舰艇来执行。比如，在两栖部队远征时，需要远离滩头进行后勤补给，美军计划采用无人补给艇运输装备和物资，可以节约大量人力资源，把海军官兵解放出来去完成更复杂的任务。

当敌方水面舰艇编队进行海上作战时，无人舰队可以采取“狼群”战术，对水面舰艇发起饱和攻击，通过火炮、小型导弹和爆炸装置进行火力压制，机动灵活地从不同方向进行合围及摧毁。此外，高速无人艇还能参与搜索营救、扫雷清障和武器运输等多种作战辅助行动。

普及使用无人舰艇的好处显而易见——让单一平台的功能更趋多元化，从而节省人力和运营成本。越来越多的国家将此类系统视为诱人的选择，以满足日益增长的海上安全需求。除了美国，英国、加拿大、法国、印度都表示有兴趣采购无人舰艇。对于我国，据中国海洋报报道，日前中国全新研制成功的“海洋智能无人艇”在南海多海区投入使用，这标志着我国海洋智能装备开始迈向蓝水，在广阔的大洋中发挥作用，也为我国海洋调查装备的升级换代打下良好基础。

像无人机一样，无人舰艇进入舰队编制后，指挥官的战场视野将获得显著提升。同载人系统相比，无人舰艇更小、更灵活，生存能力更强。值得一提的是，其建造和操作费用也比较便宜，在各国国防开支趋于紧缩的情况下，这显然是关键的筹码。

同样，使用无人而非常规舰艇，能降低军事行动的敏感性，要理解这一点，不妨参考美军无人机在阿富汗和巴基斯坦偏远地区如何猎杀恐怖嫌犯。当然，一旦无人水面艇或潜艇在外国港口或南海这种热点海域被捕获，会引来怎样的外交麻烦仍属未知。

无人舰艇有能力在未来10年改变海上战争形态。不过，它们对网络、计算机系统和数据链的依赖说明，任何寄希望于无人舰艇的国家，必须首先在电磁和网络空间占有足够资源——在不远的未来，海上作战成功与否，将在更大程度上由虚拟维度的交锋决定。

第二节　无人水面艇

早在2001年，美国海军研究办公室提出建造濒海战斗舰（LCS）时，在其濒海作战系统中就提出了利用无人机平台、无人水下航行器、无人水面艇平台等共同构成了海军无人作战体系，完成注入情报搜集、反潜、反水雷、侦察与探测、精确打击等作战任务。

在众多无人平台发展中，无人水面艇相比于无人机等平台，发展相对较晚，美国海军对濒海战争和反恐投入的增加推动了无人水面艇的快速发展，以美国为代表的西方国家已经将其列为重要的发展方向。

无人水面艇（Unmanned Surface Vessel，简称USV），是一种无人操作的水面舰艇。主要用于执行危险以及不适于有人船只执行的任务。一旦配备先进

图12-2 无人水面艇

的控制系统、传感器系统、通信系统和武器系统后，可以执行多种战争和非战争军事任务，比如侦察、搜索、探测和排雷，搜救、导航和水文地理勘察，反潜作战、反特种作战以及巡逻、打击海盗、反恐攻击等。

一、国外发展概况

无人水面艇是一种可以自主完成环境感知、目标探测等任务，具有自主规划、自主航行的能力，并可承担情报收集、监事侦查、扫雷、精确打击、搜捕、水文地理勘察、反恐、中继通信等功能的小型水面平台。相比有人水面艇，无人水面艇更具机动性与灵活性，且隐蔽性更好、活动区域更广、使用成本更低。根据使命的不同，无人水面艇可采取不同的模块，搭载不同的传感器或执行设备，从而执行不同的任务。目前，在役无人水面艇数量很少，主要用于执行海上监视侦察、反水雷战、电子战等军事任务。未来，随着智能化程度的不断提高，无人水面艇将具备遂行反潜、反舰作战等能力。

迄今为止，以美国和以色列等国家为代表，世界上许多国家都已在USV研究和应用方面开展了相关工作。国内对无人水面艇的研究还处在概念设计阶段，与国外相比还有较大差距。

1. 美国发展概况

作为全球海军实力最强大的国家，美国一直走在USV研究与发展的前列。早在“二战”时期，美国海军就已在USV上架设武器，并通过远程操控来对敌人进行攻击。1946年，在测试核爆的“十字路行动”中，美军曾使用USV对核弹爆炸区域的水进行取样，检查水质的放射性。在20世纪60年代的越南战争中，美军使用内燃气动力的USV船队来执行扫雷任务。20世纪70年代，USV被广泛应用于美军的反水雷舰艇系统上，在军事监管中发挥了重要的作用。在20世纪90年代后期，美国海军研发了具有自我防御功能的USV。2000年初，美军开始在USV上安装执行机密任务的传感器平台，在沿海形成具有战斗力的USV船队；同时，美国PEO LMW研发了一款配备具有ARPA功能的雷达、固定摄像机、红外传感器、麦克风、水深仪、温度和风速传感器的半自动USV，在反潜战时，还可增加声呐系统。2002年起，美国海军水下作战中心联合公司合作开发SPARTAN SCOUTUSV，其目标是研发具有模块化、可重构、多任务、高速、半自主航行的USV，法国和新加坡也加入其中。美国海军航空和海上作战系统中心机器人小组是SPARTAN SCOUT USV项目组的成员之一，该小组研发了测试样机和USV通用平台，旨在提高USV的载重和自主航行能力。

2007年，美国海军海上系统司令部（NAVSEA）濒海水雷战项目执行办公室从满足美国海军战略计划、舰队发展以及国防部到2020年部队转型的需求等方面，制定了《海军USV总体规划》。该计划详细介绍了美国海军未来无人水面艇（USV）的发展计划，其主要目的在于满足美国海军USV发展需求，实现美国国防部2020年关于转变军事结构的发展目标。该计划提出，USV需要高度自动化水平，以减少远程通信的需求和操作人员的负担。该计划对USV的军事任务做了7项概括（扫雷、反潜作战、海事安全、水面战争、支持特种作战、电子战争、海事特别任务），同时还界定了无人水面艇的船型、尺寸和标准等要素，这标志着美国无人水面艇走上正规发展阶段。

美国比较有名的无人水面艇有“斯巴达侦察兵”无人水面艇、“水虎鱼”无人水面艇、“幽灵卫士”无人水面艇等。

（1）“斯巴达侦察兵（Spartan Scout）”无人水面艇。

“斯巴达侦察兵”无人水面艇在两种长度与负载不同、装有标准设备基座和具有可互换特征的工作任务模块设备的刚性充气艇的基础上，通过模块化设计，成为一种由标准组建组成，可进行重新配置的多功能、高速、半自动水面无人艇。一艘基本型“斯巴达侦察兵”无人水面艇，可在一小时内完成配装多种“即插即用”型任务模块，不仅有利于承担多种任务，而且加快了研发进度，降低了成本，很好地解决了上舰问题。

根据美国国防部颁布的《2007—2032年美国无人系统发展路线图》，艇长11米的“斯巴达侦察兵”，吃水0.91米，重1674千克，工作深度61米。按照设计要求，该艇的航速（3级海情下）为28节（最大达50节），自持力8小时（最大为48小时），航程150海里（最大达1000海里），可在夜间行动，既能远程遥控操作，也可实现自主活动。其标准配置包括无人驾驶系统、电光/红外搜索转塔、控制用视频摄像机、导航雷达、水面搜索雷达、全球定位系统接收机、视距/超视距通信系统等。

俗话说，“麻雀虽小，五脏俱全”，“斯巴达侦察兵”虽小，但是其战斗力不容小觑。它可以搭载舰炮、反舰导弹及反潜感应器等武器，执行监视与侦察、反水雷或反潜等任务。如果装备合适的导弹，它甚至可以对地面目标进行精确打击。此外，“斯巴达侦察兵”拥有高带宽通信系统，可以实现与己方飞机、舰艇和潜艇高速传输实时战斗信息。

（2）“水虎鱼（Piranha）”无人水面艇。

“水虎鱼”无人水面艇由美国Zyvex技术公司于2010年研发，是第一艘采用碳纤维与轻型碳纳米管材料制成的无人水面艇，艇长54英尺（16.5米），重量仅8400磅（3805千克），其重量比其他同尺寸的无人艇都轻，而材料的强度比普通材料提高了20%～50%。它能够携载重达15000磅（6795千克），航程2500英里。“水虎鱼”无人水面艇非常省油，每加仑燃油以25节的速度可航行2.5海里，仅相当于其他无人艇耗油量的1/4，且其能够在6级海况下正常运行，最大航速可达45节。其携载的有效载荷包括L-3公司研发的Wescam MX-10光电/红外仪、陀螺仪等，可装备的武器包括机枪、MK54鱼雷以及超视距导弹等。2010年夏，第一艘“水虎鱼”建造完成，随后在太平洋普吉特湾进行了为期6个月的海试。该型无人水面艇可承担情报收集、监视与侦察（ISR）以及电子战、运输、水雷战、打击海盗、搜索与救援、猎潜、港口巡逻等任务。

（3）“幽灵卫士（Ghost Guard）”无人水面艇。

美国机器人船舶公司研制的“幽灵卫士”无人艇，于2003年9月3日在佛罗里达州棕榈滩进行了首次试验。试验非常成功，圆满完成了各种试验任务。“幽灵”一词显示了它的高速，最大功率可达266马力，能以较快速度追逐各种目标，成为美国无人水面舰艇的新军。“卫士”一词准确表达出了它的基本功能：警戒和防护，可通过近海巡逻，保护航道、海界、港口、桥梁、码头、石油钻井平台、其他近海设施，防范各种可能的威胁，保障航海系统的整体安全。全面配备现代化装备的“幽灵卫士”无人水面艇除巡逻外，还可运送货物（150公斤以内）、收集情报、海上监测。“幽灵卫士”的核心部分是远程指挥、控制、导航、摄像观察、随机分析、设备检测及修复等系统，可预先设置航线并随时更改，及时处理各种事故和危机情况，可收集声音、图像资料，接收雷达、声呐数据，并通过互联网络及时传输至与其保持不间断协作和联系的地面指挥部，在航行期间，还可随时进行化学、生物、放射、光谱、光学和其他各种形式的自动化分析。

除军用外，美国在USV民用方面也有一定研究。如弗吉尼亚州的UOV公司研发了以太阳能、风能和回收动力作为能源，理论上续航能力为无限的

USV，适用于海洋数据收集、测量等。

2. 以色列发展概况

以色列是在USV军事化方面最领先的国家之一，其代表为以色列国防部研发的“保护者（PROTECTOR）”系列的USV。“保护者”USV具有反恐、情报收集、侦察、监视、火力支援等功能，并且可以与其他平台协同作战，能在不暴露身份的情况下执行一些关键任务，降低了船员和士兵的作战风险。“保护者”采用远程控制的方式，以9米长的刚性充气艇为基础，喷水推进，最大航速能达到40节，最大作战有效载荷1000千克。“保护者”上配备先进的导航雷达、全球定位系统、红外传感器、全自动火控系统和昼夜用照相机等，可在白天、夜晚以及各种不利的天气条件下完成手动和自动昼/夜观测及目标指示，能够获取周围的海上图像，搜集情报，进行实时监视，并与母舰或岸边指挥所之间拥有多个视频通道，方便传输图像和数据信息。艇上武器主要配备的是“微型台风”武器系统。该武器系统以拉斐尔武器发展局的“台风”遥控稳定武器系统为基础，可使用12.7毫米机枪或40毫米自动榴弹发射器。在吨位稍大的“保护者”上还可选装一门30毫米舰炮。另外，据拉斐尔武器发展局透露，“保护者”无人水面艇的作战指挥权将属以军总参谋部下属的国土安全局，日常巡逻维修则由以色列海军负责。首批服役12艘，每3艘编成一个机动编队，轮流在靠近埃及的加沙地区巴勒斯坦人控制区海岸线、以色列本土沿海地区和与黎巴嫩相邻水域进行巡逻。

“保护者”在设计上具有模块化、隐身化、技术新的特点。其艇长9米，全艇采用模块化设计，可根据任务的不同需要，按照“即插即用”的原则，将不同的设备像搭积木一样快速安装在艇上，使之可执行反恐、情报侦察和监视、水雷战、反潜战和火力支援等多种任务；在外形设计上，上甲板没有雷达反射物和增大雷达反射截面的设施，也没有90°交角，艇体侧面和上层建筑有小角度倾斜，还在一些部位采用了雷达吸波材料，大大提高了隐身能力；艇体采用玻璃钢复合材料，降低了艇体受损程度和维修费用，大量使用碳纤维及轻质复合材料取代传统的钢材料，在加固艇体结构的同时减轻了艇重。

除了“保护者”USV外，以色列国防部还研发了一款自动航行的中型USV——“银色马林鱼（Silver Marlin）”。该USV能够实现船舶的自动避碰，并具有自动航行和超视距操作的功能，能携带多个传感器和武器系统，通过岸边监控系统和卫星通信控制系统实现对其的监控，可应用于执行沿海智能化巡逻任务，是防卫、反恐、扫雷、搜救和救援的重要保障。

3. 其他国家发展概况

目前，以美国、以色列为代表，USV主要服务于军用领域，但随着各国对海洋战略的重视与海洋开发力度的加大，英国、德国、日本等国家在航运、海洋环境保护、航道测量等民用领域也取得了许多进展。以下介绍其他国家在USV研究中比较著名的项目和有代表性的船舶。

（1）MUNIN。

MUNIN项目由欧盟提出，由海事物流和服务弗劳恩霍夫中心（Fraunhofer CML）、挪威海事技术研究所（MARINTEK）等8家研究机构共同合作完成。该项目旨在找出操控自动化所需的各方面因素，尤其是找到从有人驾驶到无人驾驶运输的最佳转换途径，研究内容包括船舶自主航行、引擎自动控制、岸基远程控制和物标探测。

（2）Springer。

2004年，英国普利茅斯大学MIDAS科研小组开始研发“Springer”USV，该USV为双体船，主要用途是在内河、水库和沿海等浅水水域追踪污染物，测量环境和航道信息，还可用于传感器采集技术、测量技术以及能源控制系统研究。该USV采用直流电机驱动，使用SLAM技术克服GPS定位可靠性不够高的缺点，能基于船舶航行环境预估船舶下一步位置。

（3）Charlie。

意大利热那亚CNR-ISSIA研究机构研发的“Charlie”号USV是一艘双体船，主要作用是在南极洲对海洋微表层进行取样和收集大气海洋界面的数据以及在浅水区域探测鱼雷。该船由直流电机驱动，并在船上配备了太阳能板。

（4）MESSIN与MMSV Ⅲ。

MESSIN项目由德国联邦科技部资助，该项目研发了一条双体USV船舶，该船用于在低于5米水深的水域执行多种测量和研究任务。

早在1997年，德国Veer公司就开始研发USV，起始阶段研究工作主要集中在渔业，生产了“STIPS Ⅰ”和“STIPS Ⅱ”两种USV。2005年，Veer公司研发了多任务的USV“MMSV Ⅲ”。

（5）YAMAHA。

日本雅马哈（YAMAHA）公司研发了两种USV，一种是高速无人艇UMV-H型，另一种为海洋无人艇UMV-O型。UMV-H型USV采用深V船型，使用水喷射动力，最大功率达到90千瓦，最高速度40节，其长为4.44米，可携带常用的一些设备，比如水下摄像机和声呐。UMV-H既可以载人，也可以无人航行。UMV-O型USV是一个针对远洋航行的排水型USV，主要功能是监控海洋和大气的生物地球化学和物理参数，具有长距离航行能力，使用方便。第一艘UMV-O型USV取名为“Kan-Chan”号，是由日本的科学与技术机构研发的。

随着网络通信、智能控制和GPS定位等技术的发展，USV必将在未来多个领域有广泛的应用，对人类水上工程应用、海洋军事活动及海洋开发建设等产生深远影响。

二、国内发展概况

中国无人水面艇的发展尚处于起步阶段，多数还处于概念设计阶段，关键技术与美国等西方发达国家差距较大。目前主要开展研究的有沈阳新光公司和哈尔滨工程大学等单位。新光集团研制的“天象一号”无人水面艇曾在奥运会青岛奥帆赛期间，作为气象应急装备为奥帆赛提供气象保障服务。“天象一号”无人水面艇总长65米，船体用碳纤维制成，采用诸多国际前沿技术，实现的功能包括智能驾驶、雷达搜索、卫星应用、图像处理与传输等。“天象一号”无人艇驾驶有两种方式，一种是人工遥控方式，另一种为按照预定航线自动航行方式。在自主航行状态下，若途中遇到障碍物，则可通过目标搜索识别系统和护理系统进行避让航行。

哈尔滨工程大学也开展了水面无人艇研制工作，已经完成了无人艇设计和实艇建造等工作，并且开展了相关技术研究和海上试验。该无人艇艇体为刚性充气艇，配备有雷达、摄像机、激光探测仪等目标探测设备以及磁罗经、GPS等导航设备，推进方式采用喷水推进。

三、无人水面艇基本特点

（1）艇型特点：对于艇型来说，目前国际普遍采用的形式是硬壳充气艇，长度普遍在6～11米之间。无人艇要保证航行时具有足够稳性和抗沉性。采用充气艇的方式，艇底采用内设刚性龙骨的V型结构，充气胎与骨架、板件结合，可在正常（充气）工作压力下使整艇具有足够刚性，气胎分割成3～5个独立气室，也可以起到良好的抗冲击缓冲作用。艇体边界有充气浮力胎，可极大地避免在风浪中倾覆危险。

（2）动力特点：无人艇大多采用柴油机作为动力。在推进形式来说有舷外机（螺旋桨）和喷水推进等方式，其中由于采用喷水推进的舰船具有传动机构简单、机动性和操作性好、吃水浅、效率高等特点，故喷水推进方式在小型高速无人水面艇上得到广泛应用。

（3）操作特点：无人艇操作方式为无人遥控、按照既定方式运行或自主运行等方式。在完全自主运行方式下，对无人艇的智能化程度要求较高，实现也较为复杂。

（4）应用特点：无人艇大多采用模块化设计，根据任务的不同，可采用多种不同的模块。无人艇部署机动灵活，使用方便，可跟随战斗舰艇出航执行任务，并可以在危险区域或者不适宜派遣有人舰船的区域独立自主执行任务，拓展了海上作战范围，具有良好的费效比，避免人员生命危险。

四、无人水面艇应用领域

（1）反水雷战。无人水面艇可以快速、高效、低成本地以集群方式完成大范围的水雷探测与定位服务。猎扫雷舰是单位吨位最贵的舰船，保有量有限，单独依靠猎扫雷舰完成大面积区域的扫雷任务需要花费较长的时间且成本较高。如果采用扫雷舰携带多水面无人艇式进行联合作业，无人艇通过艇员遥控或者自主航行方式执行扫雷任务，就可以在花费较少的情况下较快地完成任务。

（2）反潜战。面对舰船日益增长的来自水下潜艇的威胁，无人艇提供了一种反潜的新手段，无人艇可以携带反潜设备，在主力舰队周围形成移动的向外延伸的反潜警戒网，并且可以长时间不停地作业，提高舰队的反潜能力。

（3）信息战。无人艇可携带各种电子设备执行ISR任务，包括执行通信中继、电子干扰、欺骗任务等。由于无人艇本身具有很好的隐身性，可以到达危险海域完成各种任务。

（4）其他。无人艇还可以支持海上封锁或者阻拦任务，通过无人艇可以长时间地对港口、海湾等区域进行侦察监视，保证海上安全，还可以对可疑目标进行清理，并可参与反恐作战以及特种部队的非常规作战任务。

第三节　无人潜艇

无人潜艇是一种海中军事武器，实际上就是在海中作业的机器人。作为一种水下尖端武器日益受到世界各国青睐，其发展十分迅速，尤其智能化等关键技术的突破和应用，将令未来海战场大为改观。其主要类型有：遥控潜水艇型无人潜艇、半浮半沉型无人潜艇、智能型无人潜艇。

一、无人潜艇的主要种类

1. 有线遥控

这种无人潜艇共分两种：一种装有空心装药破甲弹头，使用时通过有线遥控接近水雷，并以与水雷同归于尽的方式除掉水雷；另一种不装弹头，可用来多次执行搜索水雷等任务。例如，德国的长尾鲛就是一种一次性无人潜艇，通过有线遥控，可以潜到水下300米深度。它全长1.3米，呈鱼雷状，有4个靠电池驱动的水平推进器和一个垂直推进器，可在母舰周围1200米范围内活动，可为母舰提供探测数据，向目标发起攻击。潜水艇型无人潜艇也是从水面舰艇上进行有线遥控操作，但这种无人潜艇的水中航行体较大，因此可以搭载搜索鱼雷用的各种传感器。此外，还可以伸出机械臂，在离所发现鱼雷最近的地方放置爆破用炸药。例如瑞典的双鹰无人潜艇，在水中的最大航速可达6节，通过6个小型推进器可以上下左右移动。借助传感器的帮助，它可以接近最大深度为300米的水雷，机械臂可将爆破用炸药安放在距水雷最近的地方。

2. 潜艇发射

潜艇发射型，是一种可利用潜水艇鱼雷发射管发射的无人潜艇，人称水下“袋鼠”。它不仅可以用于清除鱼雷，而且还可以用于水中和水上情报收集。例如，被称为NMRS的近期鱼雷侦察系统，是美国海军第一代搜索鱼雷用的无人潜艇，1999年4月开始投入使用。这是一种从潜水艇的鱼雷发射管发射的无人潜艇，呈鱼雷状，从母舰上用光缆进行控制，由于尚存在导航精度和光缆操纵等性能上的问题，美国已开始开发远期鱼雷侦察系统——LMRS，它能够以比近期鱼雷侦察系统NMRS更快的搜索频率来长时间地、可靠地工作，而且不使用电缆或光缆。该艇完成任务后，还可以通过使用母舰（潜水艇）右舷鱼雷发射管内的机器人手臂进行回收。

3. 半浮半潜

一些国家还在开发一种半浮半潜型无人潜艇，即虽然航行体本身在水下，但是发动机的进气和排气口以及通信天线等仍露在水面上。这种无人潜艇不但自身装有传感器，而且还装有带传感器的小型航行体，用来搜索海底附近的鱼雷等。这种半浮半潜型无人潜艇通过通信天线从母舰上进行无线遥控操作，可以利用全球定位系统，按照事前设定的路线独立航行。例如，法国使用的半浮半潜式无人潜艇“剑鱼”，全长8.3米，能以12节的航速连续航行400海里。它可与全球定位系统联动，将收集到的声呐影像数据通过无线通信传送给母舰。

4. 自主攻击

未来的新一代无人潜艇将以智能化、自主性为主要特征。它们可以借助高科技完全自主地工作，不仅具有现在的无人潜艇的扫雷功能，而且还可以收集水中和水面上的所有情报，甚至能够使用武器来自主攻击。根据需要，这种无人潜艇可以搭载各种各样的设备，从而发挥多种多样的功能。如在作战行动的初期阶段，它可在海面上监听敌人的通信情报，同时，可以在危险海域进行光学和电子侦察；在与强敌相遇时，它能够投入反潜战，使用先进武器攻击目标，与母舰配合作战。

5. 全自立型

这种新型无人潜艇的3个基本使命是：①收集情报、进行水面搜索和侦察；②侦察水雷、收集海洋战术数据；③在沿岸浅海水域进行反潜战。在执行任务期间，除了搜索鱼雷、探测和处理等功能外，还将作为以网络为主的作战网节交点，这种具有高度传感器功能的一个个通信交点，对整个舰队提升海上作战能力具有重要作用。

二、无人潜艇的发展前景

未来无人潜艇具有以下特点：在潜水母艇或者水上战舰等平台上可自如地进行施放和回收；在危险度很高而且环境状况随时变化的浅海，可以长时间、自主地进行隐秘性工作；为了执行反潜战、搜索目标和收集海洋战术数据以及侦察鱼雷等任务，具备搭载所需传感器的能力；拥有与战斗群有效实施通信的能力；作为对抗时的“撒手锏”武器，军事专家称无人潜艇符合现代战争理念，无人潜艇更易侦察情报。目前无人潜艇越来越受到主要军事强国的重视，现代战争越来越重视高精确、小损失和大科技的理念，发展无人潜艇正符合了这种理念，也从一个侧面反映了主要军事强国对海洋的重视。冷战结束以来，随着军事发展策略的转变，潜艇已经从秘密探测器和追踪器，转变为水下武器和协同作战装置。目前主要军事强国在“海平面以下”的明争暗斗比冷战前更加激烈，未来水下冲突的可能性在增大。随着科技的发展，海洋资源成为各国追逐的焦点。各国发展包括潜艇在内的海上力量，也助推了无人潜艇的研发热潮。此外，除了军事用途外，无人潜艇在探矿、排除障碍等方面也具有发展潜力。

第十三章

护卫舰和护卫艇产业

第一节 护卫舰和护卫艇概况

一、护卫舰

现代护卫舰已经是一种能够在远洋机动作战的中型舰艇，一般护卫舰的标准排水量可达2500~4000吨，航速20~35节，续航能力2000~10000海里，主要装备57～127毫米舰炮，反舰/防空/反潜导弹，鱼水雷，还配备有多种类型雷达、声呐和自动化指挥系统、武器控制系统。其动力装置一般单独采用燃气轮机或者柴油，又或者柴油–燃气轮机联合动力装置。

它可以执行护航、反潜、防空、侦察、警戒巡逻、布雷、支援登陆和保障陆军濒海翼侧等作战任务，曾被称为护航舰或护航驱逐舰，现如今随着护卫舰大型化，与驱逐舰的界限日渐模糊。

在现代海军编队中，护卫舰是在吨位和火力上仅次于驱逐舰的水面作战舰只，但由于其吨位较小，自持力较驱逐舰为弱，远洋作战能力逊于驱逐舰。护卫舰和战列舰、巡洋舰、驱逐舰一样，也是一个传统的海军舰种，是当代世界各国建造数量最多、分布最广、参战机会最多的一种中型水面舰艇，某些国家完全装备护卫舰取代驱逐舰。

二、护卫艇

护卫艇，又叫炮艇、巡逻艇，以导弹和小口径舰炮为武器，用于海岸巡逻、护航的小型水面舰艇。现代护卫艇排水量数十吨至500吨，多数不超过300

图13-1　护卫艇

吨，最大航速10～45节（水翼护卫艇可达50节左右），自给力3～7昼夜。

武器有37～76毫米单管或双管舰炮1～2座，机枪数挺，反舰导弹2～4枚，以及深水炸弹等。装有火控系统或综合武器控制系统。动力装置大多为柴油机，也有采用燃气轮机或柴–燃联合动力装置的。艇型有排水型、圆舭型、深V型和水翼型等。船体多为焊接钢结构，部分采用铝合金结构。还装有通信设备和导航雷达等。护卫艇体积小，速度快，机动灵活，有较强的火力。但续航力小，适航性差，防护力弱。

三、区别

（1）护卫舰比护卫艇吨位大得多，无论是舰员数量、载油、物资、武器装备都能搭载得更多，所以护卫舰能在海上执行任务的时间更长；同时，由于更大的舰体，护卫舰的适航性更好。因此护卫舰能在远洋执行任务，而护卫艇只能保卫近海和港口。

（2）由于护卫艇较小的艇身，只能搭载小口径舰炮以及少量导弹，火力弱；而且局限于自身高度和发动机功率，无法把大功率雷达安装到高处，雷达搜索能力差；护卫艇没法安装性能优异的声呐，这就限制了它的反潜能力；局限于有限的吨位，无法为艇身安排足够的防护，最多配备便携式防空导弹，而且灌进同样数量的水后更容易沉没。所以说护卫艇的攻防能力弱，无法成为海军主战军舰。

（3）两者目标定位不一样：护卫舰能执行的任务，护卫艇能够做一些，如防空、反舰，但不如护卫舰做得好，更别提护卫舰可以执行远洋任务；护卫艇还是适合在近海执行任务，布雷、侦查、护渔。

第二节　护卫舰的发展历史

护卫舰是各国海军必不可少的主战装备，即便一些海军力量弱小的国家也在节衣缩食中装备轻型护卫舰作主力舰使用，辅之大量500吨以下的导弹快艇构建起近海防御网。

护卫舰是出现较早的一种战斗舰艇。“一战”前，护卫舰主要用于近海防御。追溯护卫舰的发展历史，英国是最早命名并使用这一舰种的国家，早在单桅帆船时代，英国就采用“护卫舰”用于近海防御。事实上，被称为“护卫舰”的早期武装船只更多的是基于其护航、防卫能力，同时也担负对敌国的威慑任务。因为一些老牌海军强国为保护诸多殖民地，纷纷采用搭载火炮的单桅纵帆船以突出火力优势，同时也能进行海战，这是19世纪护卫船只的主要特征。

专门用于基地和舰队护卫、护航的护卫舰直到20世纪初才出现。日俄战争中，日本海军的舰艇时常偷袭俄国军港，对停泊在港内的作战船只发动攻击。为抵御日本海军的偷袭，俄国建造了真正意义上的专用护卫、护航的作战舰艇，排水量在500吨以上，用于近海的基地防御作战。但俄国早期护卫舰的性能普遍较差，无法抵御巨大的风浪，在基地防御任务中没有达到预期的效果，最终停泊在中国旅顺的俄国太平洋舰队被日本海军偷袭成功，俄国战败。

“一战”是护卫舰发展的重要时期。当时，德国海军的潜艇部队对盟国海上商船编队构成较大威胁，长于护航和反潜的护卫舰获得长足发展，在海军中的地位和作用也被确定下来，直到今天世界各国海军服役的护卫舰仍是以护卫和反潜为主。由于这一时期护卫舰需要为商业船只护航，所以具有远洋作战的能力，排水量在1000吨以上，装备了鱼雷、火炮等主流舰载武器。应当说，护卫舰在航速、吨位以及综合作战性能上都有了较大的提高，能够执行本应由驱逐舰担负的任务。

值得注意的是，“一战”中诞生了一种专用于近岸反潜、基地防御以及扫雷的舰艇。英国海军将其继续发展，建造了大量专属防御的护卫舰，并在“二战”中广泛使用，如“花”级护卫舰。它兼顾火力与吨位的匹配，排水量940吨，航速16节，续航距离3500海里，舰员编制85人，舰载武器配置比较简单，只有一门火炮和数挺机枪，包括12.7毫米维克斯机枪和7.7毫米路易斯机枪，还有深水炸弹的投放装置以及扫雷器具等。电子设备为一部SWIC雷达和一部Type1123A声呐。当时，“花”级护卫舰主要服役于英国和加拿大的海军部队，美国海岸警备队也租借了一些用于基地防御。

在盟国的大西洋护航任务中，最为著名的要数“黑天鹅”级轻型护卫舰。该级舰艇满载排水量接近2000吨，舰长91米，舰宽11米，舰员编制180名，具备现代护卫舰的雏形，双轴帕森斯蒸汽轮机为主要动力，航速19节。大量的“黑天鹅”级在大西洋战场上与德国潜艇部队对抗，主要武器配置为双联102毫米防空火炮，前后共3座，还有数门小口径火炮与机枪，同时装备了深水炸弹投放装备，具备较为完善的攻潜能力。因此，“黑天鹅”级在大西洋护航作战中表现突出，共参与击沉德国潜艇近40艘。

在第一次世界大战中，同盟国海军为对付德国潜艇，保护本国港口、锚地和商船队的安全，英国和美国相继发展巡逻艇，共造1000余艘。这些巡逻艇为木质船体，排水量42～75吨，航速17～19节，装备有20～37毫米舰炮1～2座，机枪数挺和6～8枚深水炸弹等武器。其他国家海军也建造了类似的巡逻艇。在第二次世界大战期间，护卫艇的排水量为25～100吨，航速25节，武器有20～57毫米舰炮1～2座，机枪数挺，深水炸弹30枚。战后，许多国家特别是第三世界国家仍继续建造护卫艇，艇型、船体结构、动力装置、武器和电子设备等都得到改进。

事实上，现代护卫艇的前身是“二战”时期的护航驱逐舰。鉴于德国潜艇部队的威胁日益增大，盟军的运输船队和护航舰只都被列入德国潜艇部队的绞杀名单，这对护航舰只的综合性能提出了更高要求。

1940年，美国海军建造专为编队护航的护航驱逐舰，比英国海军使用的轻型护卫舰要大一些，排水量在1500吨左右，与英国“狩猎”级较为类似。后者在1938年后开始建造，第一批建造数量达20艘，旨在为运输船队护航，吨位1340吨，舰长85米，编制人员近150人。由于吨位的限制，“狩猎”级火力并不强，无法正面对抗意大利舰队，但在护航上的能力令美国海军印象深刻。1941年美国通过《租借法案》，决定为英国海军建造护航驱逐舰。通过参考和改进“狩猎”级设计，美国海军拥有了第一种护航驱逐舰——“埃瓦茨”级，英国海军将其命名为“海军上将”级。1941年7月，美国批准为英国建造20艘护航驱逐舰，一个月后，罗斯福总统又把数字提高到50艘。该舰满载排水量1360吨，舰长88.24米，舰宽10.73米，吃水2.67米，航速21节左右，船员编制156人，主炮为单管3英寸炮3座，防空兵器为四联1.1英寸防空炮1座，或双联40毫米博福斯机关枪1座，单管20毫米厄斯孔机关炮9座。

后来，美国海军对“埃瓦茨”级进行了改造，建造了“巴克利”级和

“拉德罗”级，满载排水量增加到1700多吨，舰长93米，舰宽11米，航速23节，后续型号可达到24节，舰员编制186人。两级舰与“埃瓦茨”级区别较小，除了前主炮、舰桥以及烟囱有些改动外，其余都很相似，主要舰载武器为76毫米主炮、三联装鱼雷发射管、双联装40毫米博斯福机关炮以及深水炸弹投放装置等。“巴克利”级“英格兰”号是“二战”盟军的功勋舰，曾创造半个月内击碎日军6艘潜艇的战绩，成功粉碎日军建立的前线巡逻线。作为美国海军较为成功的一型护卫舰，“埃瓦茨”级在“二战”末期被大量转型使用，如改为快速运输舰和雷达前哨舰。

图13-2　美国海军建造的第一种护航驱逐舰——“埃瓦茨”级

“二战”中，美国海军也建造了许多性能先进的护航驱逐舰，如“松”级和“橘”级驱逐舰。虽然二者被称为驱逐舰，但整体性能属于护卫舰行列，排水量1260～1350吨，舰长100米，主要武器装备为八九式127毫米半自动高炮、九二式610毫米四联装鱼雷发射装置、深水炸弹以及机枪若干挺。与同时期护卫驱逐舰相同，“松”级和“橘”级的电子设备也以搜索雷达、声呐为主，具备护航和反潜攻击的能力，但无法参与大编队的对抗。此外，法国“布干维尔”级护卫舰的吨位也较大，排水量达1970吨，舰长103米，舰宽12米，武器装备为3门1927年式138毫米火炮、4门37毫米高射炮、6挺机枪以及50枚水雷等。

从“一战”到“二战”末期，各国海军逐渐找到了护卫舰的定位，排水量在1000~2000吨不等，主要任务为护航和反潜，武器装备为76～127毫米主炮或者高平两用炮，数量在2～3门不等，前后甲板和两舷配置了一定数量的机枪用于防空，同时能携带深水炸弹进行反潜攻击，作战任务明确，便于大量建造，这些特征为战后护卫舰的发展奠定了基础。

英国作为老牌海军强国，皇家海军对护卫舰的发展非常重视。“二战”结束后，英国将各国的各种轻型护卫舰、反潜护卫舰进行整合，将“二战”时期建造的护航驱逐舰一并划为护卫舰，并提出了新的护卫舰编号，统一使用英文F大头，于是我们现在看到的英国或北约护卫舰舷号为F+编号。同时，皇家海军提出建造新一级舰来取代“二战”时期破旧不堪、性能单一的护卫舰群，这就是12型护卫舰。该级舰吨位更大，因此在舰艇中的地位、执行的任务有所不同，多用途性更强，是“二战”后护卫舰发展的经典之作。

12型护卫舰根据反潜作战的定位进行建造，进一步奠定了现在护卫舰作为反潜战主战平台的地位。2560吨的满载排水量使得12型能够搭载更多的武器装备，武器系统以反潜为主，有双联装MK6型45倍径舰炮、双联装MK2型高炮、533毫米鱼雷发射管、MK-10反潜深弹发射器。该型舰的舰载电子设备提升较大，如293Q水面及低空搜索雷达，测距仪与跟踪雷达联合使用，攻潜声呐侦搜能力较强。值得关注的是，12型护卫舰的航速达到28节以上，这一突破是基于盟军在大西洋战场与德军潜艇长期角逐的影响，当时德军精锐潜艇部队航速都能达到22节以上，如此高的潜航速度能占据有利攻击阵位，甩开低航速舰只的跟踪。

为尽可能在同一平台上实现多任务化，英国皇家海军在1963年接受世界上吨位最大的护卫舰，即“利安得”级。其设计蓝本基于12型护卫舰，由此护卫舰从以单一的反潜、护航为主的任务模式进入多用途化发展道路。“利安得”级满载排水量接近3000吨，航速28节，两台蒸汽轮机双周驱动、25000马力，航速12节时续航能力为4500海里；舰载武器不仅配备了114毫米主炮、40毫米或20毫米高炮，更有维斯特兰“黄蜂”直升机或者“山猫”直升机，还安装了“海狼”防空导弹和“飞鱼”反舰导弹；舰载电子设备更加完善，拥有965远程对空搜索雷达、993对海搜索雷达、MK-5炮瞄系统、主/被动声呐等，还有一整套668型电子对抗系统、干扰弹发射装置、反鱼雷诱饵等软硬兼顾的电子战设备，将护卫舰的整体性能推上了一个新高度。

20世纪六七十年代，护卫舰开始承担更多舰队护航与攻袭任务，进而衍生出专用的防空型护卫舰，如英国的81型防空护卫舰，可搭载体积巨大的对空搜索雷达和反舰导弹，是最早使用燃气轮机动力系统的一批护卫舰。

护卫舰的建造虽然比驱逐舰便宜，但随着冷战氛围的进一步蔓延，各海军强国开始追求护卫舰的多用途性能，除了英国的“利安得”级外，美国海军在“布朗斯坦”级护卫舰基础上发展出更先进的“诺克斯”级护卫舰，该级舰于1965年开始建造，4年后服役，共建造将近50艘，满载排水量达到3800吨，航速27节，22节时续航能力为4000海里，舰员编制288人，舰载武器实现导弹化，配备有攻潜的八联装“阿斯洛克”反潜导弹，“标准”防空导弹、双联装MK-32鱼雷发射管，实现了对空、对海以及对潜攻击的导弹化，直升机在这一时期成为护卫舰的标准装备。

苏联红军虽然曾红极一时，但“二战”时期苏联的小型护航驱逐舰几乎没有战功，即使在“二战”后，苏联海军对护卫舰的发展也并不积极。苏联海军的第一代护卫舰42型以火炮为主战武器，配备有4座单管100毫米舰炮、两座双联37毫米舰炮、533毫米鱼雷发射管、深水炸弹等；同时也装备了对空、对海搜索雷达，主动声呐等，近身作战能力较强，但综合作战能力不尽如人意。42型护卫舰并没有大规模建造，主要原因是苏联军方认为排水量1000多吨的护卫舰跟不上远洋作战的节奏，火力无法与驱逐舰、巡洋舰相提并论，而在近海防御作战中，护卫舰又不及高速鱼雷艇。因此，苏联的护卫舰没有欧洲以及美国发展得快。

在苏联海军认识到护卫舰和西方存在差异后，开始提出建造新型护卫舰。1951年巴黎公社社员造船厂开工建造第一艘50型护卫舰，命名为“里加”级，满载排水量1200吨，蒸汽轮机动力，最大航速接近30节，14节航速时续航能力为2000海里，武器配置方面仍然以火炮为主，3座单管100毫米高平两用舰炮，配有火控系统，射程22公里，两座双联37毫米舰炮负责对空防御，还有533毫米鱼雷发射管、反潜火箭等。总体上看，“里加”级定位为近海防御的护卫舰，对舰打击以火炮为主，反潜性能一般，主要体现在声呐的探测距离不远、舰艇吨位的限制导致了鱼雷数量不足，但在近海防御作战中，“里加”级的火力应该说是足够了，火力比一般的高速鱼雷艇更强。苏联海军总共装备了70艘“里加”级，与改进型“别佳”级共同担当近海防御的主力。

1969年，苏联建造了第一艘现代化的导弹护卫艇——“克里瓦克”级护卫舰。2011年俄罗斯联合造船集团宣布为俄罗斯海军建造“克里瓦克”级IV型护卫舰，这批舰来自于俄罗斯国防部2010年的订单。“克里瓦克”级护卫舰几乎横跨了半个世纪，是苏俄时期最重要的一型护卫舰。当年，“克里瓦克”级I型在加里宁格勒、彼得格勒和刻赤同时开工建造，建造周期持续到1981年；II型舰在加里宁格勒造船厂建造，于20世纪80年代完工；III型舰一直建到苏联解体。“克里瓦克”级在苏联海军中的定位是大型反潜舰，满载排水量3650吨，航速高达32节，20节时续航力达到4600海里，30节时为1600海里，整体性能达到西方同一时期大型导弹护卫舰级别，具备远洋反潜与护航能力。“克里瓦克”级作为反潜护卫舰，最大的特征是安装在舰首的四联组SS-N-14“石英”

反潜导弹，射程55公里，可携带核弹头，具有非常典型苏联红海军风格。最新型号的“克里瓦克”级IV型护卫舰已经换装更加先进的导弹系统，如一套“施基利”中程防空系统、一套“俱乐部”-N型超音速反舰导弹系统、两套“卡什坦”弹炮合一近程防御系统以及两具533毫米鱼雷发射管，武备更加强大。

纵观护卫舰家族的发展史，这一舰种从早期的近海防御发展成护航主力。现代护卫舰相较于“二战”以及“二战”后的护卫舰发生了很大的变化：首先在于排水量更大，如荷兰的“德泽文·普罗文森”级护卫舰满载排水量超过6000吨，比一些国家的驱逐舰还要大；其次是舰载武器、电子设备更加先进，火力更强，防空、反潜、反舰样样都行，甚至可以作为指挥舰的作用，综合作战能力超过某些型号的驱逐舰；最后是现代护卫舰的作战任务发生重大变化，不再局限于近海防御，大型导弹护卫舰能够执行远洋作战任务，在舰艇中的地位更加重要。

第三节　中国护卫艇的发展与影响

护卫艇是出现较早的一种战斗舰艇。中国清末海军就装备有炮艇。在第一次世界大战中，同盟国海军为对付德国潜艇，保护本国港口、锚地和商船队的安全，英国和美国相继发展巡逻艇，共造1000余艘。战后，许多国家特别是第三世界国家仍继续建造护卫艇，艇型、船体结构、动力装置、武器和电子设备等都得到改进。中国的护卫舰产业也是同样。

20世纪50年代初，解放军确定以小艇打大舰时，曾有两种设想：一是用鱼雷艇利用夜暗或白天放烟幕高速接近大舰；二是以高速护卫艇打先锋压制敌舰的速射炮，掩护鱼雷艇逼近攻击。为此，中国引进了苏联P-6型鱼雷艇（分为15吨和30吨）并仿制了上百艘，此外还自制了53甲、55甲型巡逻护卫艇和“上海”级高速护卫艇（其排水量均在百吨以下）数百艘。在东南沿海的海战中，解放军用小艇“以小吃大，以多打少”战术，共击沉国民党军千吨级以上战舰3艘，900吨级战舰1艘，400吨级舰艇4艘。

不过这些小艇活动半径只有几十公里，风浪超过五六级时不能出海。后来现代海军技术特别是雷达、夜视器材不断发展，小艇想隐蔽快速接近大舰就变得更为困难。20世纪六七十年代以后世界上的绝大多数鱼雷艇都相继退出了现役，护卫艇也多改用于近海巡逻。50年代后飞航式导弹运用于舰艇，为海军战术出现一个新飞跃创造了物质条件，小艇就此能够在视距之外用导弹打大舰。美国一向在远洋作战而不重视发展耐航性差的小艇，重视近海防御的苏联最早研制出“黄蜂”系列导弹快艇，并于1959年向中国提供了技术资料和设备器材。翌年苏联撤退专家，中国通过自行研究和仿制，解决了低合金船体钢材、大功率柴油机、上游一号反舰导弹和全自动30毫米舰炮等难题，于1963年下水了021型导弹快艇。其标准排水量170吨，所载导弹射程35公里，命中1枚便可摧毁3000吨级的军舰。60年代初，中国研制了“62”型护卫艇。其改进型，正常排水量135吨，最大航速28节，续航力750海里，装有双管37毫米舰炮和双管25毫米舰炮各2座。进入70年代后，该型导弹快艇全部实现国产化并投入批量生产，同时还缩小尺寸制造了排水量79吨的024型导弹艇。这两型艇总共建造了几百艘，除成为中国水面作战主力外，又出口到不少亚非国家。不过这些导弹艇的雷达电子设备落后，常出现捕捉目标困难，加上适航性差，难以驰骋远海。1974年在距海南岛400多公里外的西沙发生海战时，解放军海军的导弹快艇便无法前往，只能靠400吨级的猎潜艇以舰炮的老方式作战。80年代，又建成导弹护卫艇，满载排水量430～520吨，最大航速32节。装备有舰舰导弹4～6枚、双管37毫米舰炮2座、双管14.5毫米机枪2挺。中国人民解放军海军护卫艇部队在打破敌人封锁、收复被占岛屿、保卫近岸海域安全，以及平时执行巡逻、警戒任务中发挥了重要作用，并在万山群岛战役、“八六”海战、崇武以东海战等多次海战中取得显著战果。

香港驻军码头上的“红箭”级导弹艇体态小巧，貌不惊人，其所载武器的攻击威力却不低于一艘中型护卫舰或轻型驱逐舰。它下水时的总体技术已达到国际上90年代初期的先进水平。这10多年间改进工作也一直在进行中。

同中国前两代导弹快艇相比，“红箭”级导弹艇的排水量有了很大提升，其艇员配备47人，艇长65.4米，艇宽8.4米，吃水4米，正常排水量465吨，满载排水量为540吨，最大航速34节。按照世界海军通行的以500吨位来划分“舰”与“艇”的标准，它已处在小型导弹攻击舰的门槛上。此艇排水量的增加大大增强了适航性，续航力也提升到800海里/30节、2000海里/18节，在一般气候条件下可以远航南沙海域。该艇船体的增大，又为日后进行现代化改进提供了必要的空间条件，艇员的生活工作环境也得到改善。此前中国的作战艇只有风扇没有空调，在有半年酷热期的华南再遇阳光暴晒，艇内更是如同蒸笼，弹药仓出现高温后只有靠不断泼水防止引爆。“红箭”级内安装了空调设备，这对维护艇员的身体状况和保障安全都有重要作用。

从外表看，“红箭”导弹艇采用的是常规排水艇型，舰首外飘，方尾结构，水线下装有减摇鳍，这又在很大程度上增强其航行的稳定性，可在风浪较大的条件下为艇载武器及人员提供稳定的发射及活动平台。该艇采用了全封闭设计，可在核、生、化条件下作战，也可使空调更好发挥效果。该艇机舱实现了远程遥控监测，提高了自动化程度，其柴油机的烟囱并没有设置在艇体表面，而是巧妙地设计在艇体水线以上的两侧。这样不仅使排出的高温废气可利用艇高速航行时所产生的水雾来降温，也能使艇体上层建筑设计比较新颖。“红箭”级导弹艇虽不是一型真正的隐身战艇，但在雷达探测下却还具有一定的隐身性能，至少能大大缩短被发现的距离。

导弹艇的威力，主要在于其所载导弹系统。“红箭”级导弹艇在艇体中后部两侧各布置了1座呈品字形的三联装舰舰导弹发射架，入港时配备的导弹为中国自行研制的第二代亚音速舰舰导弹“鹰击”–8的改进型“鹰击”–8A，其弹长6.25米，弹径0.36米，翼展1.88米，最大发射重量857公斤。飞行速度为0.9马赫，射程可达85公里。这种导弹已经外销到泰国、巴基斯坦等多个国家，据反映其性能超过英阿马岛（英称福克兰群岛）中最出风头的法国“飞鱼”反舰导弹。当然，想打中视距外的远程目标，雷达探测引导又是关键。

从“红箭”级导弹艇的外表看，装备的雷达及电子设备并不是很多，但大多是20世纪90年代以后研制的新型装备，不仅体积小、性能先进，而且可靠性、探测性能及抗干扰能力都有了很大提高，这使得其除具备较强的对海探测能力外，还有很强的对空探测及电子战能力。其舰桥上方所装的343型火控雷达对海最大作用距离为80公里，正常跟踪距离为65公里，艇载导弹可在这个距离内自主攻击敌方水面舰艇，发射的全程可由雷达进行引导。如果超过这个距离，就需要由其他平台（如舰载直升机、侦察机等）指示目标。由于有这种搜索和引导能力，该艇同数千吨或上万吨的大舰对战时只要能有效发现和锁定目标，便可一举发射6枚反舰导弹，命中一两枚便可让对手失去战斗力甚至沉没。

由于“红箭”级毕竟算是“艇”而非舰，自身结构和防护能力并不强，自卫武器主要有两种火炮：一种是装在艇首的1座76A型双管37毫米自动舰炮；另一种是位于艇尾呈纵列布置的2座69A式双管30毫米自动舰炮。这两型炮均可高速密集发射，以拦截低空的飞机或巡航导弹，也可打击来袭小艇。该艇还可装配轻型的防空导弹，以加强抗突袭能力。不过从总体上看，导弹艇体积小、抗打击力弱，主要防护方式还是靠隐蔽和机动。

同过去的中国舰艇相比，“红箭”级导弹艇的问世反映军工部门在改革开放后的巨大进步，特别是通过引进国外先进技术和自主科研相结合，大大缩小了同世界先进水平的差距。该型艇生产时又采取了向船舶部门招标的方式，改变了国家指令性模式，使采购成本相对较低，并在竞争机制下增强了生产积极性，为中国海军的舰艇研制开辟了一条新路。

当年中国海军以发展导弹艇作为水面战主力，主要设想便是以相对弱势的力量对抗美国这种有绝对海空优势的强敌，想发展大舰进行平衡对抗根本不可能。以小艇在近海作战，既有可能摧毁大型舰只，其造价低廉也可大量制造，战时有损失也不太痛心。目前中国海军虽然建造一些数千吨的驱逐舰、护卫舰，大大提高了远海作战能力，不过仍远比不上美国这样的强手。美国（还可能联合日本）一旦介入台海冲突，中方的大舰仍难以相敌。以导弹艇以小搏大的不对称作战方式仍是中国海军的重要战法。台湾距大陆只有140～200公里，以“红箭”级导弹艇的近千公里活动半径可覆盖全岛周边海域，能有效担负封锁和打援任务。

为了提升导弹艇的远海攻击力，中国军工部门已经研制出一种有隐形外形的双船体22级新艇，对“红箭”级的改进也在继续进行中。由于该艇是一种不错的搭载平台，只要电子信息设备和导弹、火炮予以更新后，很长时间仍不会落后于国际潮流。20世纪90年代末问世的该级第五艘艇（舷号为774）便去掉了艇首原有的双管37毫米自动炮，改装了1门俄制AK-176M型76毫米口径的单管自动舰炮。其最大射速为120发/分钟，对海最大射程为15.5公里，对空最大射程为9000米。该炮火力密集、射程远、杀伤力大，既可对海又可对空，在很大程度上解决了原有舰炮对海火力不足的弱点。

在导弹艇上加强火炮，按一般思路会认为意义不大，不过考虑到今后在南中国海保护所属岛屿及海洋资源时要经常面对外国中小型巡逻艇及导弹艇，而在非大战的状态下不能轻易发射导弹，近距离与小艇对峙和交火仍主要靠舰炮。“红箭”级上原来的37毫米口径炮的弹头重不足1公斤，杀伤威力对付百吨级艇都嫌不足。换上弹头重6公斤的76毫米炮，该艇到南海巡逻并遇到低烈度摩擦和冲突时便可游刃有余。对“红箭”导弹艇的火炮改进，也说明中国海军未来的作战考虑日益多样性。

面对信息化战争的新形势，对“红箭”级导弹艇最重要的改进，还是改进搜索追踪目标和精确引导打击的能力，为此要换装新型雷达、数据接收系统和更新导弹。未来强手之间的海战如同捉迷藏，及时发现目标并进行不间断的追踪定位和引导打击，是克敌制胜的关键。而这恰恰在于要有全球精确定位系统和对任何一点的攻击能力。“红箭”级导弹艇要在今后发挥威力，仅靠自身雷达追踪显然已不够，必须同卫星、无人机等监视装备相结合。例如中国研制射程100多公里的新型攻舰导弹装备该艇后，它只要在大陆海岸边游弋，卫星或侦察机发现台湾港口出现目标后及时以数据链传输，然后就可发射导弹攻击。

台湾军方也看到导弹艇在台湾海峡作战的威力，也在发展“光华”级导弹艇，不过其多数性能尚不及“红箭”。今后台海若发生大战，大陆和台湾都可能出现小艇打大舰的比拼，介入的强敌又会着眼于大舰防小艇。中国周边其他海域若发生冲突，也会有导弹艇亮相。从“红箭”级导弹艇身上，也可看出中国海军今后发展方向的一个略影。

第十四章

深潜器产业

深潜器，具有水下观察和作业能力的活动深潜水装置。主要用来执行水下考察、海底勘探、海底开发和打捞、救生等任务，并可以作为潜水员活动的水下作业基地。

图14-1　蛟龙号载人潜水器

浩瀚的海洋占了地球表面积的71%，深底丰富的石油蕴藏、堆积着无数的锰团以及其他资源吸引着一些工业发达国家竞相进行海洋开发事业。深潜技术是进行海洋开发的必要手段，它是由深潜器、工作母船（水面支援船）和陆上基地所组成的一个完整的系统，深潜器是其关键部分。此外，为了对深海失事潜艇实施营救，对深海沉船进行打捞以及深海考察，深潜侦察等都需要具备深潜器。深潜器的建造难度较大，其电气化、自动化的程度较高。

每年都有数千名水手搭乘各型军用潜艇在海面下穿行；数千名商业潜水员在建设或维修海底输油管道、通信电缆和石油钻塔；数千名潜水爱好者以探寻海底奥秘为乐；数百名科研人员潜入深海进行科学研究。另外，还有许多海底机器人在人类无法承受的深度进行探险活动。美国政府每一年在太空研究方面的投入高达数十亿美元，而在深海研究方面则要少得多。其实深海探险和太空探险之间既存在着许多的相同点，同时也有一些明显的不同。人类探寻深海至少比探寻太空早1倍的时间，而且发展思路也大不相同。但是这些差别正逐渐变小，深海研究者和太空研究者彼此越来越相像。更加重要的是，深海探险现在能够对太空探险产生巨大影响。

第一节　历史沿革

1928年，一名美国人，奥蒂斯巴顿发明并建造了第一艘球形深海探测装置。该装置通身都用钢铁建造，它可以从一艘水面船舶上通过连接的电缆下潜到海面之下。1930年，巴顿和另一名博物学家威廉·彼博一起乘坐这个球形装置下潜到了距海面245米（803英尺）的深度。1932年，他们又下潜到了923米（3028英尺）的深度。这一纪录直到15年之后才被打破。后来彼博写了一本书《1/2英里之下》，他在书中详细描绘了所见到的奇异的海底生物。这些生物听起来就像是外星来的，因此很多人怀疑彼博是在撒谎。不过，他并没有撒谎，海底世界对于人类来说就是一个完全不同的另类世界。

接下来在深海探测技术方面的重要进步就是由瑞士探险家奥古斯特·皮卡德发明的深海潜水器。该潜水器在巴顿的球形深海探测装置上加装了升力和推进装置，看起来比较像一艘粗笨的深海潜艇。如果把巴顿的球形深海探测装置比作水星太空船——功能和机动性非常有限，那么皮卡德的深海潜水器就是双子星太空船。皮卡德在对部分设计进行了一些改进之后，建造了第二艘潜水器并命名为“迪里亚斯特”号。1957年，美国海军购买了“迪里亚斯特”号下潜到了马里亚纳海沟的深处，距海面10916米（35813英尺）。之后的20年中，改进型深海潜水器“迪里亚斯特2”号一直在美国海军中服役。它承担了许多深海探险任务，包括搜寻美国海军失事的“天蝎”号核潜艇的残骸和打捞坠入海底的航天器装置。

不过最著名的深潜器还是“艾尔文”号，1964年专门为美国海军建造，并由伍兹·霍尔海洋科学研究机构管理使用。“艾尔文”号可以搭乘3名研究人员，并且能够下潜到4500米（14764英尺）的深度。在将近40年的服役生涯中，“艾尔文”号一共有4000多次深潜经历。它找到了美军丢失的氢弹，勘测过海底火山口。另外，它还是第一艘到访过泰坦尼克号沉船的载人潜水器。不过，“艾尔文”号曾经发生过一次事故而沉入了海底，幸好没有人员伤亡。过了整整一年之后，它才被打捞上来。

第二节 深潜器的主要分类

目前，深海潜水器主要分为载人深潜器（HOV）和无人深潜器（UUV）。其中无人潜水器又分为无人有缆深潜器（ROV）和无人无缆深潜器（AUV）。

载人深潜器，可以携带海洋科学家进入海洋深处，在海底现场直接观察、分析和评估，还可操作机械手实现高效作业。无人有缆深潜器，可以由甲板控制人员通过遥控机械手和电视，进行长时间、大功率的水下作业。无人无缆自治深潜器，又称水下智能机器人，可以水下预编程航行，特别适用于区域性详细勘察。

根据目前的技术水平，三种不同的潜水器各有使命，互为补充。AUV可实施长距离、大范围的搜索和探测，不受海面风浪的影响；ROV可将人的眼睛和手“延伸”到ROV所到之处，信息传输实时，可以长时间在水下定点作业；HOV可以使人亲临现场进行观察和作业。在无人潜水器迅猛发展的今日，载人潜水器的发展仍然受到发达国家的高度重视，被称为“海洋学研究领域的重要基石”。

一、载人潜水器

载人潜水器是指具有水下观察和作业能力的潜水装置。主要用来执行水下考察、海底勘探、海底开发和打捞、救生等任务，并可以作为潜水人员水下活动的作业基地。载人潜水器，特别是深海载人潜水器，是海洋开发的前沿与制高点之一，其水平可以体现出一个国家材料、控制、海洋学等领域的综合科技实力。它可以完成多种复杂任务，包括通过摄像、照相对海底资源进行勘察、执行水下设备定点布放、海底电缆和管道检测等。

2002年中国科技部将深海载人潜水器研制列为国家高技术研究发展计划（“863”计划）重大专项，启动“蛟龙号”载人深潜器的自行设计、自主集成研制工作。2009—2012年，“蛟龙”号接连取得1000米级、3000米级、5000米级和7000米级海试成功。2012年7月，“蛟龙”号在马里亚纳海沟试验海区创造了下潜7062米的中国载人深潜纪录，同时也创造了世界同类作业型潜水器的最大下潜深度纪录。这意味着中国具备了载人到达全球99.8%以上海洋深处进行作业的能力。

二、无人有缆深潜器（水下机器人）

典型的无人有缆潜水器是由水面设备（包括操纵控制台、电缆绞车、吊放设备、供电系统等）和水下设备（包括中继器和潜水器本体）组成。潜水器本体在水下靠推进器运动，本体上装有观测设备（摄像机、照相机、照明灯等）和作业设备（机械手、切割器、清洗器等）。

潜水器的水下运动和作业，由操作员在水面母舰上控制和监视。靠电缆向本体提供动力和交换信息。中继器可减少电缆对本体运动的干扰。新型潜水器从简单的遥控式向监控式发展，即由母舰计算机和潜水器本体计算机实行递阶控制，它能对观测信息进行加工，建立环境和内部状态模型。操作人员通过人机交互系统以面向过程的抽象符号或语言下达命令，并接受经计算机加工处理的信息，对潜水器的运行和动作过程进行监视并排除故障。开始研制智能水下机器人系统。操作人员仅下达总任务，机器人就能根据识别和分析环境，自动规划行动、回避障碍、自主地完成指定任务。

无人有缆潜水器的发展趋势有以下优点：一是水深普遍在6000米；二是操纵控制系统多采用大容量计算机，实施处理资料和进行数字控制；三是潜水器上的机械手采用多功能的反馈监控系统；四是增加推进器的数量与功率，以提高其顶流作业的能力和操纵性能。此外，还特别注意潜水器的小型化和提高其观察能力。

1987年，日本海事科学技术中心（JMST）研究成功可下潜3300米的深海无人有缆遥控潜水器“海鲀3K”号。该装备可在载人潜水之前对预定潜水点进行调查，也可用于海底救护；在设计上有前后、上下、左右三个方向各配置两套动力装置，基本能满足深海采集样品的需要。20世纪90年代初，该技术中心配合“深海6500”号载人潜水器进行深海调查作业的需要，又成功建造了万米级无人遥控潜水器。该潜水器可较长时间进行深海调查，潜水深度达到11000米。目前，日本正在实施一项包括开发先进无人遥控潜水器的大型规划。这种无人有缆潜水器系统在遥控作业、声学影像、水下遥测全向推力器、海水传动系统、陶瓷应用技术、水下航行定位和控制等方面都将有新的开拓与突破。

西欧国家在无人有缆潜水技术方面，也保持了明显的超前发展优势。根据欧洲尤里卡计划，英国、意大利联合研制了能在6000米水深持续工作250小时的无人遥控潜水器。按照尤里卡EU-191计划还建造了两艘无人遥控潜水器，一艘为有缆式潜水器，主要用于水下检查维修；另一艘为无人无缆潜水器，主要用于水下测量。这项潜水工程计划是由英国、意大利、丹麦等国家的17个机构参加完成的。英国科学家研制的“小贾森”有缆潜水器的独特技术特点是，它采用计算机控制，并通过光纤沟通潜水器与母船之间的联系。母船上装有4台专用计算机，分别用于处理海底照相机获得的资料，处理监控海洋环境变化的资料，处理海面环境变化的资料，处理由潜水器传输回来的其他有关技术资料等。母船将所有获得的资料经过整理，通过微波发送到加利福尼亚太平洋格罗夫研究所的实验室，并贮存在资料库里。

图14–2　水下机器人

三、无人无缆深潜器（水下智能机器人）

除各种有人深潜器之外，20世纪60年代以后无人深潜器的发展也引人瞩目。无人深潜器是一种能模仿人进行某些活动的自动机械，能够在人难以适应的深水环境中代替人进行工作。60年代美国就研制出了第一代水下机器人CURV号，它具有电动推进装置、水下电视摄像机、声呐和打捞机械手等设备，工作深度为2100米。目前，无人深潜器有系缆式和无系缆式两种，前者需要水面母船传输动力并进行遥控，后者可以自行机动，具有一定的自主功能。当前，无人深潜器的最大下潜深度已达7600米，它是由美国的“米达”Ⅱ号创造的。

1980年，法国国家海洋开发中心建造的“逆戟鲸”号无人无缆潜水器投入使用，最大潜深为6000米，主要用于深海海床和深海矿物资源勘探、平台设置所需要的环境调查、管道铺设的监测工作以及在海底布设固定声呐阵、进行海底观察、监护打捞人员的安全等。“逆戟鲸”号潜水器先后进行过130多次深潜作业，完成了太平洋海底锰结核调查、海底峡谷调查、太平洋和地中海海底电缆事故调查、洋中脊调查等重大课题任务。1987年，法国国家海洋开发中心又与一家公司合作，共同建造了“埃里特”声学遥控潜水器，用于水下钻井机检查、海底油井设备安装、油管铺设、锚缆加固等复杂作业。这种声学遥控潜水器的智能程度比“逆戟鲸”号高了许多。

1988年，美国国防部的国防高级研究计划局与一家研究机构合作，投资2360万美元研制2艘无人无缆潜水器。1990年，无人无缆潜水器研制成功，定名为“UUV”号。这种潜水器重量为6.8吨，性能极好，最大航速10节，能在44秒内由0加速到10节，当航速大于3节时，航行深度控制在 ± 1米，导航精度约0.2节 / 小时，潜水器动力采用银锌电池。这些技术条件有助于高水平的深海研究。另外，美国和加拿大合作于20世纪90年代初研制出了能穿过北极冰层的无人无缆潜水器。日本于1998年初研制成功对北冰洋冰层下进行观测的无缆无人深潜器，最大潜深3000米。

第三节　深潜器的性能特点与用途

深潜器是一种能在深海进行水下作业的潜水设备，分民用和军用两类，具有军民通用性质，一般不携载武器，吨位在20 ~ 80吨，个别达300 ~ 400吨，潜水深度一般为2000 ~ 5000米，个别达11000米。现在正在设计和使用的遥控机器人/深潜器绝大部分是依靠与舰船连接的缆线操纵行动的。

使用电缆遥控操纵深潜器的优点是：①能长时间提供动力；②有高速率数据传送能力；③与辅助舰船之间的联系可靠，不会受到无线电或其他信号的干扰。其缺点是限制了深潜器的机动能力，电缆像风筝线一样地拴住了它，而且电缆还需经常维修更换。

深潜器分为有人深潜器、无人深潜器和遥控深潜器等多种类型，其主要任务有三类：

（1）一类是用于海洋调查，采集水下标本，进行水下摄影，开展潜水医学和生理学研究，进行水声学研究。

（2）另一类是协助进行深海石油资源的勘探与开发，检查及维修海底电缆管路，运送潜水员在水下执行任务，进行水下救生与打捞。

（3）最后一类是执行军事侦察、扫雷、布雷等任务，试验和回收鱼雷、水雷、深弹等水中兵器，营救失事潜艇的艇员，观察武器的水下发射情况，进行水下噪声测量等。

第四节　国内外深潜器发展概况

一、国内外无人无缆深潜器发展概况

无人无缆深潜器（AUV）是无人深潜器的一种。无人水下航行技术无论在军事上还是民用上都已不是新事物，其研制始于20世纪50年代，早期民用方面主要用于水文调查、海上石油与天然气的开发等，军用方面主要用于打捞试验丢失的海底武器（如鱼雷等），后来在水雷战中作为灭雷具得到了较大的发展。20世纪80年代末，随着计算机技术、人工智能技术、微电子技术、小型导弹设备、指挥与控制硬件、逻辑与软件技术的突飞猛进，自主式水下航行器得到了大力发展。由于无人无缆深潜器摆脱了系缆的牵绊，在水下作战和作业方面更加灵活，该技术日益受到发达国家军事海洋技术部门的重视。

在过去的十几年中，水下技术较发达的国家像美国、日本、俄罗斯、英国、法国、德国、加拿大、瑞典、意大利、挪威、冰岛、葡萄牙、丹麦、韩国、澳大利亚等建造了数百个无人无缆深潜器，虽然大部分为试验用，但随着技术的进步和需求的不断增强，用于海洋开发和军事作战的无人无缆深潜器不断问世。由于其具有在军事领域大大提升作战效率的优越性，各国都十分重视军事用途的深潜器开发，其中著名的机构有美国麻省理工学院MIT Sea Grant's AUV实验室、美国海军研究生院（Naval Postgraduate School）智能水下运载器研究中心、美国伍慈侯海洋学院、美国佛罗里达大西洋大学高级海洋系统实验室、美国缅因州大学海洋系统工程实验室、美国夏威夷大学自动化系统实验室、日本东京大学机器人应用实验室、英国海事技术中心等。

美国海军研究生院AUV ARIES主要用于研究智能控制、规划与导航，目标探测与识别等技术。美国麻省理工学院研制的水下机器人Odyssey II全长2.15米，直径0.59米，用于两个特殊的科学使命：①在海冰下标图，以理解北冰洋下的海冰机制；②检测中部大洋山脊处的火山喷发。美国的ABE最大潜深6000米，最大速度2节，巡航速度1节，考察距离不小于30千米，考察时间不小于50小时，能够在没有支持母船的情况下，较长时间地执行海底科学考察任务，它是对载人潜水器和无人有缆潜水器的补充，以构成科学的深海考察综合体系，

为载人潜水器提供考察目的地的详细信息。日本研制的R2D4水下机器人长4.4米，宽1.08米，高0.81米，重1506千克，最大潜深4000米，主要用于深海及热带海区矿藏的勘察。能自主地收集数据，可用于探测喷涌热水的海底火山、沉船、海底矿产资源和生物等。REMUS（Remote Environmental Monitoring Units，远距离环境监测装置）是美国Hydroid公司的系列无人无缆深潜器，其中的REMUS6000工作深度为25～6000米，是一个高度模块化的系统，代表了自主式水下探测器的最高水平。

中国无人无缆深潜器技术的研究开始于20世纪80年代中期，主要研究机构包括中国科学院沈阳自动化研究所和哈尔滨工程大学等。中国科学院沈阳自动化研究所蒋新松院士领导设计了"海人一号"遥控式水下机器人试验样机。之后"863"计划的自动化领域开展了潜深1000米的"探索者号"智能水下机器人的论证和研究工作，作出了非常有意义的探索性研究。哈尔滨工程大学的智水系列无人无缆深潜器已经突破智能决策与控制等多个技术难关，各项技术标准都在向工程可应用级别靠拢。

目前通过各科研加工和大专院校的同期研制工作，无人无缆深潜器已经服役并正在形成系列，特别是中国科学院沈阳自动化研究所与俄罗斯合作的6000米潜深的CR-01和CR-02系列预编程控制的水下机器人，已经完成了太平洋深海的考察工作，达到了实用水平。

由于在工业设计、制造工艺、综合控制、目标探测、导航地位和通信等领域中国同水下技术发达的国家相比还有一定差距，致使我们的无人深潜器在实际应用中还有较大限制。相关领域从国外购买或租赁的无人深潜器不单价格高，配套服务难，而且很多产品并不是专门开发的，并不适合中国海域的使用。所以随着海洋开发和军事用途需求的不断增长，开发更具有实际价值的无人无缆深潜器势在必行。

二、国外载人潜水器发展概况

载人潜水器（Manned Submersible）与潜艇（Submarine）最主要的区别有三点：第一，载人潜水器需要水面船舶的支持，一般不适宜在水面长距离航行；第二，载人潜水器水下停留时间有限，水下作业时间一般被限制在十几小时以内；第三，载人潜水器乘员数量有限，一般只有几人，最多不超过10人。根据国际载人潜水器委员会统计，2015年较为活跃的载人潜水器共46艘，其中潜深度超过1000米的共10艘，下潜深度250～1000米的36艘。从用途上看，主要包括科学研究、深海探险、观光旅游和军事应用等几大类。

对海洋世界的好奇心促使人类很早就开始研制潜水器。大约公元前4世纪，亚里士多德（Aristotle）曾记载过一种供潜水员采集海绵的小型“潜水钟”。该装置犹如倒置的茶杯，潜水员不必露出水面，只需将头伸到潜水钟内部即可换气。由于技术水平的限制，该潜水器仅可供潜水员在230～300米范围进行采集活动。

荷兰发明家科尼利斯·德雷贝尔于1620—1624年间用木材制成潜水器，外面蒙了一层涂油的牛皮，用羊皮囊充当水舱。下潜时，羊皮囊内灌满水，上浮时，就把羊皮囊内的水挤出去；航行时，就用人力划动木桨。显然这样的潜水器离科学应用相差甚远。

第一艘真正意义的载人深海潜水器为“曲斯特I”号。1960年1月23日，美国人唐·华尔什和深潜器发明者的儿子丁·皮卡特乘坐“曲斯特I”号，在太平洋马里亚纳海沟下潜达到深度为10916米（海沟最深点为11034米），创造了人类下潜最深海沟的历史。“曲斯特I”号是现代深海载人潜水器的鼻祖，其排水量50吨，使用了85000升汽油提供需要的浮力。其长18.14米，宽3.51米，高5.64米，载人球内径为2.1米，可以容纳2人。但由于该潜水器无航行和作业能力，极大地限制了它的使用性能，而且潜器采用汽油作为浮力舱，体积较大，其建造与运输均不方便。因此，此类深潜器后续未得到进一步发展。

如果说“曲斯特I”号的出现仅仅是破了一个纪录，“阿尔文（Alvin）”号则真正开创了人类探测海洋资源的历史。随着新材料的出现，深海载人潜水器不再利用汽油提供浮力，取而代之的是比重更小，且能够耐压的浮力材料。浮力材料使后来开发的深海载人潜水器的体积、重量都远小于“曲斯特1”号，布放和回收都更加方便，而且因安装了推进器而

图14-3 改造后的“阿尔文”号

具备了水下自主航行的能力。美国的“阿尔文（Alvin）”号是这类深海载人潜水器的典型代表，建造于1964年，工作深度为1829米。1974年重建后，“阿尔文（Alvin）”号工作深度达到4500米，可搭载3名人员，水下工作时间为6～8小时。作为国际上使用效率最高的载人水器，“阿尔文”号进行过很多颇具影响的作业。如1966年初，“阿尔文”号和另一台遥控潜水器一起打捞起掉落在地中海的一颗氢弹；1977年，“阿尔文”号在将近2500米深处的加拉帕戈斯（Galapagos）断裂带首次发现海底热液和其中的生物群落。两年后，“阿尔文”号在东太平洋洋中脊发现第一个高温黑烟囱。20世纪80年代，“阿尔文”号又成功地参与了对泰坦尼克号沉船的搜寻和考察。至今“阿尔文”号已累计完成5000次以上的下潜作业，为深海研究工作作出了巨大贡献。

除美国外，世界其他国家在载人潜水器方面也有大的发展。法国1985年研制成的“鹦鹉螺（Nautile）”号潜水器最大下潜深度可达6000米，累计下潜了1500多次，完成过多金属结合区域、深海海底生态等调查，以及沉船、有害废料等搜索任务。

俄罗斯是目前世界上拥有载人潜水器最多的国家，比较著名的有1987年建成的“和平I（MIR-I）”号和“和平Ⅱ（MIR-II）”号两艘6000米级潜水器。它们由苏联和芬兰于1987年联合研制，是仅有的两艘用马氏体镍钢制造载人球壳的潜水器，带有12套检测深海环境参数和海底地貌设备。该潜器最大的特点是能源充足，可在水下停留17～20小时。这两艘潜水器在太平洋、印度洋、大西洋和北极海底进行了上千次的科学考察。包括对海底热液硫化物矿床、深海生物及浮游生物调查和取样，大洋中脊水温场测量，失事核潜艇“共青团员”号核辐射检测，以及“泰坦尼克”号沉船的水下拍摄等。在2007年8月两艘深海载人潜水器联合完成的“北极—2007”海洋科学考察，使这两艘潜水器再次引起世人瞩目，并由此正式引发了国际社会在北极的利益之争。2011年俄罗斯又开发了两条6000米级的载人潜水器“罗斯（RUS）”号和“孔苏尔（CONSUL）”号交付俄海军使用。

美国著名导演杰姆斯·卡梅隆出资、澳大利亚工程师打造的“深海挑战者（Deepsea Chal-lenger）”号虽然不属于作业型深海载人潜水器，但它采用的新技术却值得借鉴。“深海挑战者”号高7.3米，重12吨，球壳钢板的厚度为64毫米，载人球直径只有1.08米，仅能容纳1人蜗居在舱内下潜。其下潜路线被设计成“直上直下”，即一头扎向海沟底部，然后垂直上升，下潜的速度可以达到每分钟150米，为其他深海载人潜水器的3倍以上，大大节约了上浮和下潜时间。该潜水器的另一特点是利用了卡梅隆导演的老本行，为潜水器安装了多个摄像头，可以全程3D摄像。2012年3月卡梅隆自己驾驶“深海挑战者”号造访了10898米海底，下潜拍摄的影像后来被剪辑成电影《深海挑战》在世界各大影院上映。

图14-4 “深海挑战者”号载人潜水器

日本在1989年建成了下潜深度为6500米的“深海（SHINKAI）6500”潜水器，水下作业时间达8小时，曾下潜到6527米深的海底，创造了当时载人潜水器深潜的纪录。它已对6500米深的海洋斜坡和大断层进行了调查，并对地震、海啸等进行了研究，已经下潜1400多次。2015年2月国际载人潜水器委员会届会期间，设专题庆祝了日本深海载人潜水器“深海6500”下水25周年。“深海6500”空气中重26吨，2004年将银锌电池改换成维护需求少的锂离子电池后，水下作业时间长达8小时。“深海6500”号下潜的次数已经超过1400次，主要研究内容包括：探查地球内部运动，如地震多发的板块俯冲区域和洋中脊的活动等；研究海底生物群落，对不依赖太阳能的化学合成生态系统开展大量研究，以期揭示生命的起源与进化过程；研究深海生物资源和基因资源，以期解决人类未来发展可能面临的食物短缺问题；研究并阐明深海热液和物质循环过程，揭示气候变化、大潮的加剧和衰减。“深海6500”号深海载人潜水器将同类潜水器6527米的最大下潜深度纪录保持了23年，直到2012年被后来者——中国的“蛟龙”号打破。

三、“蛟龙号”载人潜水器

“蛟龙号”载人深潜器是我国首台自主设计、自主集成研制的作业型深海载人潜水器，设计最大下潜深度为7000米级，也是目前世界上下潜能力最深的作业型载人潜水器。“蛟龙号”可在占世界海洋面积99.8%的广阔海域中使用，对于我国开发利用深海的资源有着重要的意义。

为推动中国深海运载技术发展，为中国大洋国际海底资源调查和科学研究提供重要高技术装备，同时为中国深海勘探、海底作业研发共性技术，在国家海洋局组织安排下，中国大洋协会作为业主具体负责“蛟龙号”载人潜水器项目的组织实施，并会同中船重工集团公司七〇二所、中科院沈阳自动化所和声学所等约100家中国国内科研机构与企业联合攻关，攻克了中国在深海技术领域的一系列技术难关，经过努力，完成了载人潜水器本体研究、水面支持系统的研制和试验母船的改造以及潜航员的选拔和培训，从而使“蛟龙号”具备了开展海上试验的技术条件。

中国是继美、法、俄、日之后世界上第五个掌握大深度载人深潜技术的国家。在全球载人潜水器中，“蛟龙号”属于第一梯队。目前全世界投入使用的各类载人潜水器约90艘，其中下潜深度超过1000米的仅有12艘，更深的潜水器数量更少，目前拥有6000米以上深度载人潜水器的国家包括中国、美国、日本、法国和俄罗斯。除中国外，其他4国的作业型载人潜水器最大工作深度为日本深潜器的6527米，因此“蛟龙号”载人潜水器在西太平洋的马里亚纳海沟海试成功到达7020米海底，创造了作业类载人潜水器新的世界纪录。

2012年6月27日11时47分，中国“蛟龙”再次刷新“中国深度”——下潜7062米。6月3日“蛟龙”出征以来，已经连续书写了5个“中国深度”新纪录：6月15日，6671米；6月19日，6965米；6月22日，6963米；6月24日，7020米；6月27日，7062米。

下潜至7000米，标志着我国具备了载人到达全球99%以上海洋深处进行作业的能力，标志着“蛟龙”载人潜水器集成技术的成熟，标志着我国深海潜水器成为海洋科学考察的前沿与制高点之一，标志着中国海底载人科学研究和资源勘探能力达到国际领先水平。

中国“蛟龙”号载人潜水器于2012年6月17日16时30分左右从南海一冷泉区海底回到母船甲板上，3名下潜人员出舱，标志着“蛟龙”号首个试验性应用航次首次下潜任务顺利完成。

1. 研制基本情况

2002年“蛟龙号载人潜水器”项目立项之初，我国载人深潜技术的基础水平仅有数百米；此时国外深潜器技术已达到数千米。为了满足我国海洋开发及大洋矿产资源调查的需要，特别是勘查锰结核、富钴结壳、热液硫化物和深海生物等资源的计划目标及要求，使我国深海运载技术进入世界先进行列，国家科技部在“十五”期间立项支持《“蛟龙”号载人潜水器》项目。

（1）任务使命与主要技术指标。

“蛟龙”号载人潜水器的任务使命是能在水深不超过7000米以内的海域完成以下任务：

①运载科学家和工程技术专家进入深海，在海山、洋脊、盆地和热液喷口等复杂海底地形进行机动、悬停、正确就位和定点坐坡，有效执行海洋地质、海洋地球物理、海洋地球化学、海洋地球环境和海洋生物等科学考察任务。

②实施对钴结壳的勘查，测量钴结壳矿床的覆盖率和厚度，并能利用潜钻进行钻取芯样作业；进行热液喷口的温度测量，采集热液喷口周围的水样，并能保真储存样本。

③有效完成上述环境内对沉积物、浮游生物、吸附在岩石上的生物和微生物的定点采样。

④执行水下设备定点布放（包括换能器、声信标及采样器等）、海底电缆和管道的检测，完成其他深海探询及打捞等各种高难度作业。

“蛟龙”号载人潜水器必须满足在4级海况下进行水下作业、在5级海况下进行回收的技术要求。该潜水器长8.4米、高3.4米、宽3米，用钛合金材料制成，空气质量约22吨；载人球壳直径为2.1米，可容纳3名载员，一名操作员，两名科学家。由于运用了当前世界上的高新技术，该潜器实现了载体性能和作业要求的一体化，并具有7000米的最大工作深度和悬停定位能力，可到达世界99.8%的洋底。

（2）系统组成。

“蛟龙号”的长、宽、高分别是8.2米、3.0米与3.4米，空重不超过22吨，最大荷载是240公斤，最大速度为每小时25海里，巡航每小时1海里，当前最大下潜深度7062.68米，最大工作设计深度为7000米，理论上它的工作范围可覆盖全球99.8%海洋区域。“蛟龙”号是我国自行设计、自主集成研制的深海载人潜水器，具有四大功能特点：载人潜水器最大的工作深度达7000米；针对作业目标有稳定悬停就位的能力；具有实时高速传输图像和语音及探测海底小目标的能力；配备多种高性能作业工具，包括潜钻取芯器、沉积物取样器和具有保压能力的热液取样器。为了满足上述要求，将潜水器分为12个大系统。下面将针对其中几个主要系统进行简要介绍。

①结构系统。

结构系统按承载方式可分为耐压结构和非耐压结构。耐压结构提供密闭常压腔体，“蛟龙”号的关键部件为乘员和仪器设备提供常压环境的载人舱。该载人舱（球）内径为2.1米，其壳体材料采用高强度钛合金。在“蛟龙”号上配有三个观察窗，其中，主观察窗（位于潜器艏部中心线处）透光直径为200毫米，两个侧观察窗透光直径为120毫米，材料为透明聚丙酸脂。此外，耐压结构还包括5只小直径耐压罐、一只可调压载水舱和一只高压气罐等。

非耐压结构由框架结构和外部结构组成。框架结构为潜水器内部各类耐压结构和仪器设备等提供安装基础，又为外部结构中的浮力块、轻外壳、稳定翼和外部设备提供支撑，而且还是潜水器吊放、回收、母船系固和坐底时的主要承载结构，是各类设备总装集成的载体。外部结构主要有浮力块、轻外壳、稳定翼等。浮力块为潜水器提供水下浮力，同时也构成潜水器的外部线型。轻外壳提供部分流线型的外形，保护内部设备免受外物碰撞。稳定翼用于提高潜水器的稳定性和水动力性能。

②生命支持系统。

载人潜水器的生命支持系统通过控制载人耐压舱中的氧气浓度，吸收二氧化碳，创造一个适合乘员工作的生存环境。它包括正常工作生命支持、应急状态开放式生命支持、应急状态口鼻面罩式生命支持、生命支持系统监控面板4个部分。

“蛟龙”号深潜器的生命支持总时间为3人×84小时，其中，正常开放式为3人×12小时，应急开放式为3人×60小时，应急口鼻面罩式为3人×12小时。舱内氧浓度控制范围为17%～23%，正常工作状态下二氧化碳浓度控制范围小于0.5%。

③潜浮与应急抛载系统及应急安全措施。

潜浮与应急抛载系统为潜器在正常状态和应急状态下实现下潜和上浮的系统，即潜器“下得来，上得去”设计理念的执行者，其重要性不言而喻。在“蛟龙”号潜水器中，正常状态下的潜浮由可弃压载抛弃装置实现，而应急状态下有五大措施实现上浮。

为了节省能源，大深度载人潜水器一般采用抛载固体的方式实现下潜、上浮，也就是所谓的“无动力下潜、上浮运动”。在“蛟龙”号载人潜水器中，由可弃压载装置抛载经设计计算过的压载铁来实现。考虑到安全可靠性，在装置设计中引入“冗余设计”的理念，具有2套独立的电磁铁和1套液压抛弃功能，既可单独抛弃也可组合抛弃，且在电源故障时会自动将压载抛弃。经过陆上试验、压力筒试验、海上试验等验证考核，系统工作可靠，满足设计要求。

在“蛟龙”号潜器中，应急状态下抛载系统由主蓄电池箱抛弃机构、纵倾调节系统抛弃、机械手抛弃机构、应急浮标及采样篮抛弃机构组成。在可弃压载抛不掉的情况下，采用主蓄电池箱抛弃机构可抛弃主蓄电池箱；应急情况下抛弃纵倾调节系统可获得数百公斤浮力；在机械手被缠绕的情况下可由专门设计机构抛弃整个手臂；采样篮的安装采用电爆螺栓，在采样篮被缠绕的情况下可以实施抛弃；当潜水器被困于海底无法上浮时，可通过电爆螺栓释放应急浮标，由浮标上的频闪灯显示浮在水面上的位置，便于母船直接抓取浮标提升潜水器至水面后回收。

④导航通信系统。

作为潜水器水下导航和作业的一个关键，导航和通信系统的重要功能包括潜水器和支持母船之间的通信、潜水器的引导、导航和控制、水下勘探等。“蛟龙”号潜水器导航有两种主要方法。

在正常情况下，导航是依靠安装在支持母船上的长距离超短基线声基阵和潜水器上的异频雷达收发机的。潜水器相对于船的位置是使用声呐阵列和异频雷达收发机之间的距离来计算的。若长距离超短基线声呐和声系统中发生紧急情况则采用联合导航系统。

“蛟龙”号潜水器的通信系统由水面通信和水下通信两部分组成。水面通信是潜水器在上升至水面时通过VHF无线电来与支持船进行联系的。其他情况是通过声学转换声音、图像和信息来与支持船进行联系的。水下通信通过两部水声通信机主机和四个换能器实现。需要说明的是，“蛟龙”号载人潜水器能够实时传输彩色电视图像和声学图像的功能是国外绝大多数潜水器所没有的。

⑤作业系统。

作业能力是载人潜水器的一个重要方面。在“蛟龙”号潜水器上配置了一套功能强、机动性好的机械手和三大专用作业工具：沉积物取样器、热液取样器和钴结壳取芯器。

机械手作为作业功能的主要承担者，是作业系统重要的组成部分。在“蛟龙”号潜水器正前方的左右两侧各配置一只液压机械手。其中，置于潜水器右舷的作业机械手以灵巧精细作业为主，采用主从式位置闭环控制方式；而置于左舷的定位机械手特点为力臂大，采用速度开关控制方式。在工作时，两只机械手协同作业，并可配合专用作业工具，完成钴结壳的钻探取样，热液硫化物、悬浮生物及沉积物取样等工作。

（3）“蛟龙”号潜水器研制历程。

“蛟龙”号潜水器历经10年立项申请、10年研制的艰辛历程，其研制过程历经设计建造、总装集成、水池试验及海试等四个阶段。

早在20世纪90年代，以中船重工702所为主的几家科研院所就向当时的国家科委提出研制大深度载人潜水器的建议书。通过多年的不懈坚持，紧紧跟踪国际深海技术的发展动态，为后续“蛟龙”号研制奠定基础。2001年12月，编写完成了《“蛟龙”号载人潜水器总体方案论证报告》。在上级单位的领导下，2002—2005年，完成“蛟龙”号潜水器总体、结构、舾装、推进、电力与配电、压载与纵倾调节、液压与作业、生命支持、抛载与应急安全、声学、控制、操纵模拟器等12个系统的设计建造工作。其中，2002年7月完成《“蛟龙”号载人潜水器技术指标及研制进度》的编写；2003年2月通过《“蛟龙”号载人潜水器方案设计》；8月通过《“蛟龙”号载人潜水器初步设计》，2004年4月通过《“蛟龙”号载人潜水器详细设计》。2004年5月“蛟龙”号载人潜水器1∶1钢质结构框架完成加工制造；同年12月，国内研制的载人潜水器仿真平台完成功能试验。2005年12月，国内加工制造部件全部完成，并全部通过压力筒考核试验。2006—2007年为“蛟龙”号潜水器总装集成阶段。2006年初，在完成全部部件的加工后，开始在1∶1钢质结构框架上预安装。2007年8月底，“蛟龙”号载人潜水器总装完成，开始进行陆上联调工作。2007—2008年为“蛟龙”号潜水器水池试验阶段。在这一期间，潜水器共下水试验51次，共有18人进入载人舱参加试验，包括均衡试验、潜水器出水最大起吊力测定试验、生命保障系统性能试验、通信功能试验、压载水箱给排水试验、可变压载给排水试验、纵倾调节试验、避碰声呐性能试验、自动定高试验、机械手功能试验、坐定试验等26项内容。2009年8～10月，“蛟龙”号在南中国海首次开展了1000米级载人深潜试验。载人潜水器1000米海上试验中，完成20次下潜试验，其中，最大下潜深度达1109米，实现了预定的试验目标，全面完了试验任务，使中国继美国、俄罗斯、日本和法国之后成为世界上第五个具备1000米深度载人潜能力的国家，是中国迈向深海的一大步。2010年5～7月，“蛟龙”号在南中国海成功完成了3000米级海上试验。海试过程中，“蛟龙”号共完成17次下潜，其中7次穿越2000米深度，4次突破3000米，最大下潜深度3759米，并完成了坐底、巡航、插国旗、布放标志物、海水和生物取样、海底高精度测绘等多项海底作业，创造了水下和海底作业9小时零3分的纪录。2011年7～8月，“蛟龙”号在东北太平洋中国大洋协会多金属结核勘探区成功开展了5000米级海上试验。“蛟龙”号共完成了5次下潜，最大下潜深度5188米，完成了坐底、巡航、水下摄影摄像、布放标志物、生物及微生物取样、海底高精度地形地貌测绘等多项海底作业，验证了“蛟龙”号载人潜水器在5000米级水深的各项性能和功能指标。5000米级海试的成功实现了我国载人深潜的历史性跨越，使我国成为继美、日、俄、法后第五个具备5000米级下潜能力的国家，标志着我国具备了载人到达全球70%以上海洋深处进行作业的能力。这一深度的突破体现了我国在深海技术领域的重大进步。

2012年6～7月，“蛟龙”号在密克罗尼西亚联邦专属经济区（马里亚纳海沟）开展7000米级载人深潜试验。6月15日首次下潜到达深度6671米，6月19日第二次下潜到达6965米，6月22日第三次下潜达到6953米，获得生物样品，6月24日第四次下潜则突破7000米深度，达到7020米，6月27日第五次下潜到达7062米深度，创造了国际上同类作业型载人潜水器下潜深度的最大纪录。

2. “蛟龙号”技术特点

（1）技术优势。

①在世界上同类型中具有最大下潜深度7000米，这意味着该潜水器可在占世界海洋面积99.8%的广阔海域使用。

②具有针对作业目标稳定的悬停，这为该潜水器完成高精度作业任务提供了可靠保障。

③具有先进的水声通信和海底微貌探测能力，可以高速传输图像和语音，探测海底的小目标。

④配备多种高性能作业工具，确保载人潜水器在特殊的海洋环境或海底地质条件下完成保真取样和潜钻取芯等复杂任务。

（2）三大突破。

近底自动航行和悬停定位、高速水声通信、充油银锌蓄电池容量被誉为“蛟龙”号的三大技术突破：

①可稳稳“定住”。

如同开车一样，驾驶员的脚总放在油门上，难免产生疲劳感。“蛟龙”号驾驶员是幸运的，它具备自动航行功能，驾驶员设定好方向后，可以放心进行观察和科研。“蛟龙”号可以完成三种自动航行：自动定向航行，驾驶员设定方向后，“蛟龙”号可以自动航行，而不用担心跑偏；自动定高航行，这一功能可以让潜水器与海底保持一定高度，尽管海底山形起伏，但自动定高功能可以让“蛟龙”号轻而易举地在复杂环境中航行，避免出现碰撞；自动定深功能，可以让“蛟龙”号保持与海面固定距离。

②悬停定位。

一旦在海底发现目标，“蛟龙”号不需要像大部分国外深潜器那样坐底作业，而是由驾驶员行驶到相应位置，“定住”位置，与目标保持固定的距离，方便机械手进行操作。在海底洋流等导致“蛟龙号”摇摆不定，机械手运动带动整个潜水器晃动等内外干扰下，能够做到精确地“悬停”令人称道。在已公开的消息中，尚未有国外深潜器具备类似功能。

③深海通信靠“声”。

陆地通信主要靠电磁波，速度可以达到光速。但这一利器到了水中却没了用武之地，电磁波在海水中只能深入几米。“蛟龙”号潜入深海数千米，为保持与母船保持联系，科学家们研发了具有世界先进水平的高速水声通信技术，采用声呐通信。这一技术需要解决多项难题，比如水声传播速度只有每秒1500米左右，如果是7000米深度的话，喊一句话往来需要近10秒，声音延迟很大；声学传输的带宽也极其有限，传输速率很低；此外，声音在不均匀物体中的传播效果不理想，而海水密度大小不同，温度高低不同，海底回波条件也不同，加上母船和深潜器上的噪声，如何在复杂环境中有效提取信号难上加难。

3. 获得成果

自2011年深海潜水器技术与装备重大项目实施以来，“蛟龙”号载人深潜器成功完成5000～7000米海试并投入试验性应用，研制成功4500米深海作业系统以及突破4500米载人球壳关键技术等一系列重要研究成果。

2014—2015年“蛟龙”号试验性应用航次第一航段在西北太平洋采薇海山区和马尔库斯—威克海山区开展了10次下潜作业，精确定位取样，取得各种生物样品116个，富钴结壳样品21块、99.2公斤，多金属结核样品24.32公斤，岩石样品22块、107.7公斤，沉积物样品26管，海水样品共1232升。

"蛟龙"号试验性应用科考队在本航段中全面、超额地完成了预定的任务。通过第一航段的调查研究，航次现场取得了4个方面的成果和认识：

（1）基本查明了采薇海山矿区资源与生物状况，勘察成果突出。"蛟龙"号在采薇海山完成了8次下潜，结合中国大洋第31航次的5次下潜，通过点、线、面相结合的解剖调查，已基本摸清富钴结壳矿区资源分布状况，基本掌握生物多样性分布规律和矿区环境状况。

（2）"蛟龙"号性能稳定，优势明显。"蛟龙"号共计完成10次无故障下潜作业，每次下潜平均水中时间达9小时53分钟，系统稳定，取得了大量高质量的视频和照片，开展了配套设备试验，包括微型遥控潜水器试验、海底土工力学测定试验、超短基线测试等，使"蛟龙"号在复杂地形下开展定点作业、精细调查的独特技术优势得到进一步发挥。

（3）以国家深海基地管理中心人员为主力的操作维护团队迅速成长。潜水器维护维修队伍、布放回收操作队伍、潜航员学员得到锻炼，一批新人迅速成长，为"蛟龙"号业务化运行奠定了基础。

（4）实现了多任务、多目标的综合效益。开展了探空气球观测、下潜人员实时生理心理状态监测、《深潜》纪录片的拍摄。各家媒体和作家协会开展了海洋知识、海洋意识的宣传和普及。

除此之外，"蛟龙"号还在相邻海域开展了下潜作业，为开展不同海区的资源、环境状况对比研究提供了第一手资料。

2016年4月30日，"蛟龙"号载人潜水器在西北太平洋维嘉海山的西北侧成功完成科学应用下潜，这也是"蛟龙"号首次在这一海域搭载科学家进行下潜作业。

据现场指挥部介绍，此次下潜由国家深海基地管理中心的潜航员唐嘉陵担任主驾驶，搭载了广州海洋地质调查局高级工程师姚会强和潜航员学员杨一帆。"蛟龙"号于当地时间4月30日8时3分放入水，16时5分回收至甲板。水中时间8小时2分钟，海底作业时间5小时24分钟，最大下潜深度达2258米。

本次下潜开展了4000米的近底航行观察，拍摄了大量海底视频照片资料，采集砾状结壳57千克、巨型底栖生物样品9个，其中海绵4个、珊瑚和虾各2个、海星1个、近底水样8升，还开展了对潜航员学员的海上实艇下潜培训。

2016年7月13日，国家海洋局向阳红09号船搭载"蛟龙"号载人潜水器及其科考队员抵达国家深海基地码头。至此，2016年"蛟龙"号试验性应用航次

（中国大洋第37航次）历时94天，航行11837海里，累计下潜22次，安全圆满地完成了计划的科学考察任务。本航次第二阶段首席科学家彭晓彤表示，这是“蛟龙”号自2012年7000米级海试成功以后，首次重返海沟区密集地开展超过6000米深度的下潜作业，在科学研究方面取得了丰硕成果。

本航次科考首次在马里亚纳海沟南坡发现了活动的泥火山，拍摄了大量高清视频资料；证实了马里亚纳海沟北坡作业区海山为泥火山，获取了大量泥火山地质样品。这些样品和视频资料为研究泥火山地质活动和俯冲板片的地质过程提供了重要依据。

此外，初步探明了维嘉海山与采薇海山巨型底栖生物分布具有良好的联通性。科考人员通过与采薇海山的对比分析，表明维嘉海山巨型底栖生物种类组成和多样性与采薇海山具有很高的相似性，除了少数海绵动物及其共生的俪虾有可能是新种外，其余种类与采薇海山基本相同，改变了海山间生物群落联通性差的传统认识，为科学评价海底环境、合理设计深海采矿系统提供了第一手资料。

中国大洋第37航次总指挥邬长斌表示，本航次大深度潜次多，其中6500米级潜次共5个，超过6000米深度潜次共9个，最大下潜深度6796米。在大深度潜次中，“蛟龙”号总体技术状态稳定、各系统设备性能可靠。

在本航次富钴结壳海山区下潜作业中，“蛟龙”号多次实现长距离、大落差航行，水下航行距离最长达到5000米、水下作业爬升高差最大1100米、单潜次最大地质样品取样重量达124千克。创造了自“蛟龙”号下潜以来单潜次航行距离、作业高差及地质样品取样重量的最大纪录。

表14–1　几种作业型深海载人潜水器功能对比表

名字	阿尔文号	鹦鹉螺号	和平Ⅰ，Ⅱ号	深海6500号	蛟龙号
国家	美国	法国	俄罗斯	日本	中国
最大工作深度（米）	4500	6000	6000	6500	7000
长×宽×高（米）	7.1×2.6×3.7	8×2.7×3.5	7.8×3.6×3.0	9.5×2.7×3.7	8×3.9×3.4
空气中质量（吨）	17	19.3	18.6	25.8	22
科学家、潜航员（名）	2，1	2，1	2，1	1，2	2，1
最大速度（节）	1.35	2.5	5	2.5	2.5
水下工作时间（小时）	4～5	4～5	10～15	4	12
耐压壳材料	钛合金	钛合金	马氏体Ni钢2.1	钛合金	钛合金
内径（米）/壁厚（毫米）	2.0/–	2.1/–	–/–	2.0/73.5	2.1/77
能源	铅酸电池	铅酸电池	镍镉电池	银锌电池	银锌电池
运动性能	巡航、坐底	巡航、坐底	巡航、坐底	巡航、坐底	巡航、坐底、悬停
通信	水声电话	水声电话	水声电话	水声通信，7000米	水声通信音字图像，9000米
调查、观察设备	机械手、CTD夹持器、TV、照相机	机械手、CTD夹持器、TV照相机、沉积物/水质/岩石取样器、液压切割	机械手、CTD照相机	机械手、CTD夹持器、TV照相机、图像声呐	机械手、CTD夹持器、HDTV、照相机、成像声呐、BSSS沉积物、结壳、微生物、热液取样
安全措施	–	–	–	应急抛载、应急电池、救捞浮子、冗余呼吸器	应急抛载（蓄电池、机械手、水银、采样篮）、应急电池、救捞浮子、冗余呼吸器
有效载荷（公斤）	180	200	290	150	220

第五节　深潜器的使用现状与技术特点

一、深潜器使用现状

1. 民用

目前全世界有各种载人深潜器200多艘，有的最大作业深度达6000米，主要用于海洋油气开发。6000米以上的深度，显现了国际深潜器向大深度发展的技术能力。如1989年日本制造的“深海6500”深潜器，长9.5米，重25吨，可乘员3人，作业水深6500米，水下连续作业时间在6小时以上。该深潜器上装备有最新的声成像声呐系统、摄影机、录像机、电视系统、机械手以及各种自动测量仪器等。发展方向是向深、向无人或混合式发展。由于无人遥控潜水器的出现，代替了不少潜水员的工作，潜水员水下出入型潜水器开发已趋减少。目前世界上只有美国、日本、法国、俄罗斯、中国五个国家拥有载人深潜器。

20世纪七八十年代以来，为适应海上油气工业潜水作业的需要，无人遥控潜水器得到飞速发展。无人遥控潜水器包括有缆和无缆两种。80年代初全世界无人遥控潜水器有400余艘，其中90%以上用于海洋石油工业，到80年代末其数量猛增到958艘，其中800艘以上为有缆遥控潜水器，并且有一半以上是直接用于海上油气开采用的。目前无人遥控潜水器全世界约有1000多艘，其中6000米级10多艘，现已发展到第三代智能深潜器。

另外，载人和无人混合潜水器也得到发展，已经研制出32艘，其中28艘用于工业服务。此外，20世纪90年代以来，随着微电子、高速数字计算机、人工智能技术、小型导航技术、指挥与控制硬件等技术的发展，无人自主式潜水器得到快速发展。据不完全统计，各国研制与使用的无人自主式潜水器有30多艘，其中供工业使用的有10多艘，其他的均用于军事和科学研究。

2. 军用

近年来，用于军事用途的自主潜航器技术发展十分迅速。

（1）美国。

美国海军继推出“海洋探险者”“曼塔”“奥德塞Ⅲ”“CETUSⅡ”“远距离环境监测单元系统（REMUS）”“战场准备自主潜动器（BPAUV）”等自主潜航器后，还在研究以下新型自主潜航器：①主要用于特种作战部队的支援与攻击、反水雷、沿海地区潜艇跟踪以及情报、监视和侦察任务的“任务重组无人水下航行器”（MRUUV）；②主要用于测量海洋盐度、温度等参数，设计巡航时间为5年、航程达4000千米的“斯洛克姆滑行者”自主潜航器；③主要用于采集海洋物理、化学和生物光学数据，设计最大下潜深度为1000米、巡航6000千米的“海滑行者”自主潜航器；④主要用于执行情报、监视和侦察以及反水雷和浅水反潜等任务、排水量约5吨、计划装备SSGN导弹潜艇、“弗吉尼亚”级攻击核潜艇以及水面潜艇的大排水量自主潜航器；⑤“地狱判官”自主潜航器、“海马”自主潜航器、“声射频相互作用勘探传感器”自主潜航器等。

（2）德国。

德国的DeepC自主潜航器，于2001年开始研制，2003年末进行样机深水试验，2007年投入装备。DeepC重2000千克，最大下潜深度4000米，续航时间60小时，航程400千米，航速60节，可从舰艇或直升机上布放。

综上，深潜器/遥控潜器的发展趋势是，大深度有缆（光缆）深潜器仍是主流，这种设备是探测数万平方公里海底必需的和最实用的设备。一是水深普遍在6000米以上；二是操纵控制系统多采用大容量计算机，进行资料处理和数字控制；三是潜水器上的机械手采用多功能，力反馈监控系统；四是增加推进器的数量与功率，以提高其顶流作业的能力和操纵性能。

当前，民用大深度无缆潜水器尚处于研究、试用阶段，还有一些关键技术问题有待解决。如要使其活动范围在250～5000公里的半径内，就要解决能保证长时间工作的动力源，国外正在探索使用燃料电池、小核反应堆等；关于控制和信息处理系统，需采用图像识别、人工智能技术、大容量的知识库系统，以及提高信息处理能力和精密的导航定位的随感能力等，要在大深度声音图像传输技术等高技术上有突破。但长远看它是发展方向，趋势是向远程化、智能化发展。

总之，国外带缆ROV技术已发展得相当成熟，发展AUV关键是解决能源问题。

二、深海载人潜水器最新技术特点

近几年，随着新技术以及新材料的不断涌现，极大地促进了载人深潜器技术的提高。下面将结合国内外潜水器的研制过程，从6个方面介绍新技术的应用情况。

1. 耐压材料新型化

对于潜水器，特别是深潜器，耐压壳体的选择对控制潜器的重量至关重要。目前世界上较浅的载人潜水器耐压材料的选择一般为钢材和铝合金，大深度载人潜水器耐压材料一般为钛合金，也有采用钢材的。钢材价格适中，但其密度较大，造成整体重量偏重，影响大深度载人深潜器重量及浮力的控制；钛合金相对较轻，且强度高，但是昂贵的价格限制了其在深海潜器上的广泛应用。

陶瓷作为一种应用于水下耐压罐的新型耐压材料，越来越受到人们的重视。选择陶瓷作为耐压罐是因为其较高的强度与重量比，适合极限深度的特点。同样大小和数量的钛合金耐压罐与它相比在水中要重几百公斤，需要昂贵且较多的浮力材料来补偿重量。美国的新型无人深潜器“海神号”HROV的耐压罐即使用了此种新型的耐压材料。其耐压罐的主体部分使用的材料为高强度陶瓷，密封部位为钛合金材料。2009年5月，采用这种新型高强度陶瓷材料的“海神号”混合型无人潜水器成功下潜至马里亚纳海沟10902米的海底，证实此新型材料可以满足深海潜器的要求。

2. 浮力材料轻便化

浮力材料为潜水器的另一重要材料，其作用是为潜水器提供浮力。浮力材料的先进性是用给定承压能力的条件下它的密度和吸水率来表示的，密度和吸水率越低越好。目前在潜水器上使用的浮力材料有两种类型：一种是玻璃微珠掺杂环氧树脂制成的可机加工型浮力材料，这种能承受7000米高压的浮力材料，最小密度可达481千克/米^3；另一种是陶瓷球，这种浮力材料的比较轻，全海深的密度只有340千克/米^3。“海神号”潜水器中就采用该种浮力材。该陶瓷球外径91毫米。每个球质量140克，排海水量为404克，且均套上5毫米厚的PVC套来进行冲击保护。整个潜水器在壳体的上方使用了1472个浮球，可提供417千克净浮力。

3. 观察设备高清化

随着深潜器技术的成熟，人们对于深潜器的要求已不仅仅局限于“下得去，上得来”的水平，人类需要更加深刻地了解海洋，尤其是美丽的海底世界。因此，观察设备越来越成为各个国家深潜器设计的重点。随着高清摄像机的出现，深潜器观察系统的高清化成为可能。高清摄像机图像质量清晰，且其传输采用平行线传输方式，具有非常高的抗干扰能力，避免了定制昂贵的同轴电缆式的水密电缆，成为应用于水下观察系统的首选。目前，各大水下产品公司都已经有了水下高清摄像机，未来还会使用三维水下高清摄像机。另外，除了高清摄像机，水下灯光源、照度、色温的选择也可影响整个水下观察系统的清晰度。

4. 作业工具模块化

深潜器一般都具有一定的海底作业能力，使用的作业工具包括机械手、各种传感器、热液取样器、矿物质取样器及一些针对特定生物的生物捕捉器等。然而搭载的工具越多，深潜器有限的搭载空间及接口就会越复杂，相对来说在水下带来的危险性就越大。例如，机械手一般要伸出潜器线型以外，它和外界发生缠绕的概率就较大。为了减小作业工具所占的空间，缩小设计复杂程度及减少危险概率的发生，作业工具最好有模块化的设计思想，做到接口统一。这样可以根据潜次（每一次下潜任务简称一个潜次）任务的不同，搭载不同的作业模块。为此须做两方面的改进，即深潜器和作业工具都要进行相应接口及体积的改进。

5. 水声通信可靠化

水声通信是深潜器在深海中与支持母船取得联系的唯一有效途径，它受海洋环境影响较大。水声通信的可靠性及准确性对于深潜器安全航行与作业将起到至关重要的作用。载人深潜器与水面取得的联系将以3种方式表现出来：高速水声通信（包括图像、语音及文字信息），水声电话（包括语音及文字信息，可作为高速水声通信的备份，也可单独使用），超短基线定位声呐（主要提供深潜器相对于母船的方位与深度信息，将为深潜器安全返航提供重要保障）。其中，水声电话技术相对成熟，但是需要清晰化，减小主机通话时的噪声。高速水声通信技术为现今国内外科研人员重点研究的内容。发展距离远、效果好、可靠性高的高速水声通信将成为今后发展的重点。超短基线定位声呐目前国外的技术水平相对较高，但是在实际使用中由于受环境影响，有一定出现野值的概率，因此要提高超短基线声呐的可靠性。

6. 能源供给经济化

载人深潜器自带能源（一般为蓄电池），不从水面获得能源，因此蓄电池容量、放电能力等将成为制约深潜器航行作业时间的瓶颈。目前载人深潜器所用到的蓄电池主要为铅酸电池、锌银电池及锂离子电池。

铅酸电池价格较低，但大电流放电能力相对较差，美国目前在用的“Alvin”号载人深潜器即是使用了铅酸电池。锌银电池是所有在用电池中比能量最高的，大电流放电能力极强，瞬间可达到上千安培，但是价格也是最昂贵的，中国的“蛟龙”号载人深潜器，俄罗斯的“和平号”载人深潜器都使用这种电池。锂离子电池是近些年新兴的能源，其比能量较大，但是其安全性能相对较差，这也阻碍了其在载人深潜器上的应用。日本的“深海6500”在后来的改造中采用的即是此类电池。另外，燃料电池以其比能量较高，操作简单，价格适中等一系列优点越来越受到人们重视，德国已把燃料电池应用在U31潜艇上。

第六节　载人潜水器的发展趋势与展望

随着材料技术、电子技术、水声通信技术、摄像技术、自动控制技术和设计理念的发展和变革，深海载人潜水器的发展呈现出一些新特点，主要体现在以下各个方面：

1. 全海深、快速下潜上浮和长时间作业设计理念

据《产经新闻》报道，日本教育部已经将新一代深海载人潜水器定位为优先发展的国家关键技术，计划投资约300亿日元研制工作水深12000米的“深海12000”深海载人潜水器，预计2023年前后投入使用。据日本海洋研究开发机构（JAMSTEC）海洋工程中心主任矶崎芳男介绍，新深海载人潜水器将“不仅可以下潜到世界最深的海洋，而且具备更优的舱内居住性，同时能够在海底逗留更长时间”。预计新潜水器的载人球壳内径会小于现在“深海6500”的2米，使之可以承受更高的水压。“深海6500”内部非常狭小，这也是每次下潜时间只能限制在8小时左右的原因。新潜水器有可能将载人球壳增加到两个，一个为驾驶及观察用，另一个为休息用，把它们连在一起可大大改善舱内居住性，从而可以使每次下潜时间延长至24小时以上。如果是短时间的潜航，还可以利用休息用空间多搭载两名研究人员，使潜水器的总搭载人数达到5人。新潜水器还将把潜航员由2人减为1人，从而为科学家提供更多的下潜机会。

由格拉哈姆·霍克斯（Graham Hawkes）和他的霍克斯海洋技术公司（Hawkes Ocean Tech-nologies）研制的“深海飞行挑战者（Deep Flight Challenger）”深海载人潜水器，是一台全海深、单人深海探险潜水器。透明的半球由石英玻璃制成，水下时间可达24小时，海底航行速度3节，下潜速度达每分钟350英尺（106米/分），采用水下滑翔的原理，用较少的动力实现较高速度航行。研究者曾计划在太平洋的马里亚纳海沟（约11000米）、大西洋的波多黎各海沟（约8600米）、印度洋的迪亚曼蒂纳海沟（约8050米）等5个世界著名海沟开展探险下潜，但陆上压力筒打压测试发现其强度仅能供一次下潜，更让他们措手不及的是著名导演卡梅隆抢先完成了挑战深渊的探险，因此团队放弃了“深海飞行挑战者”5次下潜探险计划。

2. 新材料、新技术的广泛应用

据《产经新闻》报道，日本研制的“深海12000”的载人球壳将首次使用强化玻璃制造，载人舱整体透明，视野开阔，因此可以大幅度提高其操作性和调查效率。同时，新潜水器还将采用具有触感和温度测定功能的机械手，采用超高精度照相机，以及高性能燃料电池、低密度浮力材料等一大批新技术。

据国际载人潜水器委员会2015年年会透漏的消息，碳纤维增强材料、陶瓷耐压材料、低密度玻璃微珠可加工浮力材料、全透明玻璃耐压球壳加工制造技术、360° 全景高清照相及摄像技术、耐压锂电池技术、承压件应力预测技术等一大批新材料、新技术、新工艺将越来越多地用于深海载人潜水器的制造中。

3. 深海作业工具模块化

深海载人潜水器的使命往往是多方面的，任务不同，面对的作业对象不同，也就需要使用多样化的作业工具。由于每次下潜作业时间的限制，深海载人潜水器不需要、也不应该配备所有的作业工具。针对特定的作业对象，只需要携带特定的作业工具包就可以满足要求。因此在最初设计时就需要考虑多样化、模块化的作业工具的配备问题，使它们动力接口一致，安装接口统一。

4. 与其他深海装备协调作业

深海载人潜水器有其独特的海底作业优势，但并不能包揽一切海底作业。由于其每次下潜的作业时间有限，航行速度有限，因此载人潜水器在海底的活动范围非常有限。定点精细观察和取样、定点布放和回收海底设备等是其最大特点。但在无法预判大致方位的情况下让深海载人潜水器作业，比如让其在浩瀚的印度洋搜寻失联的MH370客机，那作业成功的概率将极低。水下自治机器人（Autonomous Underwater Vehicle，AUV）具有按照预先设定的路径，甚至自主规划路径进行近底航行照相、摄像和地形测量的功能，具有水下作业时间长、活动范围大的特点。而遥控水下机器人（Remote Operated Vehicle，ROV）可在水面母船上对其进行操控，由水面船只提供动力，活动范围不受能源限制，原则上讲可以不间断开展水下取样、照相、摄像等定点作业，但也有脐带缆发生缠绕的危险。如能将这三种设备相互配合、联合作业、发挥各自的优势，并充分发挥综合技术体系的作用，才能更加有效地提高海上作业的效率、保障海上作业的安全。如前例所述，若能利用AUV、ROV或其他手段初步判定MH370的位置后，再让深海载人潜水器发挥定点作业优势，将可能起到事半功倍的效果。

现代深海载人潜水器已走过了50多年的发展历程。由于其独特的高精度定点精细作业优势，且科学家可以亲临现场观察，深海载人潜水器在深海资源调查、深海环境研究甚至军事等领域已经得到广泛的应用。随着新技术、新材料的发展，以及人们与日俱增的探索海洋深处奥秘的渴望，深海载人潜水器的发展已经进入一个崭新的阶段。各种深海装备的相互配合、联合作业，已经成为人类高效、全面认知海洋的综合技术手段。

为满足勘探开发利用海洋资源的迫切需求，如何发展各型深海装备技术，更好发挥载人深潜器的作用，是我们必须要思考和解决的重大课题。

对于载人深潜器的未来发展趋势，应立足于应用性，兼顾经济性与舒适性等要求。在载人深潜器研制中，应根据其功能和使命的要求，提供性能更高、经济性更好的载人装备。从这个角度出发，载人潜水器的应用及发展，应重视如下几个方面：

1. 面向科学应用，形成作业能力

以科学作业为主要目的的载人潜水器，其任务是进行海洋探查和资源开发。对于该类载人深潜器，除了对可靠性、安全性提出更高要求外，还有一个突出要求，作业能力。我国的“蛟龙号”载人潜水器在完成7000米级海试后，应尽快投入到海洋科学研究和海洋资源勘探作业等应用中，充分发挥其作业能力，为我国海洋开发提供服务。

以美国为例，至今“阿尔文”号载人潜水器已累计完成5000次以上的下潜作业，为深海研究工作做出了巨大贡献。为了保持在深海研究领域中处于领先地位，美国在这方面开展了大量工作。2000年，美国成立一个由海洋工作者、教育家和科学家组成的领导小组，统一制定了发展国家海洋资源勘查的战略决策。2004年，在美国国家科学基金会（NSF）的支持下，伍兹霍尔（Woods Hole）海洋研究所决定在现有“阿尔文”号基础上对其部分设备进行升级更新，并将新潜水器命名为“新阿尔文”号。与“阿尔文”号相比，“新阿尔文”号具有下列特点：更大的下潜深度；更大的载人球，更好的舱内人—机—环设计；电池的功率更大；在指定的工作深度工作更长的时间；更好的观察视野，驾驶员和科学家的观察视野有重叠；更好的内部电子电路；更大的科学有效负载；更好的照明和成像系统；更强的推进马力（更好的操纵性）；更好的数据采集和仪器接口；更好的悬停作业能力。

2. 面向深海探险和观光，探索极限海底奥秘

伴随着深海技术的日益成熟，出现了另一种面向深海探险载人深潜器。该类深潜器以满足人类对深海世界的好奇心为主要目的，其使用对象为一些探险家。与前一类载人深潜器不同，该种潜水器以挑战极限为主要目标，因此对深度指标提出更高要求。近期出现的“深海挑战者（Deep Sea Challenger）”号，“深海飞行挑战者（Deep Flight Challenger）”号以及Triton 36000/3为该类潜器的代表。

2012年3月26日，美国著名导演卡梅隆驾驶研制的“深海挑战者”号抵达太平洋10898米深度的马里亚纳海沟，成为一名潜入极限海洋深处的探险家。为提高上浮、下潜速度，该潜器在外形设计中采用鱼雷形式。而“Deep Flight Challenger”号则采用水下滑翔的原理，用较少的动力实现较高速度航行。

3. 构建深海装备体系，实现载人与无人装备之间相互支持和协同作业

面对日益增多的潜水器以及日益完备的装备体系，如何协调好载人与无人潜水器的关系，发挥载人与无人潜水器的各自优势，是亟待解决的问题。在这一方面，应注重构建深海装备体系，实现载人和无人装备之间的相互支持、联合作业和协同工作，充分发挥综合技术体系的作用。

西方各国已在ROV、AUV和HOV等装备方面取得了十分显著的成果。美国继续保持在海洋探测和深海矿产资源勘探、开发方面的领先地位；日本政府投入巨资建设了水面母船支持的多类型深海潜水器，其拥有的无人遥控潜器潜水深度达到11000米。基于这些装备，日本和美国、法国联合对太平洋、大西洋进行了较大范围的海底资源和环境勘探。美国、日本、俄罗斯、法国等发达国家目前已经拥有了从先进的水面支持母船，到深海（有的工作深度达11000米）遥控潜水器（ROV，ARV）、深海（6000米）自治机器人（AUV）、深海（6500米）载人潜水器（HOV）、600米单人常压潜水服（ADS）、深海（6000米）可动长期工作站和深海（6000米）资源开采机器人等完整的技术装备体系，实现了装备之间的相互支持、联合作业、安全救助，能够顺利完成水下调查、搜索、采样、维修、施工、救捞等使命任务，充分发挥了综合技术体系的作用。

4. 重视新技术及新装备的开发

深海高强度材料如陶瓷材料、水下高能量密度的能源、水下微细光缆技术以及通信导航等核心技术的进展，将极大提升深海装备研制能力和水平，如美国的下潜11000米的“海神号”混合型无人潜水器就采用了上述高新技术。

美国的载人潜水器Alvin（HOV）、无人自治潜水器ABE（AUV）、无人遥控潜水器Jason（ROV）以及单人常压潜水服（ADS）等装备，在深海科学研究和资源勘查作业中以其技术先进性和高效率应用而著称。有关研究机构在新型深海运载器如Sentry（AUV）、Nereus（HROV）等研发方面也是不遗余力。除发展1000米以科学探测和资源勘探开发的无人装备外，一些国家开始规划分阶段地进行居住型载人深海空间站的研究与建设，包括固定式海底观测系统和移动式载人平台。美国在规划中也提出，应通过重视新技术及新装备的研发，确保其在深海运载器技术发展和应用方面继续保持领先地位。

载人潜水器是人类开发利用海洋资源，实现国民经济可持续发展的必不可少的手段。随着新技术、新材料的不断发展，载人潜水器必将进入新的发展模式。新技术和新装备必将不断出现，载人潜水器和无人潜水器等装备体系必将不断完善，装备之间相互支持和协同作业必将进一步促进作业能力和效益的大幅提升。

第十五章

海洋调查船产业

海洋是一个蓝色的宝库，它蕴藏着丰富的资源，有鱼、虾等海洋生物资源，有煤、石油等矿物资源，还有化工原料、海洋能源等。随着地球陆地的资源遭受人类掠夺性的开发，日益枯竭，于是就把眼光投向了海洋，开发海洋资源就成了现代科学技术的重要课题之一。要开发海洋资源，就先得进行海洋调查，了解海底地质构造、水文状况、气象条件及海水活动规律，还得弄清海洋生物特点以及水产、矿产资源的储藏量和分布情况。而海洋调查船就是专用来在海上从事海洋调查研究的工具，涉及海洋气象学、水声学、海洋物理学、海洋化学、海洋生物学、海洋地质学、水文测量学等诸多学科。海洋调查船与海军作战活动和海军武器装备发展密切相关，可为反潜战、登陆战、水雷战、水面作战提供环境预报；为潜艇、水面舰艇的安全航行和两栖登陆作战提供各种海图资料；为海军武器装备的研制提供各种海洋环境参数；等等。

图15-1　“东方红2号”海洋调查船

第一节　海洋调查船的主要型号

一、综合型

主要任务是进行基础海洋学的综合调查。在船上除了具备系统地观测和采集海洋水文、气象、物理、化学、生物和地质的基本资料和样品所需要的仪器设备之外，还要具备整理分析资料、鉴定处理标本样品和进行初步综合研究工作所需要的条件和手段。这类调查船又有“海洋研究船”之称，多为海洋研究机构和高等院校所使用。在各国调查船队中，综合性远洋调查船数量最多，美国的“海洋学家”号、苏联的“库尔恰托夫院士”号、日本的“白凤丸”、法国的“让·夏尔科”号等都是世界著名的综合调查船。这类船由于工作内容多、航区广，在设计时充分注意船舶的稳定性、操纵性、续航力、自持力、仪器设备操作与实验室条件，以及防摇、减震、防噪、供电、导航、低速和起吊能力等性能。

二、专业型

只承担海洋学某一分支学科的调查任务。与综合调查船相比，具有任务单一、重点突出、工作深入等优点，船体也较小。比较常见的专业调查船有以下几种：

（1）海洋测量船。主要任务是根据编辑海图、航海指南、海潮流表和其他海洋图集的需要，测取海洋水深、海流、潮流、温度、盐度、地质、地貌、地磁和其他基本资料。例如美国的“威尔克斯”号和联邦德国的“彗星”号。

（2）海洋物理调查船。主要任务是调查和实验研究海洋声学、光学和其他物理学特性，其特殊要求是船上须有防震、防噪和防电磁波干扰的措施和设备，例如美国的“海斯”号和苏联的“罗蒙诺索夫”号。

（3）海洋气象调查船。主要任务是观测海面、高空和海—气界面附近的气象、水文要素，播发船舶天气预报资料，研究海—气相互作用和海上天气系统的兴衰规律。海洋气象调查船船体一般较大，有较强的抗风暴能力，能够保证测取各种恶劣天气条件下的资料。例如日本的“启风丸”和苏联的“海洋”号。有少数气象调查船由世界气象组织安排在固定位置上，作为一个海上观测站进行长期定时观测，所得资料按规定及时发报，参加国际交换，为全球天气预报服务。这种海洋气象调查船通称为“天气船”。

（4）海洋地球物理调查船。主要任务是应用地球物理勘探和采样分析等手段研究海底的沉积与构造，评估海底矿产资源的蕴藏量。例如日本的“白岭丸”和美国的“测量员”号。这种专业调查船一般不大，但装备有精密的地震、地磁、重力探测仪器和准确的导航定位系统。

（5）海洋渔业调查船。主要任务是进行渔业生物学和渔场环境调查，研究渔业资源的数量变化和渔场形成规律。例如美国的“M.弗里曼”号和日本的“昭洋丸”。这种船装备有各种探测和试捕工具，以及海洋环境调查的仪器设备。

三、特种海洋调查船

（1）宇宙调查船。主要任务是考察高层大气，接收卫星或宇宙飞船等太空装置发来的信号并发出指令，解决与宇宙装置飞行有关的多方面问题。1967年以来，苏联为了解决宇航通信和空间探测任务，陆续建造了近10艘宇宙调查船。其中最大的是1971年建成的“宇航员尤里·加加林”号，该船长235米，宽31米，排水量45000吨，实验室120多个，是目前世界上最大的调查船。

（2）极地考察船。为考察两极而建造的船体坚固、破冰能力强、防寒性能好的调查船。20世纪70年代以来，美苏两国竞相建造。其中最著名的是1973年美国建成的“极星”号。该船长120米，宽25米，排水量13100吨，可以突破6米厚的冰层。其次是苏联1975年建造的“M.萨莫夫”号大型极地考察船，可以突破1.7米厚的冰层。

（3）深海采矿钻探船。为试验开采洋底锰结核而建，美国1974年建成了排水量35000吨的“格洛玛·勘探者”号。此船具有海底采矿、打捞、铺设海底管线和海洋调查多种功能。今用于深海锰结核试采和深海钻探工作。

第二节　国外海洋调查船发展状况

各国海洋战略不同，导致对海洋调查船的发展思路也各有区别。

一、美国推行全球海洋战略，发展成系列、高性能海洋调查船

美国以控制全球海洋为目标，全面实施“海洋安全战略”和“海洋科技战略”。突出特点：一是实施全球海洋控制，强化海上霸权地位；二是争夺海上战略资源，重视海洋油气开发；三是加强对海洋生态环境的保护。实施这些

战略需要有丰富准确的海洋数据作为支撑，为此，美国特别注重发展海洋调查船，以掌握各大洋的气象水文等情况，为海上军事和经济活动提供基础数据，目前美国现役47艘海洋调查船。

在全球各国中，只有美国发展成系列的海洋调查船。美国海洋调查船分为“全球级”“大洋级”“区域级”和“近岸级”。只有发展这种成系列的船只，才能满足美国在全球范围活动的需要。其中“区域级”和“近岸级”主要用于近海区域的海底地形、资源等方面的探测；“大洋级”主要用于美国本土毗邻的各大洋，即大西洋和太平洋；“全球级”主要用于印度洋等跨洋区域。

在全球各国中，美国海洋调查船性能最强。美国海洋调查船配备了多种先进的海洋环境观测、海洋目标探测设备，另外美国的海洋调查船，比如“无暇”号还率先配备了无人潜航器。这是由于美国海洋调查船需要勘探的区域有相当大一部分属于别国的领海或争议海区，需要配备探测范围更远和精度高的系统设备。

二、日本推行“海洋立国”战略，注重发展中远海海洋调查船

日本是一个岛国，资源贫乏严重，向海洋要资源、要空间是日本发展的一贯主张。为此，日本重视发展海洋调查船，更主要的原因是为了更好地勘探海洋资源，目前现役38艘。由于中远海和极地蕴藏的资源更为丰富，近年来日本重点发展能在这2个区域作业的海洋调查船，比如2007年，总吨位高达56752 t的大型大洋钻探船“地球”号服役，以及研制了新“白濑”号南极科考船。

三、苏联冷战时期实行与美国争霸的海上战略，发展远海型的海洋调查船

目前俄罗斯所拥有的海洋调查船有33艘，绝大多数是苏联时期建造，其中20世纪60年代服役的占6.1%，70年代服役的占18.2%，80年代服役的占72.7%，90年代服役仅有1艘，只占3%。冷战时期苏联与美国争夺海上霸权，需要发展大量的海洋调查船，获取全球各大洋的气象水文等环境信息。

四、欧洲海洋战略局限于某个区域，以发展近岸作业的小型调查船为主

欧洲主要国家，比如英国、法国、德国等，采取区域性的海洋战略，以

发展近岸作业的小型调查船为主。欧洲中的27个国家目前拥有调查船238艘。船长小于55米的近岸调查船164艘，约占70%。此外，这些海洋调查船主要集中在英、法、德、意、挪威、西班牙、荷兰等7个强国，共拥有调查船152艘，占到总数的近80%。

第三节　中国海洋调查船发展现状

党的十八大提出要“提高海洋资源开发能力，发展海洋经济，保护海洋生态环境，坚决维护国家海洋权益，建设海洋强国”。要实现这些目标，认识海洋是第一步，而海洋调查船作为认识海洋的重要工具，需要大力发展。一方面需要能够执行远海调查任务的大型综合海洋调查船，为海军远海战略，以及深海资源勘探和开采等工作提供支持；另一方面需要近海海洋调查船，如渔业、油气资源勘探调查船，为海洋经济的发展提供支撑。

中国海洋调查船发展水平：

一、海洋调查船总数少

自20世纪70年代末至21世纪头10年后期的近30年，中国建造和改造了个别专业海洋调查船。但总体上看，中国海洋调查船的规划建造基本停滞不前，现有海洋调查船约20艘，与美国47艘、日本38艘、俄罗斯33艘相比较少。

二、海洋调查船年龄变老，近一半超期服役

中国现有海洋调查船，如“向阳红”“曙光”“远望”系列等，均是在20世纪六七十年代末由中国自行研制。进入20世纪80年代之后，中国新建的海洋调查船逐渐减少，仅建造了“延平2号”“东方红2号”“科学三号”“海洋六号”和“实验号”等调查船。目前中国的19艘在役的海洋调查船中，有9艘超期服役。

三、海洋调查船配套体系跟不上，配套设备基本依赖国外

设备配套选型是设计的一个重要环节，调查船的设备类型和数量多，系统复杂，设备配套选型应按其性质、作用、运转时间和寿命等进行分类、分层次的系统优化设计，合理选择。20世纪六七十年代，是中国调查船建造的高峰期，此阶段中国调查船和配套设备的基点均放在国内，走自主研发路线，对配

套设备的旺盛需求也促进了国产配套设备产业的不断发展壮大。而近几十年，随着新建调查船数量的大幅下降，对配套设备的需求也不断下滑，导致配套设备的设计与生产能力萎缩，生产的配套设备可靠性差，无法与国外产品竞争，这也进一步导致国内在选择调查船设备配套时，将基点放在国外，严重依赖进口，从而形成恶性循环。

第四节　中国海洋调查船发展建议

一、充分发挥国家海洋委员会统筹作用，加强平台和数据共享

美国海军部于1997年建立了1个跨部门机构基础设施组，协调各部门需求，以支撑制定美国海洋科学研究设施使用、更新与投资的政策、程序与计划。中国已经成立了国家海洋委员会，建议加强该机构的顶层统筹作用：一是统筹和整合国家海洋局、科学院、教育部等海洋科学研究单位和部门当前与未来的海洋科学研究运载装备需求，避免装备的重复建设，节约大量投资经费；二是统筹管理所有调查船资源，并根据各单位海洋科学研究任务需求，统一安排所有调查船的使用计划，以实现调查船资源的共享，提高调查船的利用率；三是加强海洋调查船数据的军民共享，提升研究水平。

二、重点发展大吨位、远洋综合、绿色节能的海洋调查船

2000年以来，国外总共新建约100艘海洋调查船，其中77艘为全球级（船长大于70米）的海洋调查船；调查功能综合化已成为一种发展趋势。另外，近年来，国际海事组织、欧洲以及一些国家也都纷纷出台各种规范、标准，从制度上确保全球海洋环境或区域海洋环境尽可能地免受污染，绿色、环保和环境友好型船舶是当今船舶行业的发展趋势。基于此，建议发展大吨位、远洋综合、绿色节能的海洋调查船。

三、为支撑海洋经济发展，协调发展近岸海洋调查船

欧洲海洋调查船中，近岸海洋调查船占据了近70%，为海洋经济的发展做出了有力贡献。2010年9月，中国发布了国家海洋经济“十二五”发展规划纲要，明确提出要发展海洋调查船，并重点研发海洋调查、观测、监测设备与仪器，以满足海洋经济发展的需要。鉴于中国海洋经济的发展，特别是近海

区域的发展需要，应协调发展近岸海洋调查船，为中国海洋经济的发展提供助力。

四、加快旧船改造、提升仪器装备性能

海洋调查船旧船改造和新船建造是相辅相成的，对海洋科学调查事业的可持续发展十分必要。如果船舶更新周期按25年计算，中国目前已有一半以上的调查船面临老化退役，这种现状将严重制约中国海洋经济和海洋科技的发展。因此，对现有的调查船不断充实完善和定期进行现代化改造，形成新旧交替的良性循环，才能为中国的海洋调查事业提供强有力的保障。对旧船实现现代化改装，提升相关性能，既能满足当前海洋调查不断增长的需求，同时实现资源的充分利用。

五、发展适宜海洋调查船使用的无人潜器

无人潜器上船已经成为海洋调查船的大趋势。借助无人潜器可极大地扩展海洋调查船对水下环境和目标的数据采集能力，并可执行更为危险和复杂的工作，借助无人潜器的智能决策功能还可在环境发生难以预料的变化时，自行调整，克服障碍。无人潜器本身还能携载各种传感器，在更广阔的范围，以更为隐蔽的方式执行复杂的环境和目标数据采集。

第十六章

航空母舰产业

航空母舰（Aircraft Carrier）简称“航母”或“空母”，是一种以舰载机为主要作战武器的大型水面舰艇。舰体通常拥有巨大的甲板和坐落于右侧的舰岛，航空母舰一般总是一支航空母舰战斗群的核心舰船，舰队中的其他船只提供其保护和供给，而航母则提供空中掩护和远程打击能力。发展至今，航空母舰已是现代海军不可或缺的武器，也是海战最重要的舰艇之一。依靠航空母舰，一个国家可以在远离其国土的地方、不依靠当地的机场情况施加军事压力和进行作战。航空母舰已是现代海军不可或缺的利器，也成为一个国家综合国力的象征。

图16-1　航空母舰

航母按照动力方式来区分，一般分成两种：一是常规动力，如美国的小鹰号；二是核动力，如企业号与尼米兹号。也可按排水量区分：轻型航母（因造价较超级航母较便宜，又称“平民航母”），排水量在3万吨以下；中型航母，如法国“戴高乐”号，满载排水量39680吨；重型航母，如“尼米兹”号，满载排水量91487吨。

第一节 舰艇概述

现代航空母舰是高科技的产物，以舰载作战飞机为主要武器，并整合通信、情报、作战信息、反潜反导装置及后勤保障为一体的大型海上战斗机移动基地平台。依靠航空母舰，一个国家可以在远离其国土的地方，不依赖当地的机场施加军事压力和进行作战行动。世界上第一艘航空母舰是1918年5月完工，同年9月正式编入英国皇家海军的“百眼巨人”号。该舰排水量为14459吨，可载机20架。它的诞生标志着世界海上力量发生了从制海到制空、制海相结合的一次革命性变化。

现代航空母舰的主要任务是以其舰载机编队，夺取海战区及近海陆缘的制空权和制海权。现代航空母舰及舰载机已成为高技术密集的军事系统工程。航空母舰是一支航空母舰战斗群中的核心舰船，通常还作为航母战斗群的旗舰。

现代航空母舰作为支持海军海空立体作战的平台，应具备如下主要功能：运作、维护和支持作战飞机，在使用寿命内允许机种更新，提供基本指挥和控制功能；拥有足够的机动速度和一定的自我防护能力；拥有有效的起降作战飞机的能力；拥有同时起飞和接收降落战机的能力；拥有快速空中警戒出击能力；允许长周期连续执行空中任务；允许在动力输出下降的情况下执行空中任务。

第二节 诞生历史

航空母舰是现代科学技术的产物。世界上第一个从停泊的船只上起飞的飞行员是美国人尤金·伊利（Eugene Ely），他于1910年11月14日驾驶一架“寇蒂斯”双翼机从美国海军“伯明翰”号轻巡洋舰（USS Birmingham CS–2）上起飞。1911年1月18日，他成功地降落在“宾夕法尼亚”号装甲巡洋舰（USS Pennsylvania ACR–4）上长31米、宽10米的木制改装滑行台上，成为第一个在一艘停泊的船只上降落的飞行员。

英国人查尔斯·萨姆森是第一个从一艘航行的船只上起飞的飞行员。1912年5月2日他从一艘行驶的战舰上起飞。

第一艘为飞机同时进行起降作业提供跑道的船只是英国“暴怒”号巡洋

舰，它的改造于1918年4月完成。在舰体中部上层建筑前半部铺设70米长的飞行甲板用于飞机起飞。后部加装了87米长的飞行甲板，安装简单的降落拦阻装置用于飞机降落。第一艘安装全通飞行甲板的航空母舰是由一艘客轮改建的英国的“百眼巨人”号航空母舰，它的改造于1918年9月完成。飞行甲板长168米。甲板下是机库，有多部升降机可将飞机升至甲板上。1918年7月19日七架飞机从“暴怒”号航空母舰上起飞，攻击德国停泊在同德恩的飞艇基地，这是第一次从母舰上起飞进行的攻击。“竞技神”号航空母舰（又译作“赫尔姆斯”号），第一次使用了舰桥、桅杆、烟囱等在飞行甲板右舷的岛状上层建筑。第一艘服役的从一开始就作为航空母舰设计的船只是日本的“凤翔”号航空母舰，它于1922年12月开始服役。从此，全通式飞行甲板、上层建筑岛式结构的航空母舰，成为各国航空母舰的样板。

美国第一艘航空母舰是1922年3月22日正式启用的“兰利”号（USS Langley CV-1）。“兰利”号航空母舰并不是一开始就以航空母舰为用途所建造的舰艇，其前身是1913年下水的“木星”号补给舰（USS Jupite），美国海军看它载运煤炭用的腹舱容量充足，因此将其改装为航空母舰。

第一次世界大战结束后，1922年各海军强国签署的《华盛顿海军条约》严格控制了战列舰建造，但条约准许各缔约国利用部分停建的战舰改建航空母舰。例如：美国列克星敦级航空母舰、日本的“赤城”号航空母舰和“加贺”号航空母舰。在航空母舰上装备重型火炮是这一阶段航空母舰发展的特色。但是，当时各国海军中有许多人墨守旧观念，把重炮巨舰视为海战制胜的主要力量，而航母只是舰队的辅助力量，主要任务是侦察。

20世纪30年代英国建造的“皇家方舟”号航空母舰采用了全封闭式机库、一体化的岛式上层建筑、强力飞行甲板、液压式弹射器，被誉为“现代航母的原型”。1936年，《华盛顿海军条约》期满失效，海军列强又展开了新一轮军备竞赛。美国的约克城级航空母舰、日本的翔鹤级航空母舰、英国光辉级航空母舰，是这一时期的杰作。

航空母舰在第二次世界大战中首度被广泛运用。它是一座浮动式的小航空站，携带着战斗机以及轰炸机远离国土，来执行攻击敌人目标的任务。这使得航空母舰可以由空中来攻击陆地以及海上的目标，尤其是那些远远超过一般射程之外的目标。由航空母舰上起飞飞机的战斗半径一直不断地在改变海军的战斗理论，敌对的舰队现在必须在看不到对方舰船的情况下，互相进行远距离的战斗。这彻底终结了战列舰为海上最强军舰的优势地位。

航空母舰在战争中初建功勋是在1940年11月11日，英国海军的“光辉”号航空母舰出动鱼雷轰炸机编队攻击了塔兰托港内的意大利海军并且击沉1艘、击伤3艘战列舰。此举使美国等海上强国意识到航母时代的来临。

在第二次世界大战中，航空母舰在太平洋战争战场上起了决定性作用，从日本海军航空母舰偷袭珍珠港，到双方舰队自始至终没有见面的珊瑚海海战，再到运用航空母舰编队进行海上决战的中途岛海战，从此航空母舰取代战列舰成为现代远洋舰队的主干。美国建造了大批埃塞克斯级航空母舰，组成庞大的航空母舰编队，成为海战的主角。战争期间廉价的小型护航航空母舰被大量建造，投入到反潜护航作战中。

第二次世界大战结束后，世界各国都注重于发展适合本国的航空母舰。战后的美国在其一段时间里都在对“二战”期间建造的埃塞克斯级航空母舰和中途岛级航空母舰进行现代化改装，改装的项目包括增加斜角飞行甲板、蒸汽弹射器、助降瞄准镜的设计，提高了舰载重型喷气式飞机的使用效率和安全性。高性能喷气式飞机，得以搭载到现代化的航空母舰上，排水量越来越大。

美国福莱斯特级航空母舰是美国第二次世界大战后第一级专为搭载喷气式飞机而建造的常规动力航空母舰，之后美国在使用这一级航空母舰时仍然发现了一些不足，于是在建造下一级航空母舰时对其进行大规模的改造和升级，这就是美国的小鹰级航空母舰，也是世界上排水量最大的一级常规动力的航空母舰，也是美国最后一级使用常规动力的航空母舰。

美国在建造小鹰级航母时，在1958年开工建造了“企业”号航空母舰（USS Enterprise CVN65）也是世界上第一艘核动力航空母舰，于1961年服役，也可以被称之为“企业级”，该级只建造了一艘。采用核动力的最大好处是提高续航能力。核动力燃料更换一次可连续航行数十万海里，使航空母舰具备了近乎无限的机动能力，消除了常规动力航空母舰大型烟囱对飞行作业的影响。

在看到核动力的优势后美国海军建造了一系列排水量10万吨的尼米兹级航空母舰，是目前世界上威力最大、体积最大、排水量最大的航空母舰，其蓝本是根据小鹰级航母改建的。

美国海军于2007年1月16日宣布，美国新一级核动力航空母舰正式命名为“杰拉德·福特”号（USS Gerald R. Ford，CVN 78），以纪念在2006年12月26日晚间去世的美国前总统杰拉德·福特。“福特”号在2007年起开始建造，在2015年9月交付，以取代届时舰龄将超过50岁的“企业”号（USS Enterprise

CVN-65），这也是美国进入21世纪后建造的第一级航空母舰——被命名为福特级航空母舰。

"福特"号航空母舰于当地时间2013年10月11日在位于弗吉尼亚州阿灵顿隶属于亨廷顿·英格尔斯工业公司的纽波特纽斯造船厂成功下水。此外，福特级航母的第二舰被命名为"肯尼迪"号，第三舰据说将被命名为"企业"号，接替2012年退役的"企业"号这一舰名。

英国财力衰弱使皇家海军无力拥有大型航空母舰，英国无敌级航空母舰很像第二次世界大战中的小型护航航空母舰，采用滑跳甲板垂直短距起降飞机。在1982年英国、阿根廷的福克兰群岛争端中，英国依靠它在远离本土8000英里的地方取得胜利。苏联采用垂直起降飞机的基辅级航空母舰（苏联海军称为"载机巡洋舰"）则装有重型武备。苏联/俄罗斯最终建成的"库兹涅佐夫"号航空母舰采用滑跃式甲板，避免了安装复杂的弹射装置。伊丽莎白女王级航空母舰，是英国正在建造的最新一级航空母舰。

由于苏联的解体、经济的衰退，现代俄罗斯没有能力再建造航空母舰，现代的俄罗斯只有一艘排水量6万吨的中型航空母舰，现代隶属于北方舰队。在波斯湾、阿富汗和太平洋地区，美国利用它的航空母舰舰队维持它的利益。在1991年海湾战争和2003年美军占领伊拉克的过程中，美国尽管在中东没有足够的陆上机场，但依然能够利用其航空母舰战斗群进行主要攻击。21世纪初，世界上所有航空母舰一共约可以装载1250架飞机，其中美国的载机数超过1000架，英国和法国正在扩大其载机量。

法国在航母发展史上一共先后拥有过10艘航空母舰。20世纪50年代后期起，法国进入自主研制航母阶段。两艘克莱蒙梭级航空母舰，"克莱蒙梭"号和"福煦"号分别于1961年和1963年开始服役，"戴高乐"号航空母舰是法国第一艘核动力航空母舰和世界上唯一一艘非美国海军隶下的核动力航空母舰，也是法国海军现役唯一一艘航空母舰，亦为法国海军旗舰。"戴高乐"号是法国史上拥有的第十艘航空母舰，其命名源自于法国著名的军事将领与政治家夏尔·戴高乐。"戴高乐"号航空母舰标志着法国建立起全欧洲国家中最完整的国防工业研发体系，绝大多数关键性武器都实现了自主研发生产，许多方面还足以在美苏两强之外独树一帜。

中国首艘航空母舰"辽宁"号航空母舰，是中国人民解放军海军第一艘可以搭载固定翼飞机的航空母舰，其前身是苏联海军的库兹涅佐夫元帅级航空母舰2号舰"瓦良格号"。20世纪80年代中后期，"瓦良格"号于乌克兰建造时遭逢苏联解体，建造工程被中断，完成率为68%。1999年，中国购买了“瓦良格号”，于2002年3月4日抵达大连港，2005年4月26日开始由中国海军继续建造改进。解放军的目标是对此艘未完成建造的航空母舰进行更改制造，及将其用于科研、实验及训练用途，2012年9月25日，正式更名为“辽宁号”，并交付予中国人民解放军海军使用。

第三节　航母构造

一、起飞方式

1. 蒸汽弹射起飞

蒸汽弹射起飞使用一个平的甲板作为飞机跑道。起飞时一个蒸汽驱动的弹射装置带动飞机在两秒钟内达到起飞速度。目前只有美国具备生产这种蒸气弹射器的成熟技术。在工作原理上，蒸汽弹射器是以高压蒸汽推动活塞带动弹射轨道上的滑块，把与之相连的舰载机弹射出去的。它体积庞大，工作时要消耗大量蒸汽，功率浪费严重，只有约6%的蒸汽被利用。为制造和输送蒸汽，航母要备有海水淡化装置、大型锅炉和无数管线，工作维护量惊人。它的最大缺陷在于因为弹射功率太大而无法发射无人机，现役的无人机因为重量轻，在弹射时机体会被加速度扯碎。

蒸汽弹射有两种弹射方式：

一种是前轮牵引式弹射，美国海军1964年试验成功。舰载机的前轮支架装上拖曳杆，前轮就直接挂在了滑块上，弹射时由滑块直接拉着飞机前轮加速起飞。这样就不用8～10名甲板人员挂拖索和捡拖索了。弹射时间缩短，飞机的方向安全性好，但这种舰载机的前轮要专门设计。美国海军核动力航母都采用了这种起飞方式。

另一种是拖索式弹射，顾名思义，就是用钢质拖索牵引飞机加速起飞，这种弹射方式比较老，各方面都不如前者好，目前只有法国的“克莱蒙梭”级航母使用。拖索式弹射时，甲板人员先用钢质拖索把飞机挂在滑块上，再用一根索引释放杆把其尾部与弹射器后端固定住。弹射时，猛力前冲的滑块拉断索引释放杆上的定力拉断栓，牵着飞机沿轨道迅速加速，在轨道末端把飞机加速到直起飞速度抛离甲板，拖索从飞机上脱落，滑块返回弹射器起点准备下一次工作。

2. 斜板滑跃起飞

有些航空母舰在其甲板前端有一个“跳台”帮助飞机起飞，即把甲板的前头部分做成斜坡上翘，舰载机以一定的尚未达到起飞速度的速度滑跑后沿着上翘的斜坡冲出甲板，形成斜抛运动，在刚脱离母舰的一段（几十米）距离内继续在空中加速以达到起飞速度。这种起飞方式不需要复杂的弹射装置，但是飞机起飞时的重量不如蒸汽弹射起飞，使得舰载机的载油量、载弹量、航程以及作战半径等受到一定的制约。英国、意大利、印度和俄罗斯等国由于技术限制，无法研制真正在技术和工艺上过关的蒸汽弹射器，所以只能在本国航母上采用滑翘甲板。采用滑跃起飞舰载机的航空母舰在载机起飞时都必须以20节（36公里/小时）以上的速度逆风航行，以加大载机相对速度来帮助舰载机起飞。

3. 垂直起飞

垂直起飞技术顾名思义就是飞机不需要滑跑就可以起飞和着陆的技术。它是从20世纪50年代末开始发展的一项航空技术。英国、美国、俄罗斯的一些航空母舰采用这种技术。

使用垂直起降技术的飞机机动灵活，具有常规飞机无可比拟的优点：

首先，具有垂直起降能力的飞机不需要专门的机场和跑道，降低了使用成本。其次，垂直起降飞机只需要很小的平地就可以起飞和着陆，所以在战争中飞机可以分散配置，便于伪装，不易被敌方发现，大大提高了飞机的战场生存率。最后，由于垂直起降飞机即使在被毁坏的机场跑道上或者是前线的简易机场上也可以升空作战，所以出勤率也大幅提高，并且对敌方的打击具有很高的突然性。

但使用垂直起降技术的飞机同时也有许多重大的缺点：

首先是航程短，由于要实现垂直起降，飞机的起飞重量只能是发动机推力的83%～85%，这就使飞机的有效载荷大大受到限制，影响了飞机的载油量和航程。同时，飞机垂直起飞时发动机工作在最大状态，耗油量极大，也限制了飞机的作战半径。例如“鹞”式飞机的载重量为1060千克时，作战半径只有92公里。所以在实际使用中，“鹞”式飞机尽量使用短距起飞的方式，以延长飞机的航程。因此，垂直起落飞机又称为垂直/短距起落飞机。另外，由于垂直起落飞机在实战中，经常需要分散在野外，所以它的维护也非常困难。

垂直/短距起降飞机是海军青睐的机种，因为舰船上的飞行甲板的长度总是有限的，垂直/短距起落技术就显得尤为实用。装备英国“皇家方舟”号航母的“海鹞”就是“鹞”式的海军型。“海鹞”还使用了“斜曲面跃飞”的短距起落技术，通过在航母上安装12度的斜甲板，可以让飞机滑跑跃飞，再利用推力转向，使飞机在推力不足的情况下仍能在空中稳定加速。苏联曾研制了雅克-38、雅克-141等型号的垂直起降战斗机。垂直起降技术虽然不是一个新技术，而且存在一些重大弱点，但是它的优点的确使人无法割舍。美国目前就正在发展新一代垂直/短距起降飞机（V/STOL）。随着航空科技的发展，垂直起降技术必将进入一个新的发展高峰。

4. 电磁弹射起飞

电磁弹射就是采用电磁的能量来推动被弹射的物体向外运动，与蒸汽弹射器相比电磁弹射器的优点主要是体积减小了很多，操纵人数也要少了30%左右，对舰上辅助系统要求低、效率高、重量轻、运行和维护费用低廉，而且电磁弹射器的弹射力度可控，可以弹射无人机，缺点是耗电，但对于全电力推动的航母和核动力航母来说不是太大的问题。

美国海军从1982年开始进行电磁弹射系统的技术研究。直到2004年秋天电磁弹射器进入成品测试阶段，美国海军测试后选定通用原子能公司作为生产商。美国海军技术网站透露，通用原子能公司的系统采用线性电磁加速电动机，已经在新泽西州赫斯特湖试验中心完成了测试。

电磁弹射器是一个复杂的集成系统，其核心是直线弹射电动机。这种电动机的概念类似磁悬浮列车采用的技术，与磁悬浮列车所不同的是，磁悬浮列车的运动是飘浮在空气中，而弹射电动机带有滚轮，带着一个往复车沿弹射器轨道滑行。工作时，电动机得到供电，往复车在电磁力的作用下，拉着飞机沿弹射冲程加速到起飞速度。飞机脱挂后，往复车受到反向力的制动，低速回到出发的位置。

在技术方面，蒸汽弹射器和电磁弹射器之间的差别，如同老式蒸汽火车与现代磁悬浮列车之间的差别，这就决定了电磁弹射器在性能上遥遥领先。美国海军CVN-21级新型核动力航母，将取代现役的“尼米兹”级核动力航母，装备4台电磁弹射器的“福特”号航母，正是该级航母的首舰。

二、降落技术

1. 斜角甲板

观察美军的“尼米兹”级航母可以发现，航母上有两条跑道，一条直的一条斜的，斜的那条就是斜角甲板，设置这两条跑道的目的是为了可以让航母同时进行起飞和降落作业，如果只有一条直通甲板的话，飞机起飞时，只得让停放的飞机挤在飞行甲板后半部，而将前半部用作起飞的跑道。然而，这样做不仅影响了飞机的滑跑距离，还必须等飞机起飞腾出跑道，空中的飞机才可以降落，并且稍有不慎，后降落的飞机很容易碰撞到先降落的飞机上。1952年2月，斜角甲板终于由英国人在发明成功。斜角甲板又叫斜、直两段式甲板，位于飞机甲板的左侧，与舰艇艏艉中心线呈6～13度夹角。有了这角度，飞机降落就可与停驻的飞机和起飞作业区分流，同时还可实现弹射和回收作业同时进行。回收区的角度相当重要。角度愈大，对驾驶员着舰的难度就愈大。此外，斜角甲板的设计还可使降落区免遭左舷前弹从喷气火焰挡板引出的热气流的灼伤，从而降低空气紊流的干扰。通常，斜角甲板上只装有供飞机降落用的阻拦索。然而，极少数航空母舰的斜角甲板上也装有一两座弹射器，其目的在于在没有飞机降落时供飞机起飞之用。

2. 降落过程——滑跑一拦阻降落

固定翼舰载机在航空母舰上滑跑降落，尤其是在夜间或在天气不好的情况下，是最困难的飞行技巧了。以美国航空母舰为例，降落过程是这样的：首先回归的飞机要进入环绕母舰的环型航线以降低飞行高度和速度，有些时候可能还需要脱离等待中的降落航线去进行空中加油。在降落时飞机的速度要降低到几乎失速的地步。飞行员将放下起落架、襟翼与空气减速板，将拦阻钩伸出，维持一定的速度和下滑速率。航空母舰上的降落官指挥飞机降落，他不断地告诉飞行员，他离最佳情况的偏差是多少；航空母舰上的降落指示灯提示飞行员，下降时的角度是否正确。在航空母舰的飞行甲板后部有四条拦阻索（尼米兹级航母第九艘CVN76“罗纳德里根”号只有三根）。飞行员必须让降落的飞机在着舰的瞬间用拦阻钩挂上其中一条拦阻索。在最佳情况下他应该挂上第三条，假如他挂上前两条，那么他的下降角度太平，假如他挂上最后一条，那么他的下降角度太陡。在着陆时飞行员必须将飞机完全压低，这样他可以保证钩住一条拦截索。同时在着舰的瞬间他必须将发动机开到最大，这样假如他没有挂上拦阻索的话他可以在最短的时间之内加速离开甲板复飞，以避免失速落入海中，并重新回到降落航线。拦阻索是由液压制动的，它在挂住飞机后可以在2秒钟和50米内使飞机停下来。飞行员会依照甲板上的地勤人员的指示将发动机的推力降低到慢车并且离开降落区。在紧急情况下，比如飞机的挂钩损坏了，飞机无法使用拦阻索降落停下来，在甲板上可以拉起拦截网来协助飞机迫降。

垂直/短距起降飞机不用拦阻索降落，而是将飞机速度降到足够低以后直接在甲板上降落并靠刹车停稳。

第四节　武器装备

航空母舰的主要武器装备是它装载的各种舰载机，歼击机、轰炸机、预警机、固定翼反潜机、电子战机、救援直升机等。航空母舰利用舰载机进行空中截击、对海对陆进行攻击，直接把敌人消灭在距离航母数百千米之外的领域。舰载机是航空母舰最好的进攻和防御武器。从理论上说，没有一种舰载雷达的扫描范围能超过预警机，没有一种舰载反舰导弹的射程能超过战机的航程，没有任何一种舰载反潜设备的反潜能力能超过反潜机或反潜直升机。整个航空母舰战斗群可以在航母的整体控制指挥下，对数百公里外的敌对目标实施搜索、追踪、锁定、攻击，所以无须再安装其他进攻性武器。

航空母舰上也装备自卫武器，有火炮武器、导弹武器。苏联的航母同时装备有远程舰对舰导弹，从这一点来说苏联的航母是“航母与巡洋舰的混合体”。武器装备还有对空、对舰甚至反潜导弹，自卫武器毫不含糊，对自身的保护起了很大作用。

第五节　主要分类

一、按任务分类

根据执行任务类型分为攻击航空母舰、反潜航空母舰、护航航空母舰和多用途航空母舰。攻击型航空母舰主要载有战斗机和攻击机，反潜航空母舰载有反潜直升机。多用途航空母舰既载有直升机，又载有战斗机和攻击机。现在各国装备的航母多为多用途航空母舰。

二、按排水量分类

大型航母（排水量6万吨及以上），中型航母（排水量3万～6万吨）和小型航母（排水量3万吨以下）。

三、按舰载机分类

有固定翼飞机航空母舰和直升机航空母舰，前者可以搭乘和起降包括传统起降方式的固定翼飞机和直升机在内的各种飞机，而后者则只能起降直升机或是可以垂直起降的固定翼飞机。现在如美国，已经在航母上装备折叠翼战机。

四、按动力装置分类

核动力航空母舰和常规动力航空母舰。核动力航空母舰以核反应堆为动力装置。常规动力航空母舰以蒸汽轮机为基本动力的航空母舰。核动力航母的续航时间比常规动力航母要长得多，一般核动力航母满载的核燃料可以连续使用30年不用加燃料。

五、其他分类

此外，一些国家的海军还有一种外观类似的舰船，称作“两栖攻击舰”，也能搭乘和起降军用直升机或是可垂直起降的定翼机。这种两栖登陆舰好似被缩小的航母，用途也很广泛，主要是作为抢滩登陆的运输工具。

第六节 存在弱点

（1）航母的目标大，很容易被发现。整个航母编队少则有七八艘各型舰艇，多则十余艘，其电子元件越来越多，雷达反射体多，反射截面大，电磁信号，红外信号，音频信号特征非常明显，很容易被对方各种探测设施发现。被发现后，航母编队就要面对敌人多方向，多批次的频繁袭扰和攻击，疲于应付。

（2）航母后勤能力差，需要携带大量的油料和弹药，加上燃料消耗、食物消耗、弹药消耗，舰队需要非常庞大的补给。通常1艘核动力航空母舰在无补给条件下只能连续作战12昼夜，而常规航空母舰只能连续作战7昼夜，海上补给时，舰载飞机停止起降，易受突袭。

（3）空防网络有漏洞。2000年10月和11月。俄罗斯战机两次到“小鹰”号航母上空“视察”，打破了美国航母战斗群“滴水不漏”的防卫神话。航母自卫能力较小，依赖伴随的其他舰艇和潜艇以及其运载飞机的协防，所以只要打击这些“保镖”就能让航母露出死穴来。

（4）航母甲板上面的弹射器、阻拦器、雷达和水下推进器等容易被攻击而暂时失去功能；停在飞行甲板舰载机容易被损毁，使航母的攻防效能大大下降。这时，航母更容易被连续攻击、重创，直至被击沉。

（5）航母的战斗力受气象变化的影响较大。尽管航空母舰本身可以经受较强的风浪，在12级风浪的海况下也能够航行，但航母上的舰载机易受到海浪和气象条件的影响，风、浪能见度等都会限制飞机起降。美国海军规定，风力必须在6级以下航空母舰才能起降舰载机。一旦风力达到8级，海浪达6～7级，大部分舰载机便难以起飞，即使有飞机升空，发射器也受气象条件的严重制约。

第七节　主要优势

（1）航母都是编队出去的，不是单枪匹马出去的，所以必须有很多属舰保护它。一般来说像美国有巡洋舰、驱护舰、驱逐舰，有核动力攻击潜艇，还有快速支援舰或者是其他的综合保障舰艇，来把航母团团围住，保护好，所以上头的各种反潜能力或者反舰能力、防舰能力或者防空能力都是好几层的，你要想攻击它比较难，但是它要想打你，作战半径在1000公里左右，我们通常说攻防能力很强。它可以担负多种多样的海上任务，包括非战争军事行动任务。

航母是集各种高新技术和众多先进武器装备于一身的“海上巨无霸”。通常用八个字“舰机合一、攻防兼备”来形容这个超强的海上作战平台。可想而知它的防御性有多么强。航母的一个编队出去，就有驱逐舰、护卫舰、潜艇等，是一个庞大的舰队，它的防御能力是非常好的。

（2）以美国海军航母编队为例，比如说反潜，有三层反潜力量，航母编队中过去由固定翼反潜机担负最外层的反潜任务，包括搜寻和攻击。但是近几年，这款固定翼反潜机逐渐被淘汰了，也已采用反潜直升机，比如说用SH—60来担负海上最外层反潜，这也能达到两三百公里范围。第二层，靠反潜护卫队的水面舰艇，比如说像反潜驱逐舰，包括护卫舰，担任第二层反潜搜索和攻击任务。第三层，用军用舰载直升机来担负第三层任务。除此之外，各个属舰上都有一定的反潜能力。基本上整个航母编队的反潜能力可以达到三层或者更多，一般来说，现在很多航母本舰的反潜能力是比较弱的，所以通过这三层或者比三层更多的反潜能力，能够有效保护自己不遭受对方攻击，甚至能够更好地打击对方、消灭对方。

（3）航母具有攻击性强、防御性强的特点，但是现在和平时期，一般都用于海洋搜救、防海盗、打击恐怖活动等。在这些方面，航母作为一个庞大的编队是冲在最前面的。美国不管它的航母发展多好，除了现有的航母以外，它仍继续在研制一些更为先进的航母，这是一种发展趋势，也代表了世界的航母发展趋势。所以，美国的海军在引领着世界海军发展的潮流。

（4）国家综合实力的强弱，在很大程度上，可以从航母编队上体现出来。如果一个国家的综合实力不强，就不太可能拥有它。随着综合国力的提高，特别是技术和造船工业能力的提高，才能够使一个国家有能力发展和建造航母。从这个意义上来说，航空母舰是一个国家综合实力的体现。有了航母以后，国家的海上力量将出现立体化、体系化、综合化和信息化的提升，将一个国家的海上活动能力从近海推向了中远海。航空母舰是一个大型海上活动机场，可以在更远的海域活动，所以任何一个拥有航母的国家在中远海海域都具备这样的能力。与此同时带来整个国家军事力量，最直接的就是海军力量编制体制、指挥体系以及后勤保障的变化，甚至于法规条令、作战理论等一系列变化，从而使国家海空力量出现结构性的调整和变化，所以它带来的意义和影响是非常巨大的。

（5）航空母舰的建造对于提高世界各国海军的作战能力非常重要，已经成为海军系统建设、武器装备建设发展的龙头。海军是一个知识密集、技术复杂的军种，海军建设只有在精心筹划下才能形成海上作战能力。现在许多国家海军的整体建设没有大的突破，或者说受到了很大的限制，实际上很大的一个原因是没有发展提纲挈领的重要武器装备。发展航空母舰就牵引了其他兵种武器的发展。比如潜艇、驱逐舰、护卫舰、巡洋舰、运输舰等，还有很多信息保障力量。所以，发展航空母舰从一定意义上讲，就等于抓住了海军建设的龙头，带动了海军全面、系统、协调发展。

第十七章

中国船舶工业前景研究

进入新世纪以来，世界经济稳定增长，航运业持续发展，世界造船业正在并将继续经历30年不遇的市场高峰期，世界造船市场呈现兴旺发展的势头。另一方面，各种新技术层出不穷，新能源技术，电力推动技术，环保技术，新材料技术等不断应用到造船工业这一重要领域，现代造船技术正朝着高度机械化、自动化、集成化、模块化、计算机化方向发展。

第一节　中国船舶工业发展具有重要性

一、是国防建设中的重要力量

对领土定义加以研读可知，领土包括一个国家的陆地、河流、湖泊、内海、领海以及它们的底床、底土和上空（领空）。其中，很多领土都和水域相关，船舶工业也就具备了更大的用武之地。众所周知，我国有着极为广阔的海域，船舶工业被人称为是维系国家安全的重要产业。从1949年至今，我国船舶工业已经为海军建设提供了大量的现代化装备，中国海军舰队也已经发生巨大变化，逐渐形成一支初具现代化规模的近海防御力量。从20世纪90

图17-1　蓬勃发展的中国船舶工业

年代起，我国船舶工业就研制出了新型战斗舰艇与军辅船，这些先进的装备皆用来装备海军部队，提升了我国海军现代化建设的水平，对于保卫国家海疆、维护国家海洋安全都有突出贡献。不但如此，历经多年的发展，船舶工业亦为我国海洋开发、水产捕捞、水上运输等部门提供了船舶装备，既有各类工程作业船舶，也有先进的内河、沿海、远洋运输船舶，还有不同用途的海洋调查船等。上述船舶装备的提供，满足了我国水运交通的需要，也促进了港口建设、航区拓展、船舶疏浚、海洋石油开采、水产捕捞、海洋资源开发等诸多事业的稳固发展。综上所述，船舶工业是国防安全与经济建设中的一支重要力量。

二、与上下游产业有密切的联系

船舶工业和上下游产业间有着密切的关系，对我国国民经济发展起到巨大推动作用。船舶工业的发展需要上下游产业为其提供诸多原料与配套产品，和国民经济诸多产业部门间皆存在广泛联系。相关数据表明，在国民经济的116个产业部门中，船舶工业位居第16位，并与其他97个产业部门有直接关联，关联面高达84%。在整个运输设备制造业中，船舶工业的影响力是最大的，和国民经济中的其他产业相比，船舶工业的影响力也是很大的。由此可知，船舶工业和其他产业间存在密切关联，且关联面广、关联度高，船舶工业的快速发展将对相关产业产生有益影响，形成一个产业链条，从而促进我国产业结构优化升级，带动地方经济与周边区域经济的蓬勃发展，推动我国城镇化建设，缓解劳动力就业压力。

三、促进出口外汇及外贸事业发展

船舶工业历来都扮演着重要角色，因为船舶为大型工业产品，具有很高的产品价值与极强的出口创汇能力。一般而言，船舶工业的创汇能力表现为两个方面：一是创汇额大；二是人均创汇率高。我国贸易出口情况良好，其中一部分源于船舶工业的贡献。我国在社会主义市场经济条件下，外贸出口是国民经济运行的必要条件，有着发挥市场经济优势、促进国民经济增长、提高人民生活水平的重要作用。除此之外，船舶出口增长也有益于优化我国外贸出口结构，改善我国整体工业结构，提高我国国民经济的运行质量。

四、促进高新技术的应用与发展

船舶工业涉及数量众多的学科、专业及产品，也涉及许多高新技术应用领域，素有“综合工业桂冠”的称号。船舶本身是一个庞大而复杂的系统，军舰和潜艇等产品需要数量更多的、更为精密高端的配件辅助才能正常运行。由此可知，船舶工业发展应用到诸多不同领域的高新技术，船舶工业自身也是一个重要平台，能够为高新技术的研究与应用提供重要阵地。举例说明，通过一艘驱逐舰，我们就能够判断出其生产国的科技水平与综合能力，由此可知，我国船舶工业的发展能够促进高新技术的应用与发展，也有利于我国整体科技实力的提升。

第二节　中国船舶工业的显著成就

新世纪以来，中国船舶工业取得了长足进步，各项指标均呈现快速增长的良好态势。

一是产业规模不断扩大。截至2008年底，我国规模以上的船舶工业企业有1242家，其中船舶制造企业600家，船舶配套设备企业368家，全行业直接从业人员近百万人。2008年，船舶工业完成工业总产值4143亿元，实现工业增加值1180亿元，利润总额310亿元，分别是2003年的6倍、7.7倍和32.3倍。

二是造船产量快速增长。2003—2008年，我国累计完成造船9463万（载重吨），平均增速达到35%以上。其中出口船舶6585万吨，占总产量的70%，远销150多个国家和地区。2008年造船完工2881万吨，占世界造船完工量的29.5%；新接订单5818万吨，占世界造船企业新接订单的37.7%。手持2.05亿吨，占世界船舶工业手持订单的35.5%，均居世界第二位。

三是综合实力稳步提升。散货船、油船、集装箱船三大主流船型整体经济技术水平在国际上初步具有一定的竞争优势，已经具备了三大主流船型的自主开发能力。手持订单中散货船市场占有率达到国际市场的46%，居世界第一位。油船和集装箱船的市场占有率分别达到国际市场的27%和20%，均居世界第二位。除豪华邮轮外，我国已经能够建造大型天然气船、大型客滚

图17-2　中国船舶

船、大型挖泥船、万箱级集装箱船等在内的各种高技术船舶。在海洋工程装备领域也实现了重大突破，承接建造了30万吨海上浮式生产储油轮和国际上先进的3000米深水半潜式钻井平台。船用低速柴油机曲轴实现了批量生产。现代造船模式得到推广。大型船舶企业建造周期和质量管理达到国际先进水平，如上海外高桥造船有限公司的17.5万吨散货船，船坞周期和码头周期分别缩短到50天和37天以内，大连船舶重工集团建造的VLCC油船下水周期缩短到38天，基本与国际先进水平持平。这里，特别要提到的是中国船舶工业的迅速发展，十分得益于计算机技术在船舶工业中的应用和推广，包括各个造船环节，如制造、管理、设计、分析、后评估和报价等。

第三节 中国船舶工业面临的挑战

“十二五”期间，我国船舶工业取得了举世瞩目的成就。我国首艘航母“辽宁号”正式加入海军序列，“蛟龙号”载人深潜器创造了下潜7062米载人深潜的纪录，“海洋石油981”号半潜式钻井平台开赴南海实施钻井作业，世界最大的1.8万TEU集装箱船批量交付，我国首个豪华游轮项目正式启动……虽然“十二五”期间中国船舶工业的造船规模快速跃升至世界第一，并生产了许多具有标志性的高端船舶产品，但是其仍面临着难以改变的世界经济增长乏力的现状，运力、产能过剩的矛盾仍然突出，行业竞争正逐步从低端向高端蔓延等一系列严峻问题。另外，海运规模整体下滑以及船舶产能的总体过剩也给船舶产业持续健康发展带来了严峻的挑战。船舶工业是高度的全球化产业，2008年以来，世界金融危机的影响不断加深，给世界船市带来了极为严重的冲击，船舶工业发展面临的外部环境恶化，一些长期以来制约船舶工业发展的问题更加突出，很多新的风险因素正在集聚，使中国船舶工业面临着严峻的压力和挑战，有些问题是在金融危机笼罩下全球造船业出现的共性问题，但也有一些是我国船舶工业发展过程中特有的问题。

（1）国际船舶市场新船成交基本停滞、新船价格不断下滑。受造船业产业链系统风险释放的影响，全球船舶市场持续低迷。

（2）全球船厂的“撤单、改单、合同重谈”现象增加。在造船市场新船订单需求长时间萎缩、航运市场长时期低位徘徊、船东资产大幅缩水等因素的作用下，“订单撤销”“改单”和“合同重谈”的案例显著增多，船东撤单的现象呈加剧发展趋势，涉及船型已从三大主力船型扩展至特种船、海洋工程船等，从中小型船扩展至大型船。

（3）由于航运市场的萧条，国内外的船东的效益显著下降，银行对船东的支持力度减弱，融资的难度大为增加，全球船舶融资机构的资金不足以支撑当前的订单规模，船东造船资金缺口巨大，船厂的融资难度也同时增加，给采购、生产和技术改造都带来新的困难。

（4）全球产能过剩的问题日益突出，对中国而言，其压力更为突出。由于新船有效需求严重不足，手持订单量回落，与世界造船能力正处于集中释放的高峰相背而行，全球性造船能力过剩的局面将逐渐显现。受前几年船舶市场需求爆发式增长的影响，我国造船基础设施能力大幅增长，以致中国造船能力过剩处于雪上加霜状态。

（5）面对“十三五”时期，中国将大力实施网络强国战略、国家大数据战略、“互联网+”行动计划，推动网络经济创新发展。造船业作为传统产业的典型代表，兼具劳动密集型、资金密集型、技术密集型等特点。但正是这样一个错综复杂的制造系统，在互联互通、智能物联、大数据应用等方面与数字造船的总体目标还存在着相当大的差距。信息孤岛的现象依然存在，人机互联的智能化应用匮乏，大数据后台信息处理基本处于空白状态。

（6）空间换时间的造船模式已逐渐被用到了极限，且这种模式也带来了整体管理负荷增加、安全隐患增大以及多部门协调联动难度加大等问题，因而传统造船模式已经难以满足极限船坞周期下的快节奏生产要求。

第四节　中国船舶工业的发展规划

为贯彻落实党中央、国务院关于推进供给侧结构性改革、建设海洋强国和制造强国的决策部署，全面深化“十三五”时期船舶工业结构调整，加快转型升级，促进产业持续健康发展，2017年1月12日，由工业和信息化部、国家发展和改革委员会、财政部、中国人民银行、银监会、国防科工局联合编制的《船舶工业深化结构调整加快转型升级行动计划（2016—2020年）》（以下简称《行动计划》）正式发布。该《行动计划》明确了“十三五”期间我国船舶工业深化结构调整加快转型升级的总体要求、重点任务和保障措施，并提出，到2020年，建成规模实力雄厚、创新能力强、质量效益好、结构优化的船舶工业体系，力争步入世界造船强国和海洋工程装备制造先进国家行列。

该《行动计划》指出，“十三五”时期是我国船舶工业由大到强的战略机遇期，我国船舶工业要按照“五位一体”总体布局和“四个全面”战略布局，牢固树立创新、协调、绿色、开放、共享的发展理念，紧紧围绕《中国制造2025》和建设海洋强国的战略目标，以创新发展和产业升级为核心，以制造技术与信息技术深度融合为重要抓手，大力推进供给侧结构性改革，稳增长、去产能、补短板、降成本、调结构、提质量、强品牌，全面提升产业国际竞争力和持续发展能力。

该《行动计划》强调，我国船舶工业要坚持创新驱动、深化融合、优化结构、开放协同四项基本原则，做到市场份额稳中有升、创新能力世界前列、结构调整成效显著、质量效率大幅提升，到2020年，建成规模实力雄厚、创新能力强、质量效益好、结构优化的船舶工业体系，力争步入世界造船强国和海洋工程装备制造先进国家行列。

该《行动计划》提出了六大重点任务：一是提高科技创新引领力，加强基础及前沿技术研究，建设高水平创新中心，实施重大专项工程；二是调整优化产业结构，努力化解过剩产能，大力扶植优强企业，积极培育新的经济增长点；三是发展先进高效制造模式，大力推进智能制造，积极发展“互联网+”与服务型制造，全面推行绿色制造；四是构筑中国船舶制造知名品牌，提升产品质量，推进品牌建设，强化制造体系管理；五是推动军民深度融合发展，促进军民协同创新，推进军民资源共享；六是促进全方位开放合作，加快“走出去”步伐，积极引入全球创新资源。

同时，该《行动计划》还提出了加强产业创新和推广应用支持力度、加大金融支持、完善保险支持政策、加强新需求的培育、健全多层次人才保障体系、发挥中介组织和专业机构作用等六个方面的保障措施。

作为指导“十三五”时期我国船舶工业发展的纲领性文件，该《行动计划》与《船舶工业中长期发展规划（2006—2015年）》《船舶工业加快结构调整促进转型升级实施方案（2013—2015年）》《船舶配套产业能力提升行动计划（2016—2020年）》《海洋工程装备工程实施方案》以及《船舶工业“十二五”发展规划》等船舶行业发展诸多指导方案既一脉相承，又相辅相成。该《行动计划》既立足当前，又着眼长远，不仅对补齐科技创新、配套能力等制约发展的短板提出了具体要求，也对化解当前产能过剩矛盾、发展智能制造等明确了目标和任务，有助于当前我国船舶工业更好地开展供给侧结构性改革，提高行业发展的质量和水平，开启我国船舶工业发展的新征程，实现我国从造船大国到造船强国的最终跨越。

第五节　新技术在船舶工业领域的应用前景

一、新能源技术在船舶上的应用形式

1. 太阳能的利用

太阳能的利用主要有两个方面的技术，即光热技术和光伏技术。光热技术是利用太阳光的热辐射，其应用最为成功的领域是太阳能热水器。该项技术的进一步延伸是太阳能热发电，即利用集热器把太阳辐射热能集中起来给水加热产生蒸汽，再通过汽轮机、发电机来发电。考虑到船舶运行过程中对于热水的需求量不高，进行热电转换在有限的船舶空间内难以实施，故而光热利用的可行性不是很高。但是应用光热技术代替常用的蒸汽盘管和电加热盘管对船舶所使用的重油进行预加热，是一个值得关注的方向。光伏技术是对太阳光中的短波辐射能照射于硅质半导体上所产生的电能进行调制后加以利用，亦称为光生伏打效应。随着太阳能光伏技术的不断深入发展，其效率、可靠性和稳定性均有了很大的提升，因而从最初的单纯技术研究逐渐转向实际应用领域。太阳能光伏发电应用于船舶是目前绿色船舶发展的一个重要方向。太阳能具有取之不尽、用之不竭特点，且分布遍及世界各地，不产生任何污染物或废弃物，但其强度受到季节、地区、气候等各种因素的影响。

图17-3　位于甲板上的太阳能电池板

2. 风能的利用

源于地球表面大量空气流动所产生的动能风能，是一种无污染且无限可

图17-4　南澳小渔船用“绿色电源”风能发电

再生资源。人类对风能的利用历史可以追溯到公元前，随着科学技术水平的不断进步，工业社会对于风能的利用有着丰富的经验，配套产业和基础设施也较为成熟。但是，风能利用存在着间歇性、噪声大、受地形影响和干扰雷达信号等难以彻底消除的缺点。当前，风能利用主要以风能作动力（风帆助航）和风力发电两种形式为主，在船舶上的应用形式偏重于作为航行的主动力或辅助动力，只在少数船舶上应用风力发电技术。风能具有可再生，永不枯竭的特点，分布广泛，遍布世界各地，属于典型清洁能源，不存在任何污染，但是其稳定性较差，投资成本较高。

3. 生物质能的利用

生物质能的利用主要有直接燃烧、热化学转换和生物化学转换等三种途径。船舶属于一个相对独立且空间区域较为有限的结构体，机舱内电、气、热设备和系统高度集成，考虑在船舶内附加安装生物质能转换装置有着不可避免的局限性，故而可行性不高。就船舶现有设备条件出发，直接或间接使用由生物质能转换而成的替代燃料（例如生物柴油等）是主要的应用模式。生物质能可以再生，循环利用，分布广泛，遍布世界各地，污染性较低，但其单位面积获得量偏低。

4. 海洋能的应用

海洋能是一种蕴藏丰富、分布广、清洁无污染，但能量密度低、地域性强的能源形式，通常指蕴藏于海洋中的可再生能源，主要包括潮汐能、波浪能、海流能、海水温差能、海水盐差能等。目前，利用海洋能的主要发展方向是将海浪、海流等短周期波所具有的动能和势能转换为电能。在船舶上进行海洋能的利用受到多方面条件的制约：其一，海水能量密度不高造成机械能转换为电能的设备过于庞大；其二，船舶在运营中是一个移动平台，在其自身运动过程中同时利用海洋能，将对其自身造成不可避免的负面影响，如船舶流阻增大和动力性降低等问题。故而直接在航运船舶上应用海洋能不是首推的研究方向。但是根据波浪能和水流能的特点，波浪能发电可应用于航标或者小型灯船，水流能可在趸船和航标船上得到应用。

5. 核能的应用

核能作为一种能源，特别是一种动力能源，其优越性相当明显。核动力反应堆可以用来发电、供热和推动船舰。在作为船舶动力源方面，核动力装置首先是被应用于潜艇和航空母舰等军用舰艇，而后建造核动力舰艇的一些国家也将船用核动力堆用于推动民用水面船舶，如核动力客船、散货船和破冰船等。核能具有体积小、能量巨大的优点，运输与储存较方便，安全性高，污染性较低，但有强大的放射性和杀伤性，技术和管理要求高。

二、电力推进技术在船舶上的应用形式

1. 电力推进与常规柴油机机械推进的比较

伴随着电力推进在船舶上的应用至今已有一百多年的发展历程中，主流的船舶动力系统，也随着技术的进步，已从蒸汽动力装置、汽轮机动力装置发展到目前的以柴油机动力装置即柴油机机械推进为主要的推进形式。本文提到的电力推进主要是指柴油电力推进，即由柴油机发电后，通过电站供电变流装置驱动电动机，以带动螺旋桨来实现船舶推进。和常规柴油机机械推进相比，电力推进具有如下优点：

（1）经济性好。多台中速柴油机用于发电，可根据用电负荷选择发电机运行台数，使机组始终运行于高效工作区，实现最大的经济性。根据某知名公司统计，同功率的船，采用电力推进要比内燃机推进耗油减少10%左右，航速可提高0.5节。

（2）操纵性好。推进电机转速易于调节，在正反转各种转速下都能提供恒定转矩，因此能得到最佳的工作特性，使船舶取得优良的操纵性。

（3）安全性好。柴油机推进的船舶，一旦主机重要部件或舵机、机械出现故障往往导致瘫船。而电力推进使用多台原动机，个别机组故障不致丧失动力。电力推进系统多采用两套以上互为备用。

（4）节省空间。传统船舶轴系长度往往占到船长的40%左右，电力推进的船舶省却了传动轴系、减速齿轮箱，改善了机舱布置，使动力装置安排更加合理，节省了大量空间。

（5）噪声低。采用电力推进后，主要振动源——发动机安装在弹性底座

上，以恒定转速运行，与轴系和船体也无直接联结，大大减少了振动和噪声，提高了船员和乘客舒适程度。这对客轮十分重要。

（6）有利于船舶控制环境污染。对同一功率船舶而言，电力推进中的中速柴油机可以始终在最佳工作区工作，燃油燃烧质量好，燃烧产物中的NOX含量少。

2. 电力推进在船舶上的应用概况

当前电力推进和常规柴油机机械推进形式并存，主要从经济性和使用功效上在不同船型上体现。比如以散货船、油船和集装箱船为代表的运输船的运行模式，相对来说比较平稳，即在船舶寿命周期内的大部分时间里，其推进功率近似为恒定值，其使用电力推进系统并不能带来什么经济效益，相反从设备配置上还增加了成本，所以这些运输船还基本沿用了传统的或常规的柴油机机械推进。对一些有多种运行模式或有特殊作业要求的船舶，比如需要有足够大的功率进行其他操作（控位等）、高机动性、高冗余度、低噪声以及低振动等，采用电力推进系统就比较合适。

3. 电力推进技术在船舶上的应用实例

（1）邮轮和渡轮。

客轮使用电力推进，是基于客轮通常对船上舒适性有非常高的要求，如船体不能有太大的噪声和振动等。另外可靠性和可用性对确保客轮和乘客的安全非常重要。使用（吊舱式）电力推进能显著提高客轮机动性和降低燃料费用，并且能够将船舶的推进效率提高近10%。客轮使用电力推进，也体现人们对于环境问题的日益关注，进一步减少（碳氧、氮氧和硫氧化物）排放、减少燃油泄露并减免锚泊对珊瑚礁等自然生态的旅游资源的破坏等。

（2）钻井装置、采油船和油轮。

随着人们向深海区域钻探和开采石油，动力定位或推进器辅助定位锚泊技术在钻井装置（船舶）和采油船上得到应用。而用于控位（即动力定位操纵）的推进器通常也是用于船舶行驶操作和机动操作的主推进系统的一个组成部分（包括全部推进装置或指定部分推进装置）。这类船舶一般采用同一电站，供电于电力推进、动力定位、钻井、采油及生活设施等负荷，从而保证操作灵活、能源效率高、可用性强。穿梭油轮主要用于将石油从海上设施（平台、FPSO等）运输到岸上石油加工或转运码头。穿梭油轮一般都配备了动力定位系统，以保障在不同环境条件下，能够将船身准确地保持在某个固定位置即控位，进行装卸油。相应地，这些穿梭油轮，一般也都同时装备了电力推进系统。

（3）海上工程支援船和海上施工船。

以动力定位作为主要操作模式的船舶，如潜水支援船、起重船以及管道敷设船等，很早就开始采用电力推进系统。对于多操作模式的船舶来说，与采用传统机械式推进系统相比，采用柴油电力推进系统可显著减少船舶的燃油消耗和废物排放。据船主报告，采用柴油电力推进系统每年可节省燃油消耗30%～40%。

（4）挖泥船和施工船。

以挖泥船、施工船和风车安装船为代表的浅水作业船舶中，电力推进系统和控位系统也得到应用。在对船舶机动性和燃油效率要求比较高以及需要经常改变工作地点的应用场合，十分适宜采用电力推进系统。

（5）快艇和休闲艇。

对快艇和休闲艇这类小而专的船舶来说，舒适性和环境友好性是最重要的设计准则，高效率、低振动、低噪声的电力推进系统在这类船舶中日益普及。

（6）破冰船和冰区航行船。

破冰船和冰区航行船的推进负荷随时可能发生急剧变化，因此破冰船和冰区航行船的推进系统必须具有非常好的动力性能，以免发生过载或出现意外。自从20世纪80年代开始，绝大部分新建破冰船和冰区航行船都采用了电力推进系统。

（7）军用舰艇。

在潜艇上，由柴油机发电和蓄电池储能设备、燃料电池或核电站等提供动力的电力推进系统也已得到应用。

从概念上讲，军用舰艇与商用船舶的电力推进系统并没有太大的区别，但由于军用舰艇对电力推进系统可用性和冗余性的要求通常更加严格，应用于二者的解决方案定会有所不同。另外，电力推进装置主要部件（变频器）在军用舰艇上使用的必要前提就是必须具有很好的抗冲击性能和低噪声特征。

（8）科学考察船。

地质考察船、海洋考察船、渔业考察船等都对水下噪声有非常严格的要求，其允许噪声通常比其他船舶的正常噪声低几十分贝。这些船舶降低水下噪声的常用措施，包括采用直流电机直接推进以及采用特殊措施对振动和转矩波动进行过滤和消减等。通过使用先进的变频器和噪声过滤技术，目前交流电机也已能够用于这种对水下噪声要求非常严格的场合，并在实际船舶设计中得到了应用。

（9）其他类船。

关于在其他类新船种中使用电力推进系统，人们一直都在积极地进行探索和评估。由于采用电力推进系统会增加投资成本，目前尚未在液化天然气、化学品运输船，滚装船，集装箱船及渔船等一些主要船种中投入应用。然而，即使是船舶设计标准和操作标准发生微小改变，如降低燃油费用、减少排放、出台新管理规定以及降低设备成本等，都有可能极大地推动电力推进技术在新领域中的应用。

4. 当前的几类船舶电力推进方式

20世纪70年代以前，主要采用直流电力推进方式，充分应用直流电机转速调整范围宽广和平滑、过载起动和制动转矩大、逆转运行特性好的特点。而交流电机尽管具有输出功率大、极限转速高、结构简单、成本低、体积小、运行可靠等优点，但限于当时的技术限制，调速困难，应用较少。随着现代控制理论和数字控制、直接转矩控制、矢量控制等电力电子技术的发展，交流调速系统的性能已经可以与直流调速系统相媲美。交流电力推进方式的应用，已经成为船舶电力推进发展的主流，呈现出蓬勃发展的态势。水面船只，交流电力推进占主导地位，所选用的交流电动机，以交流异步电机、交流同步电机、永磁同步电机等形式并存。只有潜艇，仍是直流推进占主导地位。

当前，船舶上应用的电力推进方式多种多样，但归纳起来基本可分为五类：①可控硅整流器+直流电动机；②可调螺距螺旋桨+交流异步电动机；③电流型变频器+交流同步电动机；④交–交变频器+交流同步电动机；⑤电压型变频器+交流异步电动机。

图17–5　第一艘中国船级社认证的搭载直流组网电力推进系统的船舶

三、无人船艇技术在船舶上的应用形式

1. 无人船艇技术

无人驾驶船舶涵盖的技术领域非常广泛，除了传统船舶技术外，还涉及多传感器智能监控系统、自动避碰系统、高可靠高冗余数据传输系统、机电系统自动故障检测系统、自动导航系统、电子海图系统、智能机器人系统等，甚至还涉及现在最热门的物联网和大数据等技术。无人船艇必须能够自主进行环境探测、目标识别、自主避障、路径自主规划等。2013年12月美国军方发布的《无人系统路线图》对无人艇近期（未来5年）、中期（未来10年）、远期（未来25年）的技术发展重点做了细致的说明：无人水面艇近期的技术发展重点将围绕增强型动力系统、通信系统和传感器系统等方面，近期的能力需求是提高在本地受控区域执行特定任务的自主性并提高联网能力；中期将扩展行动范围并增加任务类型；中远期则将重点开发高效自主系统、障碍规避算法以及安全架构等；远期则可在全球自主执行任务。同时还指出，为将无人系统潜能最大化，未来各类无人系统必须实现无缝互操作能力。综合国内外研究现状，目前无人船艇研究涉及关键技术主要有以下几个方面：

（1）航线自动生成与路径规划技术。

静态的航线自动生成与路径规划技术大致可分为两类：一类是基于电子海图的航线自动生成与路径规划技术，通过从电子海图中提取水深、障碍物等信息划分可航区域和不可航区域，然后在可航区域中采用智能搜索算法，如Dijkstra算法、A*算法等寻求最短路径，该类算法已有较多研究，但可航区域的最短路径并不一定是实际可行的航线，例如，规划的最短路径可能在IMO推荐航道中逆向行驶。为了解决这一问题，催生了另一类方法——基于轨迹分析的航线自动生成与路径规划技术。该类方法以船舶历史轨迹为基础，通过轨迹压缩、轨迹聚类等提取实际可航路径。除静态航线自动生成与路径规划技术外，还需解决基于动态环境感知的局部航线自动规划问题。

（2）通信技术。

无人船艇的通信技术主要涉及无线电通信、光学通信、水声通信3个方面，通信对象主要有无人船艇与母船之间、无人船艇之间，通信的内容主要有母船对无人船艇的指令信息、无人船艇实时回传的运动状态信息以及视频信息等，通信媒介在近距离可依靠甚高频通信，远距离可依靠卫星通信。在无人船艇的通信中重点解决超高频扩频通信与卫星通信信号的海上传输抗衰耗技术、

抗多普勒频移技术和抗多种干扰技术问题。

（3）自主决策与避障技术。

为降低无人船艇对远程操控人员的依赖，同时扩展多无人船艇协同作战，需要无人船艇具有较高的自主决策和智能避障能力，以确保无人船艇可以独立地执行中长期远程探测、信息搜集等任务。自主决策与避障技术是无人船艇实现高智能化和全自主型的关键一步，目前已有较多科研机构对船舶智能避碰技术进行了广泛而深入的研究，提出一种基于“拟人”策略的船舶智能避碰决策与控制系统，如图17-6所示。

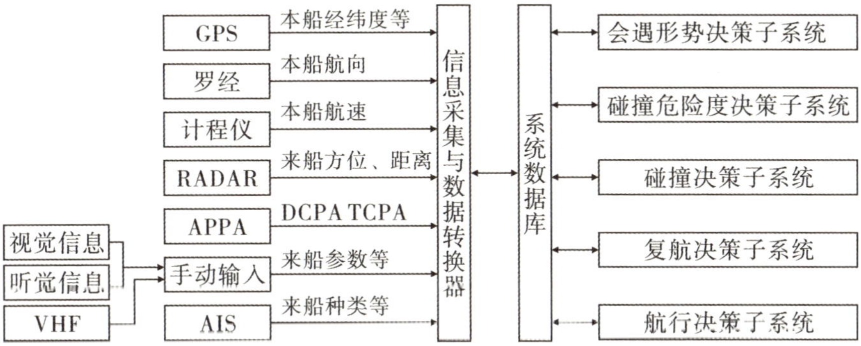

图17-6 基于“拟人”策略的船舶智能避碰决策与控制系统

（4）水面物标探测与目标自动识别技术。

水面物标探测与目标自动识别技术是实现船舶自主决策与自动避障技术的重要基础。由于无人船艇形体较小，受波浪等因素影响较大，六自由度运动较为剧烈，因此水面物标探测与目标自动识别技术首先要解决视频稳像问题和图像质量增强与平滑问题，其次要解决适应水天线和水岸线条件的水界线检测技术、低信噪比和动态背景条件下的目标检测技术以及基于多源数据关联和融合的水面目标跟踪技术。林彬提出了一种基于光视觉的水面图像处理技术，并将经典的跟踪方法Mean-Shift搜索模型和Kalman滤波预测模型用于水面图像中目标位置信息跟踪，融合两者自身的优势，改善了跟踪速度，降低了目标尺度变化的影响。（详见参考文献［33］）

（5）其他。

2007年美国海军发布的《无人艇主计划》为未来无人船艇的发展规划了相关的技术、投资及进程。《无人艇主计划》把无人艇涉及的技术分为两类：

技术不成熟类，如自主性技术、避碰技术、避免威胁技术、目标自动识别技术、子任务自动部署和恢复技术；技术成熟但应用不成熟类，如常规控制技术、武器配置技术、艇体的释放和回收技术。

2. 无人船艇的应用前景

无论在军事上还是民用领域，无人船艇都已有尝试性应用并取得了一定成功。未来，无人船艇的应用领域将越来越广泛，逐步扮演更加重要的角色。

（1）军事领域。

随着无人机、无人船、无人潜艇逐渐在战场上显示出越来越大的威力，无人化战争的发展已经呈现出相对清晰的蓝图，它们在未来海洋国土安全、海洋开发方面将发挥越来越大的作用。近年来，无人船艇广泛用于执行多种战争和非战争军事任务，替代人员执行危险或耗时耗力的任务，在港口防护及舰船兵力保护、海上侦察监视、反潜作战、反水雷战、后勤补给等方面发挥着重要作用，提高作战效能的同时也降低了作战人员的伤亡。目前，世界多国海军的无人艇已不断编入作战序列。随着技术的进步和无人船艇智能化水平的提高，无人船艇在未来作战中将发挥越来越重要的作用，成为战斗力的“倍增器”。

（2）海事巡航监管。

2011年通过的《国际防止船舶造成污染公约附则VI——防止船舶造成空气污染规则》（《MARPOL附则VI》）规定了全球范围内污染物最大排放量标准，同时对指定海域实行更为严格的标准。丹麦最新研制的无人机可通过观测船舶的烟柱监测污染物的含量。基于无人机的监测优势，2012年天津海事局投资300万元租用无人机，定时定点对所辖海域进行监视监控，达到对某些船舶非法排放残油污染海域的震慑作用。鉴于无人机在海事巡航监管方面应用的巨大成功，无人艇同样可以通过搭载摄像机、雷达、污染物探测仪等设备进行海事巡航和监管，这将改变以往主要依靠船舶巡航和直升机航空监测的局面，不仅成本低、反馈信息及时，而且能在夜间和恶劣天气下长时间执行监测任务。

（3）海事搜寻与救助。

以马航MH370空难为例，海难搜救目标往往范围广、距离远，单独依靠大型救援船完成大面积区域的搜寻任务需要花费较长的时间且成本较高，几乎很难在事发2h黄金救援时间内找到现场。无人船艇可以快速、高效、低成本地以集群方式完成大范围的搜寻与救助任务。若用飞机空投一批装载摄像机等搜救探测器和救援物资的无人船进行联合作业，则可立即实现大面积拉网式搜索，一旦发现目标，其他船可以迅速靠近救援。

（4）海洋数据测量与监测。

业内预测，无人船艇在水质监测、水下测绘等十几个方面将有数百亿美元市场。我国至今未能全面普查南海海域地形地貌，其中一个重要的原因就是工作量太大。扫海通常以间隔5米为一个测量点，探明这些水域的测量点将是一个天文数字。无人测绘船可通过搭载自主测绘仪和GPS自动作业。目前，我国这种无人测绘船精度可达到几十厘米，航行的里程达到1000千米。我国近十多年一直在发展在线监测技术，在水面放置浮标，或者在湖边安装设备，通过管道抽取水样。但这种技术的建设成本比较高，而且监测位置是固定的。用无人船艇进行在线监测就容易得多。基于这种移动在线监测，可以实现很多过去实现不了的功能，比如把一个湖面地毯式监测一遍之后就可以拿到水质参数分布图，对于污染的分布、扩散情况一目了然，特别是对现在我国各大湖水藻爆发的预警和防治提出了新的办法和思路。

（5）气象保障服务。

新光集团研制的无人驾驶海上探测船“天象一号”曾为北京奥运会的青岛奥帆赛场提供气象保障服务。“天象一号”无人艇总长6.70米，宽度2.45米，总高3.50米，重2.30吨，船体由玻璃钢和碳纤维制成，搭载了智能驾驶、雷达搜索、卫星应用、图像处理与传输等系统。在奥帆赛期间，无人船不仅进行了风速、风向、气温、湿度、水温、浪高、海水盐度等测量，而且还完成了浮标无法做到的能见度的测量。“天象一号”探测船有人工遥控和自动驾驶两种驾驶方式，如途中遇到障碍物，可通过目标搜索识别系统和处理系统进行避让航行，且具有自稳定功能，可满足在高海况下工作。该船配备可靠的动力系统，航程可达数百千米，一次航行可在海面作业20天左右，填补了我国海洋气象动态探测空白，在应对海洋突发事件和监测海洋、大型湖泊等的环境及灾害预警等方面具有重要意义。

3. 无人船艇的发展趋势

综合国内外研究现状，认为无人船艇的发展将呈现以下4个趋势：

（1）结构模块化。

无人船艇采用模块化的结构设计，可在基本型无人船艇的基础上装配多种“即插即用”型任务模块。同时，通用化、标准化的平台、技术、组件、接口可有效降低无人水面艇的研制、使用风险和成本，简化后勤维修的难度，同时增强其与其他平台之间相互协调的能力。模块化设计和开放式体系结构增强了功能的多样性，同时加快了研发进度并且有效降低研发成本。无人水面艇的这个设计开发特点在未来也将一直保持。结构模块化时要特别注意保证系统性能的高可靠性，使无人船艇在完成要求的任务下能安全回收。

（2）功能智能化。

目前各国正在服役的无人船艇大都属于半自主型，要实现全自主型的无人船艇，必须提升无人船艇的自适应水平和自主决策能力，应对恶劣海况的防摇晃能力也要加强，提高各功能模块的智能化水平。高度智能化的无人船艇可减少对远程操控人员的依赖，降低对通信带宽的要求，同时提升超视距离的执行任务能力。无人船艇必将朝着全自主型的方向发展。

（3）体系网络化。

无人船艇的体系网络化一方面要实现无人船艇与母船、无人船艇之间的集成网络控制，提升无人船艇的协同作战、执行任务的能力；另一方面，要实现无人作战系统的集成网络化。作为未来战争中完成信息对抗、特殊作战使命的重要手段，早在2001年，美国海军在濒海战斗舰作战系统中就提出了利用无人艇、无人潜艇和无人机共同构成海军无人作战体系，完成诸如情报收集、反潜、反水雷、侦查与探测、精确打击等作战任务。

（4）应用广泛化。

无人船艇在军事领域已得到广泛应用，并且在转变军事结构的过程中发挥了重要作用。在军事上，无人船艇已可以执行扫雷、反潜作战、电子战争、支持特种作战等军事任务。近年来，无人船艇在民事上也有一些尝试性应用，例如，应用无人船艇进行气象监测。不久的将来，无人船艇可应用到大面积的海洋测绘和水质监测、大范围搜寻与救助中，在提升覆盖能力的同时降低劳动强度、减少作业时间，应用也逐渐由小型无人船艇向大型无人船艇过渡。

四、环保和新材料技术在船舶上的应用

1. 新型低表面能涂料的应用研究

海生物附着不仅会使船舶的航速下降、燃油消耗量增加，而且还会使船舶及水下设施的腐蚀破坏加剧，维修频率增加，涂料损耗和环境污染相应增大。传统的防污涂料是利用涂料中释放出含铜、锡、汞、铅等毒料来杀死海生物的，这显然不符合绿色制造和维修的理念。因此，研制新型无毒防污涂料在船舶绿色维修领域有着广泛的应用前景。其中，在涂料树脂中引入有机硅化合物，通过降低涂料表面自由能而得到的防污涂料，以其独特的防污机理和优良的防污性能受到广泛关注。

按一定比例配制的聚氨酯预聚物（PPU）/环氧（EP）体系，在多元胺固化剂的交联下，能形成机械性能良好的共混聚合物材料。本文用一种自合成的侧氨基聚硅氧烷（PDMS）对该PPU/EP体系进行改性，得到有机硅改性三元共聚物（PDMS/PU/EP）。同时，辅以适量的填料、助剂等即可获得新型改性有机硅低表面能涂料（APE）。改变有机硅的含量制得一批涂层试样，测试其相关性能参数如表17-1所示。其中涂料的表面自由能通过表面接触角的测试来表征，其他性能参数的测试按照相应国标要求进行。

表17-1　APE系列有机硅低表面能涂层的物性参数

试验编号	PDMS含量（%）	拉伸强度（MPa）	断裂伸长率（%）	表面水接触角（°）
APE—0	0	13.58	54	64 ± 1.5
APE—1	1.96	11.12	115	86 ± 1.0
APE—2	3.85	10.30	184	95 ± 1.5
APE—3	5.66	9.84	260	100 ± 1.0
APE—4	9.09	9.04	340	101 ± 1.5
APE—5	13.04	7.67	332	102 ± 1.0

从表17-1中的结果可以看出，适量有机硅的引入可以在不明显改变其他性能参数的条件下，显著降低涂料的表面自由能，从而获得新型低表面能涂料。将所制备的涂料应用于某型高速舰艇上，每艘艇涂装面积约20平方米，涂装部位为易受蚀的区域：舵板、托架表面和螺旋桨上方区域。1年后对涂敷部位进行观测，并与相同条件下使用现役防蚀涂料的船底进行了对比，如图17-7、图17-8所示。

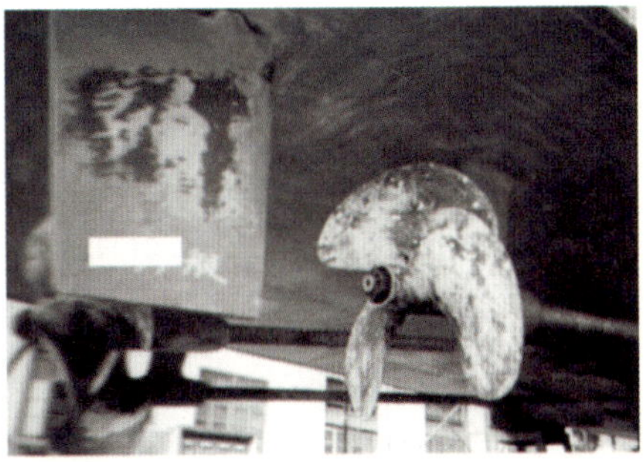

图17-7　未涂敷防蚀涂料的船底

图17-8　使用防蚀涂料的船底

从这两张船底腐蚀形貌照片可以看出：相同使用条件下，低表面能涂层表现出更好的耐腐蚀性能和防污性能，在减小环境污染的同时，降低了维修频率，并由此而带来了维修人力、维修资源的节约，符合绿色维修的理念。随着材料科学的发展，以有机氟树脂及其他低表面能材料的合成为基础，各种新型低表面能涂料相继问世，这类材料的非沾污机理也得到了相应的研究发展，其在船舶绿色维修领域的应用将有着更为广阔的前景。

2. 高性能阻尼材料的应用研究

随着舰船服役时间的增加，舰船机械设备长期运转使得各工作面的公差配合间隙增大，激起船体结构的多共振效应，相应地产生宽频带的振动和噪声，不仅影响机械设备的寿命周期，而且成为噪声污染和影响舰艇隐蔽性的主要因素。为了降低舰船的振动和噪声，一方面要进行减振降噪的系统设计和结构设计，另一方面要使用高性能减振降噪阻尼材料。尤其对于服役多年，结构设计难以更改的舰船，在维修时使用新型的阻尼材料进行处理，通过隔振、吸声、结构包涂等方法达到减振降噪的目的。减振降噪材料种类繁多，其中橡胶弹性体、互穿聚合物网络（IPN）等高分子材料在舰船减振降噪领域有着广泛的应用。目前，性能较好的阻尼材料主要有加拿大学者研制的聚醚氨酯材料，英国学者研制的线性聚氨酯/甲基丙烯酸酯半IPN 材料等。本文研制了聚氨酯/环氧树脂IPN体系，辅以云母等填料最终制得新型IPN阻尼材料ND-1，用日产DDV-Ⅱ型粘弹谱仪测定其动态力学性能（测试频率3.5赫兹，升温速度2℃/分钟，温度范围-100℃～+150℃），以阻尼损耗因子tan δ 表征其阻尼性能，并与现役某型阻尼橡胶（R-11）进行对比，结果如图17-9所示。

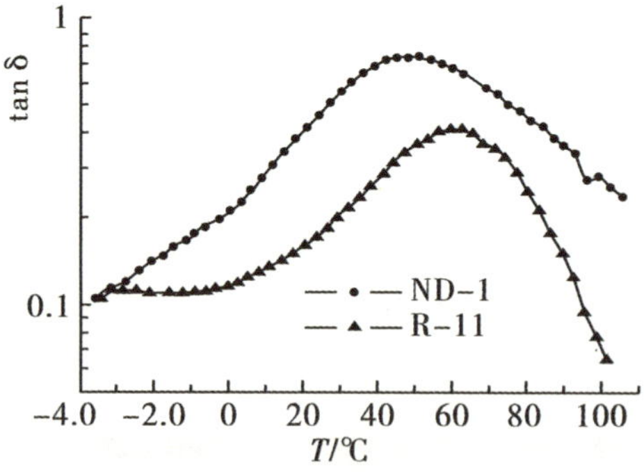

图17-9　IPN 阻尼材料ND-1和R-11橡胶的tan δ —T对比图

可见新型IPN阻尼材料ND-1的损耗因子峰值接近0.9，阻尼损耗温域（tan δ >0.2）超过80℃，均高于R-11阻尼橡胶，表现出更好的阻尼性能。目前国内舰船用阻尼材料主要有片状型材和涂料两种类型。ND-1阻尼材料具有良好的加工工艺，可制成片材，也可作为涂料刮涂。表17-2为ND-1阻尼层与现役橡胶R-11阻尼层的实际应用性能参数的对比。

表17-2 阻尼材料实际应用性能对比

项目	R-11阻尼层	ND—1阻尼层
比重（克/厘米^2）	1.4	1.1
材料损耗因子（tan δ）	0.41	0.90
结构损耗因子（η）	0.12～0.32	0.18～0.34
使用温度（℃）	-20～+60	-30～+60
毒性	可用于水面舰艇	满足所有舰艇使用要求
耐海水（小时）	-	＞5000
耐柴油（小时）	-	＞4200

3. 新型水声吸声材料的应用研究

消声瓦能吸收声呐波，减少敌方主动声呐的作用距离，同时减小艇体向外辐射噪声，从而提高潜艇声隐形能力。但作为潜艇最外面的一层屏障，由于长期受到海水的浸泡冲刷而容易脱落，粘贴和修补消声瓦是潜艇维修中的重要内容，也是一项艰苦而繁重的工作。通过维修材料的更新减少消声瓦的脱落，实现维修人力和材料损耗的节约，无疑体现了绿色维修的理念。本文针对现役消声瓦脱落和难维修的现象，以及潜艇上部分结构（如水平翼、舵结构等）难以敷设消声瓦的现实，通过力学设计和声学设计，研制了具有较高吸声性能，同时力学强度远优于传统橡胶消声瓦的夹心结构复合材料。首先合成聚氨酯基IPN阻尼吸声材料，然后制备一定厚度的玻纤增强不饱和树脂透声材料（GFR），最终制成GFR/IPN/GFR夹心结构吸声材料，如图17-10、图17-11所示。并以潜艇舵部位难以敷设消声瓦为研究背景，从绿色维修的角度考虑舵结构的声隐身处理，以特定厚度的夹心结构吸声材料为舵壳板，制备了某型潜艇舵结构的局部1∶1模型，如图17-12所示。在满足力学强度要求的前提下进行了相应的声学性能测试，结果如图17-13所示。声学性能测试结果表明，声波垂直入射条件下，钢质舵模型反射系数在多数

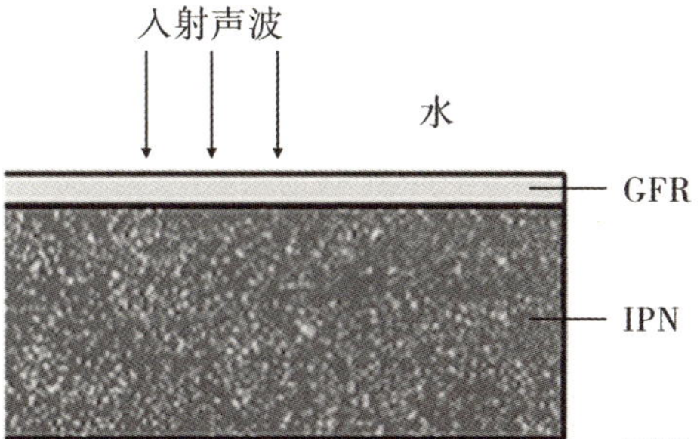

图17-10 水中夹芯结构吸声材料示意图

频段相对较高，吸声系数因子接近0，未在图中标出；而所制备的复合材料舵模型具有良好的吸声性能，特别是在2000赫兹左右的低频段，吸声系数达到了0.8左右，这与目前有关文献上公布的带有空腔的吸声覆盖层的吸声能力相当，而在7000赫兹以上的中高频段吸声系数平均大于0.85。表明所研制的夹芯结构吸声材料具有良好的中低频吸声性能，在满足舵结构强度设计要求的前提下，同时具有良好的吸声性能，为舵等水下海洋结构物的声隐身处理和新概念维修提供了新的材料，为舰船绿色维修设计带来了更大的自由空间。

图17-11　部分夹芯结构复合材料试件

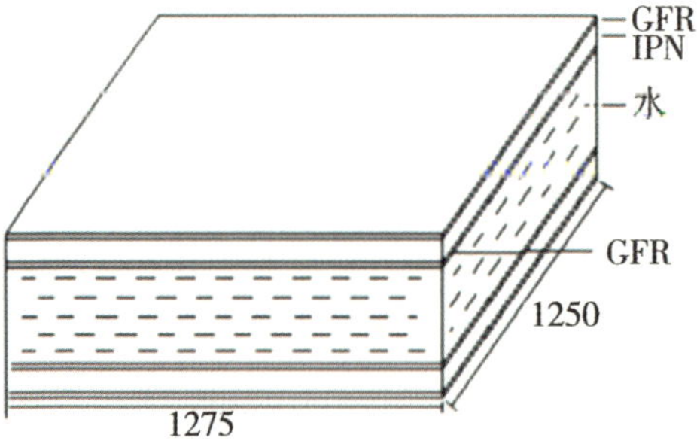

图17-12　夹芯结构复合材料舵局部模型结构

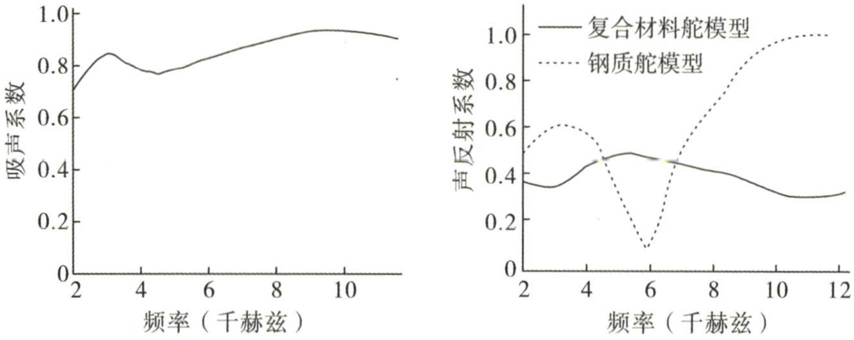

图17-13　夹芯复合材料舵局部结构吸声系数频谱和夹芯复合材料舵局部结构声压反射系数频谱

4. 其他新型材料在船舶绿色维修领域的应用前景

材料作为舰船及舰载设备设计、建造和维修保障的物质基础，其性能的提高和加工工艺的改进无疑会带来更高的综合效益，某种新型材料的出现甚至会对整个行业产生革命性的影响。钛合金就是一类综合性能优异的材料，具有高强度、耐腐蚀、耐高温等特点。这类材料构件的价格昂贵，首次投入大，但后期维修费用低，且有助于提高设备服役期间的工作稳定性，对一些有特殊性能要求的关键构件而言，钛合金材料性能的提高无疑会给绿色维修领域注入新的活力。另外，超导材料在舰船建造和维修上也有很独特的应用。超导材料不仅可以提高电能的传输效率、降低能耗，提高电器设备的工作稳定性，而且超导电磁力推进、超导雷达和超导扫雷的实现会使相应的舰船装备产生革命性的变化。自1986年中外科学家发现氧化物高温超导体起，对超导的研究迅速升温。在这几十年中，超导材料的应用研究取得重大进展，这为超导材料在舰船建造和维修上的应用奠定了基础。其他诸如用于制备永磁电机的永磁材料，用于高效燃料电池的贮氢材料，以及左手材料、负泊松比材料等具有特殊用途和特殊性能的材料，将会对整个船舶制造和维修领域带来一场“绿色革命”。

五、计算机网络技术在船舶上的应用

1. 网络的可靠性

（1）硬件的可靠性。

使用计算机网络，控制功能大部分由软件完成，这实际上就减少了硬件的数量。因此，完成同样的功能，在硬件上同其他一般的系统相比其可靠性有很大的提高。同DCS相比，工业控制网络的操纵、控制功能较为集中些，为了防止因它们失效而导致系统的瘫痪，普遍采用了并联的储备系统。与PLC组成的控制系统相比，目前网络控制系统的计算机软件一般都存放在硬盘上。由于船舶工况较陆地差，计算机硬盘的寿命受到很大的影响，这是船舶网络控制系统在可靠性上的一个弱点，但可以采用增加备份或克隆盘的方法加以弥补。

（2）软件的可靠性。

软件的可靠性与时间无关，只取决于软件诞生之初。目前控制系统的软件普遍组态化，由专业人员编写，并经较长时间和较广范围内实践的检验，其可靠性是较高的。此外，成熟的软件可以在某种程度上防止和纠正误操作，克服人为因素的影响。

（3）可维修性。

现在，成熟的网络控制系统硬件、软件都实现了积木化，一般都设有故障自诊断功能，设有备份站，因而，在某种程度上它的可维修性是较高的。

2. 船舶控制的特点及船用网络选择

大型船舶的自动化控制系统具有以下特点：控制设备较集中，空间狭小；控制设备多样，厂家众多，大多数控制过程对响应速度和实时性要求不严；控制设备所处环境恶劣，对可靠性要求高；船舶设备必须符合入级条件，取得相应的船级社证书；控制技术及设备大多数是陆地上成熟后的产品；许多控制设备已经相当成熟，自成系统，如锅炉的控制，自动并车装置等，因此网络的作用对于它们来说主要是起监视、控制状态，集中操作等作用；相对陆地而言控制规模不大；维护条件差，在运营期间，除非系统出现故障，几乎不可能有专业人员来对系统本身进行维护。

鉴于以上特点，在选用、集成船舶控制网络时应考虑以下几点：计算机网络必须是已经很成熟、应用广泛的产品，可靠性较高，最好对关键的部分有冗余储备；网络主要完成控制、检测功能，信息管理在其次；网络的节点不必很多，正常工作时信息流量不大；网络结构不必很复杂，层次不多，很多基本独立的系统控制不在网络内，它们只将控制的状态通过I/O接口送到过程控制节点并可接受I/O的命令即可；对网络的实时性要求不必很高；网络造价当然越低越好。船用网络属于中小型网络，是采用分散型控制的模式，系统主要分为二级，并采用纵向层次结构。

3. 船用计算机网络的经济性及优越性

信息化、网络化代表未来的发展趋势，虽在目前成本较高，但其带来的优越性是巨大的。船舶采用计算机网络的经济性应从以下几个方面考虑：完成大致相同功能，网络方案同其他方案的造价相比较；网络同其他系统相比的日后维护维修费用；采用网络后可节省的人员所带来的经济效益等。

第十八章

中国船舶产业发展思路与对策

船舶工业历来就被世界各主要国家作为一个战略产业来发展，直接服务于国家的政治、经济和军事战略，以国家的力量来推动造船业的发展，因此在20世纪世界造船产业迅速发展，造船技术突飞猛进。而中国的船舶工业有着3000多年的历史，中华人民共和国成立以后，特别是改革开放以来的30多年的迅速发展，中国船舶工业已建立起相当规模的工业体系和雄厚的技术经济实力，在世界上一举成为排在日本、韩国之后的第三大造船大国。

现在中国政府正在大力地发展船舶工业，把船舶工业作为支柱性产业进行发展，并且中国自身也具备发展船舶工业的条件。更为重要的是世界船舶市场出现了几十年来罕见的兴旺，世界造船业中心也在逐渐地向亚洲转移，面对这么多有利的条件，中国发展船舶工业更为容易。但是，我国船舶工业虽在客观上成绩斐然，但实质上却是困难重重，经营维艰。一些大中型企业效益低下，虚弱不堪；有些厂勉强撑住利润零线；还有的厂甚至十几年都不知道赚钱的滋味，企业凝聚力不强，人才流失严重，年轻的科技人员基本上都已跳槽或准备跳槽。更为重要的是中国与日本、韩国之间的差距很大，要想成为世界一流的造船大国还有一段很长的路。

总之，当前我国船舶工业发展风风火火，形势喜人。在这一有利的形势下，如何进一步地加大自主创新的力度，设计建造技术含量高、附加值高的船舶，迅速提升我国船舶工业的国际影响和市场地位，是我国船舶工业领域的一件头等大事。同时我们还必须清醒地认识到，我国船舶工业的技术装备水平、产品研发能力及生产制造技术仍落后于韩日。虽然在国际制造业的产业转移趋势的大背景下，中国船舶制造业发展面临着极好的机遇，“十一五”期间中国造船业也将对韩国、日本的领先地位形成有力的挑战，但是设计能力落后、配套产业滞后仍是制约行业发的主要瓶颈。因此，我们应该肯定中国船舶工业是有发展前途的，只是要发展船舶工业，我们要找对中国船舶工业的症结所在，并采用相应的策略。

第一节　中国船舶工业的格局

一、中国船舶工业的总格局

中国造船行业中，基本形成了三块：一是中船集团公司和中船重工集团各公司为主要力量的国家队；二是江苏、山东、大连等地方造船企业形成的地方造船；三是交通航运系统的长航造船工业。

中国船舶工业集团公司（南方集团）主要分管原船舶工业总公司分布在华东、华南的企事业单位。下辖有工业企业、造修船厂、主辅机厂、仪表厂、水声厂、科研院所、勘察设计、其他企事业单位、地区排出机构、独资及控股公司等多家企事业单位机构。其中造修船厂里包括有江南、沪东中华、上海外高桥、广船国际、上海澄西等国有大型船厂，科研院所包括中国船舶及海洋工程设计研究院（708所）、上海船舶研究设计院、船舶工艺研究所（611所）、广州船舶及海洋工程设计研究院等研究机构。勘察设计所里包括中国船舶工业第九设计研究院等机构。

中国船舶重工集团公司（北方集团）主要分管原中国船舶工业总公司分布在东北、华北、华中、西南的企事业单位。下辖有工业企业47个、地区公司5个、科研院所28个、专业公司20个、其他事业单位6个。包括大连造船重工有限责任公司、大连新船重工有限责任公司、中国船舶科学研究中心（702所）等机构。

二、中国主要造船企业

目前我国船舶工业已基本形成包括科研、设计、生产、配套、修理在内的比较完整的产业体系，具有设计建造各种吨位的常规船舶和多种高技术、高附加值船舶的能力。据最新统计，全国有各种规模的造修船和配套企业近2000家，职工人数近40万，其中，年销售收入在500万元以上的企业480家，职工人数31.5万。全国有5000吨级以上干船坞35座、浮船坞11座、船台53座，造船能力近500万载重吨；年产钢质机动船舶约300万载重吨，占世界造船市场份额为

5%～7%。全国有3000吨以上修船坞约100座，总坞容量313万载重吨；修船产值约50亿元，占世界修船市场份额约为3%。通过引进国外先进技术以及积极进行自主研制开发，我国的主要船用设备技术水平迅速提高，基本形成了包括中低速柴油机、船用辅机、仪器仪表等在内的比较完整的船舶配套工业体系。我国造船产量已连续六年居世界第三，占世界市场的份额为5%～7%。几十年来，我国船舶已出口到包括美、英、德、日、法、加等发达国家在内的世界50多个国家和地区。2000年船舶产品出口金额达16.35亿美元，在全国机电类产品出口中名列第一。我国船舶工业迅猛发展的成就已引起了国内外的广泛关注和重视。

表18–1　我国船舶企业集团和造船企业

集团/系统	船厂名称
中国船舶工业集团公司	外高桥造船有限公司、江南造船（集团）有限公司、沪东中华造船（集团）有限公司、上海船厂、上海爱德华造船有限公司、广船国际股份有限公司、广州文冲船厂有限公司、江南造船厂、芜湖造船厂
中国船舶重工集团公司	大连新船重工有限责任公司、大连造船重工有限责任公司、渤海船舶重工有限责任公司、天津新港船厂、山海关船厂、武昌造船厂、重庆造船厂
中运、长航等系统	南通中运川崎船舶工程有限公司、长江航运集团青山船厂、长江航运集团江东造船厂、长江航运集团宜昌船厂、长江航运集团金陵船厂、中商口岸船舶工业公司
省市/地方等	江苏新世纪造船股份有限公司、江苏江扬船舶集团公司、江苏扬子江船厂有限公司、江苏苏美达船舶工程公司、江都亚海造船有限公司、江都粤海造船有限公司、马尾造船股份有限公司、厦门船舶重工股份有限公司、山东威海造船厂、烟台莱福士造船有限公司（外资控股）、舟山扬帆船舶工业集团公司、浙江船厂、杭州东风造船厂
外商独资	常石集团船业（舟山）发展有限公司

表18–1主要船舶制造企业集团或造船企业中，具有8万吨及以上造船能力的造船企业有13家，其中中船集团公司的企业有4家，中船重工集团公司的企业有3家，合资企业2家，地方系统造船企业4家。

三、我国船舶工业发展中存在的问题和结构性矛盾

1. 我国船舶工业发展中存在的主要问题

首先，科技自主创新能力不强。由于基础薄弱，技术储备不足，我国自主设计的三大主流船型经济性指标偏低，缺乏具有国际竞争力的世界品牌，高新技术船舶依赖国外设计的局面没有得到根本改观。

一些关键的船舶基础共性技术研究仍处于相对落后状态。日韩等国始终致力于船舶共性和基础技术的开发和应用，从而保持着占据大部分世界船舶市场份额的地位。我国在船舶性能和结构数据库、船舶性能和结构的综合优化设计、船舶结构直接设计计算方法等船舶共性和基础技术方面，都与先进造船国家存在着巨大差距，严重制约着船舶自主创新能力的提高。

高技术、高附加值船舶产品设计领域与国外尚有较大差距。我国还没有对高技术、高附加值船舶的性能和结构先进技术开展系统研究，设计图纸不得不从外国引进或与国外联合设计，有些新船型产品设计才刚起步，不具备独立参与市场竞争的能力。在船型开发和船舶设计技术方面，真正属于我国自行设计的船型，大多数都是15万吨以下的散货船、原油船、中小型集装箱等船型。在设计技术、设计手段上也较为落后，设计周期长、自主创新能力低。与日韩相比，我国的标准化、系列化船型很少，更缺少品牌船型，难以形成规模效应。

其次，船舶配套发展严重滞后。关键配套设备长期依赖进口，受制于人。船舶配套业发展严重落后于造船业发展，我国造船业与日韩相比较，落后10年左右，而船舶配套产业总体水平则要落后20年左右。我国长期缺乏跟踪国际配套及发展趋势、缺乏引进创新和自主创新所必需的科技资金投入、缺乏必要的国际合作等。船舶配套产品在性能、品种和技术档次上与国外差距不断增大，无法满足大型、高技术船舶对配套设备的技术要求，其中船用低速大功率柴油机等船舶动力产品、大功率低速柴油机曲轴等船舶动力配套产品、船舶导航产品、船舶自动化系统等关键配套产品差距更大。

再次，造船能力扩张过快。近年来受持续兴旺的船舶市场的刺激，我国造船行业出现了“单纯规模扩张”的苗头，大量的民营资本、外资在沿江沿海地区投资建设船厂，一些地方政府纷纷上马、扩大造船项目。中国船舶工业行业协会对当前我国造船能力发展情况的调研结果显示，各地造船规划能力加起来超出国家规划目标近1倍，规划外造船项目大量上马、外资无序进入的问题

比较严重。在日韩仍具有较强竞争优势的情况下，我国造船能力过快扩张，可能给船舶工业持续健康发展带来重大隐患。这些从深层次来看，都是发展方式粗放、结构不合理的反映，也是产业规模发展到一定程度突出显现的问题。

目前国际船市已连续数年在高位运行，国际新船需求可能面临高位回落，供求关系可能出现扭转，船市不可能一直呈现井喷的增长态势，而船市向下调整的压力越来越大，这种回调可能恰逢我国造船能力的集中释放。一旦船价下跌，在韩国、日本具有较强的竞争优势的情况下，我国大量的过剩产能会引发企业之间的恶性竞争。一旦出现上述情况，船厂开工率普遍不足，骨干船厂经营困难等将接踵而至，船舶工业经济的发展将面临大起大落的危险。

最后，造船成本上涨压力不断加大。在目前的韩、日、中三国造船业竞争中，总体造船成本低廉是中国船舶工业的最大优势。其中劳动力成本占据造船成本的20%，而日韩的劳动力成本是中国的5倍，不过当前我国人力资源紧缺问题日益突出，各造船企业面临劳动力成本上升压力不断加大，造船原材料成本呈现刚性快速上涨的态势。

IMO（国际海事组织）、LACS（国际船级社协会）等国际机构2007年来制定的一系列技术标准和规范对造船成本的影响可能超过预期。

2. 中国船舶工业发展中存在的结构性矛盾

目前中国船舶工业面临的国际环境是，船舶市场需求旺盛，但造船能力过剩。这造成了船舶市场的供求失衡，船厂之间竞争加剧。而中国在应对国际船舶工厂的激烈竞争中所具有的内部条件是：劳动力工资低廉。但与此相伴随的是生产效率低下，它在相当程度上抵消了劳动力方面的优势。20世纪90年代中期中国与日、韩造船业人均产量相差10～15倍；人均产值相差25倍；建造每总吨船舶所需工时约相差5倍。近十几年来，在中国造船生产效率与国外差距没有明显缩小的情况下，造船成本却在持续不断地上升。20世纪80年代中期，中国造船成本比日本低30%～40%，而到90年代下半期我们与日本的造船成本已基本接近。由于中国造船企业成本不断攀升，而生产效率提高缓慢，使得中国船舶工业的低成本优势无法显现。“低成本+低效率”是目前中国船舶工业发展中最为突出的现象。这导致中国船舶工业出现了一系列结构性的矛盾。

（1）三大造船指标两降一升。

2015年，全国造船完工量4184万载重吨，同比增长7.1%；承接新船订单量3126万载重吨，同比下降47.9%。截至12月底，手持船舶订单量1.2304亿载重吨，同比下降12.3%。出口船舶分别占全国造船完工量、新接订单量、手持订单量的88.6%、88.6%、95.7%。

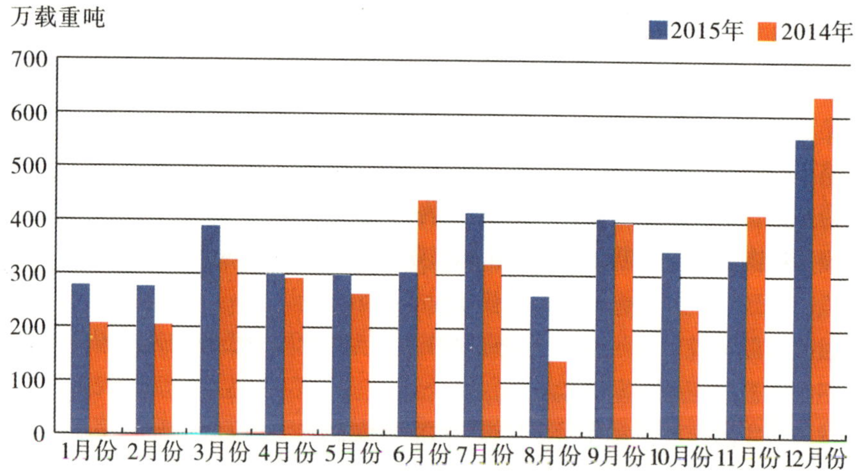

图18-1　2014年与2015年造船完工量分月情况

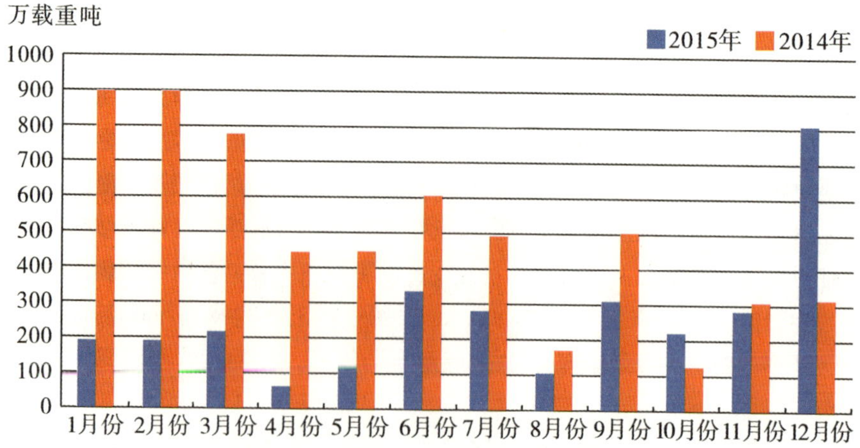

图18-2　2014年与2015年新承接订单分月情况

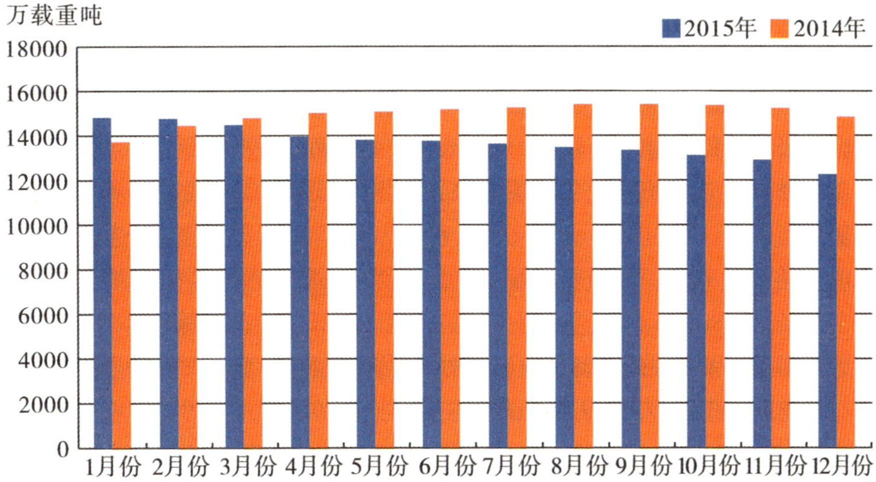

图18-3　2014年与2015年手持订单分月情况

（2）船舶行业经济效益下降。

2015年1～11月，全国规模以上船舶工业企业1449家，实现主营业务收入6885.6亿元，同比增长2.2%。其中，船舶制造业3532.2亿元，同比增长2.8%；船舶配套业904亿元，同比增长8.2%；船舶修理业197亿元，同比下降3.4%；海洋工程专用设备制造634.5亿元，同比下降4.7%。

规模以上船舶工业企业实现利润总额156.1亿元，同比下降37.3%。其中，船舶制造业122.5亿元，同比下降14.3%；船舶配套业43.1亿元，同比增长11.3%；船舶修理业8.2亿元，同比增长153%；海洋工程专用设备制造亏损4亿元，利润总额同比下降116.3%。

（3）船用设备配套能力远远落后于造船能力。

船舶上的各种配套设备一般具有相当高的附加值，一个国家的配套能力很大程度上决定了其造船业的实力。因此，船用配套设备技术水平状况将制约着整个船舶工业的发展。中国虽然拥有各种船用配套设备设施的生产能力，但是关键船舶及配套设备中的关键部位仍依赖进口。例如，舱口盖上的一根橡皮筋需4800美元，没有国内厂家制造，只能从北欧购买。我国船舶配套能力很差，远低于日本和韩国。据统计，总体国内配套能力低于40%，其中出口船舶国内配套能力不足30%，远低于日本的97%和韩国的85%。国产的船用配套设备的品种、性能、质量仍无法满足中国船舶工业的发展。

中国船舶配套企业的技术水平和生产条件造成国产设备装船率过低。20

世纪80年代中国船舶工业通过引进专利技术、合作生产方式，大大提高了船用配套设备的技术水平和配套能力。到“七五”末期，原船舶总公司的国产设备实际装船率曾达到70%以上。但进入90年代以来，随着中国船舶工业规模的扩大以及船舶品种的增加和优化，国产船用设备的转船率不断下降。

日本、韩国等世界主要造船国家无一例外都拥有门类齐全、实力雄厚的船舶配套工业。日本船用设备国产化率不仅高达97.8%，而且还有大量出口，年产值达80亿美元。韩国船用设备业发展历史不长，但发展速度很快，国产化率已经达到80%左右，目前尚在采取措施，以图进一步提高国产化水平。日本、韩国大力发展船用设备产业，有力地促进了船舶工业的发展。

（4）船舶设计与开发创新能力不足。

船舶工业是集资金、技术、劳动密集为一体的产业，科技含量比较高。但是长期以来，我国船舶工业在设计与开发创新方面能力很差，严重影响我国船舶工业的发展。据有关学者比较，在同样的主尺度、主机马力下，我国设计的船舶船体钢材重量普遍比日韩高10%甚至更多，管路比日韩长12%，电缆厂25%～30%，主机功率高9%～13%，而且设计周期长。中国骨干船厂装备水平最好的大连新厂及广船国际，其人均装备率仅为国外先进造船企业的1/5～1/10；而大连、江南、沪东等船厂仅为国外先进造船企业的1/10～1/20。在造船机械化、自动化生产中起着重要作用的流水线设备，如钢材预处理、管子加工、平面分段、立体分段流水线的数量很少，而且设备的现代化程度低，很少能达到国际水平。

20世纪90年代以来，日本、韩国及欧洲主要造船国家，为继续保持和扩大其竞争优势，均加大了科技投入。目前，日本、韩国和西欧各国家已经广泛应用了现代化造船技术，全面采用了船体分道建造方法，使设备的预装率达到了95%以上，船舶制造技术实现了壳舾涂一体化。船体分段、管体加工实现自动化，弯曲船板和肋骨加工正向自动化方向化发展。

在中国船舶工业发展的过程，一方面，高起点高水平的大型船舶投资建设项目不足；另一方面，中小型船厂的发展受制于自身的技术水平和资金规模。前些年中国陆续新建300多家中小船厂，近年又纷纷建立大型船坞，由于技术能力薄弱，配套设施跟不上，使中国造船能力不能充分发挥。因此，两大造船集团要充分发挥大型船舶企业的技术优势和规模优势，按照专业化和规模化原则，兼并、联合、重组中小型船厂，推进产业组织结构的调整，提高产业集中度。

第二节　对中国船舶产业发展的思索

国际产业转移的趋势已经把船舶行业的巨大机遇展现在中国造船企业的面前，但在激烈的市场竞争环境下，如何突破科技创新等瓶颈制约，如何规避各种风险，如何把握机遇，成为各造船企业发展生命攸关的问题。中国造船企业既要充分利用各种有利条件努力促进发展，更要注重提高增长的质量和效益，走全面协调可持续发展道路，要大力转变经济增长方式，尽快从主要依靠廉价劳动力、以量的扩张实现增长，转向更加依靠科技进步，以提高效率推动发展，努力实现转型升级；要加快提升自主创新能力和先进修船能力，迅速缩小与国外先进船舶企业的差距，努力提高企业综合竞争力。

一、科技创新战略

船企要想真正做强，终需技术创新，要把科技创新作为推进发展的战略基点，努力通过自主创新实现产业和技术升级，着力发展3个重点技术领域，为解决产业发展中的紧迫问题提供全面的科技支撑。①船型技术领域：船舶设计与船型开发基础共性技术；主流船型换代开发与优化技术；高新技术船舶设计技术。②海洋工程技术领域：海洋工程基础技术；海洋工程关键技术，重点研究开发张力腿（TLP）平台、新型自升式平台、半潜式平台、深水大型海洋工程工作船和辅助船、深海浮式设施锚泊系统；海洋工程前沿技术，重点开展浮动生产钻井存储装置（FDPSC）、浮式液化天然气生产储卸装置（LNG-FPSO）、超大型浮式结构关键技术研究。③现代造船技术领域：先进工程管理技术；船舶企业信息化工程应用技术；先进工艺技术及装备，重点开展外板成型、分段总组、快速搭载技术研究；先进涂装技术研究；先进舾装技术研究。

二、发展模式转型战略

实施战略转型，要把发展的目标从主要追求做大向全面推进做强转变；发展的重心从主要追求发展规模和发展速度向更加注重发展质量和效益转变；发展的途径从主要依靠要素投入和数量扩张向更加依靠科技进步和提高效率转变。

推进造船模式变革，建立有效的组织和配套机制，制定明确工作目标和推进措施，切实加快全面建立现代造船模式的步伐。

三、人才发展战略

从总体上采用国际化的人才战略，注重形成自己的核心技术能力，不断吸收优秀专业设计人才，并面向全球招聘业务核心人员，有效整合国际人才资源为企业所用，并根据企业发展战略，主动通过市场方式配置适合企业发展的各类人才，建立自己的高素质国际研发团队，进行主流船型的优化研发，形成自主研发核心竞争力，支撑企业健康快速发展。

加强与国际知名的船舶设计公司、船级社等的合作与交流，并且在合作的过程中快速提高团队整体技术层次和业务水平。选派优秀技术人员到韩国、日本、新加坡、挪威等造船发达国家学习深造，形成一定规模的技术精英作为企业发展的核心班底。

为获得企业外部的强大智囊支持，保证企业后备人才的培养，可以与国内一些著名高校如上海交通大学、大连理工大学、哈尔滨工程大学等结成战略伙伴关系，共同进行数字化造船技术以及造船新工艺、新技术和新方法等方面的研究。还可以通过共同培养在职博士、研究生、优先推荐、录用毕业生，以及为学生提供实习基地等方式，在人力资源、人才培养方面展开广泛的合作。

第三节　船舶集群产业的主要作用与效果

纵观世界主要造船国家的发展情况，都呈现出明显的集群化发展特征。我们国家要注重分析船舶产业集群发展的作业及要素条件，并尝试提出加速我国船舶产业集群化发展的思路与措施。

一、船舶产业集群是获得规模效应和范围经济的有效途径

当前世界造船业的竞争集中表现为集团化、规模化的竞争。在这种集团化、规模化竞争实质上是各国船舶产业集群之间的竞争。日本船舶工业布局主要集中在九州、四国等地区，包括日本今治造船集团和日本统一造船在内的骨干造船集团和主力船厂都集中在这一区域。韩国船厂绝大部分分布在东南部，主要造船中心有釜山、蔚山、巨济、马山。日本、韩国的船舶产业集群不仅集中了大量造船企业，而且也是其最重要的船用配套基地。日本、韩国船舶产业集群的特点：一是表现出以大型造船企业（集团）为龙头，大中小企业共生的

格局；二是表现出纵向分工协作、横向合作竞争的集群形态。日本、韩国造船产业集群化发展带来了显著的产业集群效应，不仅大大提高了造船与配套企业之间的专业化分工和合作水平，而且使得各方在优化各自价值链的基础上充分享受了规模经济所带来的效益。造船和配套企业之间的密切合作不仅促进了信息的交流，而且使得配套企业与造船企业的紧密协同成为可能，有效地提高了整体效率，并获得由范围经济所带来的成本节约，集群化发展已经成为日韩船舶工业获得强大竞争优势的法宝之一。

二、船舶产业集群化发展是完善优化价值链、供应链的内在要求

船舶工业作为综合性加工装配工业，需要大量上游产业为其提供各种原材料和配套产品，与国民经济各产业部门有着广泛而密切的联系。国民经济各部门的发展为船舶工业的发展提供了坚实的物质基础，同时船舶工业本身的发展又进一步带动了相当大一批产业的发展，强大的船舶工业必然需要一个同样强大的船舶配套业作为支撑。造船产业的集群化发展，就是以大型造船企业为龙头，同时在同一区域内形成一批船用配套企业。大力培育和健全相应的配套体系，是发展和完善船舶工业产业链，提高船舶工业的整体竞争力的有效途径。另一方面，为充分利用船厂基本造船设施，目前日韩等先进造船国家都建立了总装化造船模式，这样，便可充分利用社会化协作网络优势，围绕着总装船厂形成大量专业化加工中心，通过大力发展中间产品专业化生产，使得船厂的生产流程得到极大的优化，资源配置也可不断得到优化。可见，依托船舶产业集群大力完善和优化船舶工业价值链，在重点发展总装型造船模式的同时建立与其相应的专业化协作体系，实现规模化、专业化发展，这是提升船舶工业生产链整体竞争能力的重要途径。

第四节 加速船舶产业集群发展的要素分析

一、良好的地域资源条件和相关产业基础是船舶产生集群发展的先决条件

自然资源条件是影响船舶工业集群化发展的重要因素之一，世界上许多国家都积极发展船舶工业，但真正取得成功的却为数不多。如果对东北亚地区

造船业作进一步分析，不难发现当今世界有一个造船金三角地区，这就是连接日本濑户内海和九州地区，韩国东南部蔚山、巨济和釜山地区，中国环渤海和长三角地区的大三角区域，在这个狭小地区的造船厂建造着世界75%以上的船舶，这一区域同样也是世界上主要船舶产业集群的所在地。究其原因，一方面，这些区域拥有其他区域所不具备的发展船舶工业的良好的自然地理条件；另一方面，这些区域也是经济较为发达，拥有发展船舶工业的雄厚工业经济基础的区域。因此，独特的自然和社会资源条件，往往是船舶工业实现集群化发展的首要因素。

二、国家宏观经济发展环境是船舶产业集群发展的外在动力

国家宏观经济发展所处的阶段是影响船舶产业集群产生和发展的重要因素。纵观日韩船舶产业集群的发展，一个明显的特征就是这些产业集群都是在其国内经济处于重工业阶段，为了充分发挥船舶工业对国民经济的带动作用而逐步发展起来的。第二次世界大战给日本带来了毁灭性打击，为了迅速从战争的废墟上站立起来，日本在其经济发展中将电力、海运、钢铁和煤炭作为当时的四大重点产业。日本认为，造船业就是这些重点产业的装备产业，并可以起到先导产业的作用，所以将造船业和重机械工业作为重点发展的两大行业，成为“战后重工业发展的骨干”。韩国造船业在“三五”计划（1972—1976年）和“四五”计划（1977—1981年）时期开始起飞。韩国认为，造船工业发展对整个国民经济十分重要，因此，将造船工业与机械、钢铁、电子工业一起列为重点发展行业，与民用电子工业一起正式列入战略出口工业，使船舶工业进入了大发展阶段。日韩主要船舶产业集群都是在这一时期逐渐发展起来的，这些产业集群的迅速发展壮大，使其成为支撑日韩船舶工业发展的支柱，更成为促进两国经济发展的关键举措。

三、形成一批具有国际竞争力的大企业、大集团是船舶产业集群发展的关键

鉴于世界造船市场的垄断化、规模化特点，能否培育出一批具有国际竞争优势的大企业、大集团，这是决定船舶产业集群整体竞争力的关键。大企业、大集团是船舶产生集群的中坚，是船舶产业集群的代表性力量，也是船舶产业集群发展的动力之源。只有充分依靠大企业、大集团的优势，船舶产业集群内部的专业化协作优势才有可能进一步优化，也才有利于加快建立先进的总

装型造船模式。同时，只有依靠大企业和大集团才能够为船舶配套企业的发展提供足够的市场需求空间，也更有利于造船和配套的协调发展。由于大企业和大集团在资金、技术和市场方面拥有雄厚的条件，其在开发高技术、高附加值船舶产品方面具有小企业所难以比拟的优势，因此，大型造船企业和集团往往是促进船舶产业集群的技术升级，实现集群内产品结构的不断优化，从而保持集群的持续创新能力和竞争力的动力所在。

四、旺盛的市场需求是船舶产业集群快速发展壮大的重要机遇

对于船舶工业这种市场需求波动较为明显的产业而言，旺盛的市场需求对于实现产业集群的成长有着特别重要的意义，能否及时捕捉市场机遇是产业集群能否迅速发展壮大的关键因素。日本造船产业集群发展时期正逢市场对现代化、大型化油船的旺盛需求机遇。日本造船业及时捕捉这一机遇，在1966—1978年的12年间共建造了397艘超大型原油船。从造船市场份额来看，这一时期也是日本造船业成长最为迅猛的时期，旺盛的市场需求不仅为集群的产生提供了强大的内在经济动因，更为集群不断发展壮大，促进集群内企业的相互融合，从而发挥产业集聚效应提供了强大动力。

五、政府的引导和支持是船舶产业集群获得最佳效率的关键因素

船舶工业是资金、劳动、技术密集型产业，船舶工业的发展与一国经济和世界经济的发展高度相关。世界各国的船舶产业集群的发展经验表明，政府的引导和支持是船舶产业集群获得最佳效率的关键。长期给予集群企业必要的资金支持，对集群内企业的技术研发给予必要的引导，推进集群内专业化分工体系和价值链的不断完善等，这都需要有政府的积极支持才能实现。以日本为例，今治市有个日本著名的“造船长廊”，拥有海事相关企业552家，造船产量占日本国内造船产量的1/4，包括位居日本造船产量第一的今治造船集团和新来岛造船集团等诸多骨干企业都坐落于此，今治市提出了打造“海事都市”的城市发展构想，并提出了“培养新一代人才”“构筑海事产业集群”和“传承和培育海事文化”三大发展目标，并相应地制定了一系列政策措施，包括推进海事教育计划、吸引外来研发机构等。最近，日本爱媛县地方金融机构正积极加大对今治船东的融资力度，特别是在打造海事都市的战略构想下，今治市

于2004年成立了“今治地区造船技术中心”，为造船企业的发展提供充足的人才支撑，各种优惠政策和措施的陆续出台为今治市造船产业的发展提供了强大的动力，也大大促进了造船产业集群优势的进一步发挥。政府的引导和支持已经成为船舶产业集群迅速发展的关键一环。

第五节　中国船舶产业集群发展的思路与对策建议

经过20多年尤其是近5年的快速发展，中国船舶工业已经基本形成了环渤海、长江三角洲、珠江三角洲三大造船基地的格局，呈现出了明显的集群化发展的特征。进一步大力发展船舶产业集群，培育一批具有国际竞争能力的大型造船集团，实现规模效益和产业结构的同步提高，这是全面提高中国船舶工业产业综合素质，实现船舶工业跨越式发展的必然选择。

一、依托现有骨干造船和配套企业，打造船舶产业集群的造船核心层

首先，要从产业集群的长远发展出发，建立统一的产业集群发展协调平台。要充分发挥行业管理部门的作业，调动各方面的积极性，将三大区域船舶产业集群的发展作为一项重要任务。要充分发挥规划的作业，加强船舶产业集群发展模式和路径的相关研究，在此基础上形成中国船舶产业集群发展的指导性文件。要加强行业信息工作，强化重要信息的搜集、整理、处理及披露，为船舶产业集群的发展提供指导。

其次，要在规模化、专业化、特色化基础上，优化三大区域船舶工业的分工与协作体系，充分发挥船舶工业的规模经济效益，在强化硬件建设的基础上，稳步扩大造船能力，推进船舶建造的批量化，提高生产效率，降低产品成本。要以已经具备了一定优势的重点产品为依托，营造三大区域主要船厂错位竞争的格局，优化资源配置，以产品的品牌化推进船厂的专业化、特色化。同时，要大力促进区域骨干船厂之间的合作，促进大型企业的技术优势和中小企业的体制机制优势形成互补。积极营造相应的环境，完善相应的手段，推进不同企业之间就基础性和共性问题展开合作。

最后，要以新建造船企业为契机，以建立现代造船模式为目标，大力完善船舶工业供应链体系，加大专业化加工中心的建设。鼓励骨干企业积极利用社会资源，营造自身的供应链体系。积极建设钢材、管材、电缆等大宗材料配

送中心，铸造、锻造、热处理、电化学处理工艺专业化加工中心，实现船用材料无余量入厂，工艺部件成品化入厂。大力推进专业化分段制造中心的建设，提高造船效率，推进地区船舶工业价值链的优化。

二、充分发挥各区域装备制造业基础优势，打造船舶产业集群的产业耦合层

要将船舶工业的发展与区域经济的发展紧密结合起来，推进造船业与配套业、造船业与上下游产业的耦合，推进船舶工业产业链的协调发展，要以提升本土配套能力为出发点，推进船用设备专业配套园区建设，提升船舶工业经济效益。要充分发挥三大区域的工业基础优势，以市场为依托，以利益和奉献均担为纽带，以骨干造船企业为龙头，建立专业化船舶配套产品生产基地，提升船舶设备的本土配套能力。要积极支持现有优势船舶配套企业扩大规模，同时积极引进国外的先进技术，提升船舶配套产品的技术水平，在目前我国基础较为薄弱的船用配套产品领域取得突破，为造船企业的产品结构升级和经济效益的提高创造条件。

大力推进造船企业与钢铁企业展开多种形式的合作，鼓励骨干造船企业（集团）进行船用钢材的集中采购，建立造船企业和钢铁企业之间的信息交流平台和机制，增强船舶工业抵御原材料风险的能力。强化长三角地区船舶工业和港口物流发展在战略层面的融合，以港口物流业的发展带动船舶工业规模和层次的提升，以船舶工业的发展支撑港口物流业服务水平的提高和范围的扩大，船舶工业要以港口航运业发展为契机，提升产品技术含量，促进修船能力和档次的升级。鼓励造船企业与航运企业以建立战略联盟等多种形式展开合作，减少中间环节，降低信息不对称，实现产业协同发展。

三、大力发挥政府和各类社会机构的作用，打造船舶产业集群的社会网络层

大力发挥政府在船舶产业集群的培育过程中的重要作用，完善船舶产业集群发展的软硬件因素。积极加强硬件基础平台建设，完善船舶产业集群发展的服务措施，增强产业持续发展的能力。鼓励和引导金融机构与造船企业展开积极的合作，支撑造船企业发展对资金的需求。创造良好的集群发展软环境，制定优惠的政策，鼓励集群内部投资，吸引外部技术，资本和劳动力等优势经济资源参与船舶产业集群的发展。

要充分发挥三大区域的装备制造业技术和人才密集的优势，广泛利用社会资源提高船舶工业技术水平。大力推进产学研结合，积极推进高等院校和造船企业，船舶科研院所在重点领域展开技术合作和协同攻关。充分依托高等院校的技术优势开展多种形式的技术培训，培养船舶工业急需的各类人才，为船舶工业的跨越式发展提供人才和技术支撑。

大力发挥各类协会、学会的作用，健全相应的手段，建立相应的机制，搭建长三角地区、珠三角地区船舶工业与国内相关产业，国外相关机构的交流平台。要充分借鉴先进国家的成功经验，增强其为企业提供信息、法律、咨询、培训、促贸、公关等方面的服务职能和对企业进行平衡协调，实施群体约束，维护共同利益的协调能力，进行行业自律，维护行业的良性发展。

第六节　船舶贸易发展

一、船舶贸易发展研究综述

根据传统国际贸易理论，产生和影响国际贸易的最基本因素是生产要素禀赋具有比较优势，这些因素包括劳动力、资本、技术和管理要素等。陈恒，李秀兰指出资本、劳动、技术和管理要素发挥了自己的优势，使中国船舶贸易额在近年来得到快速增长。但是中国船舶贸易生产要素与日本、韩国还存在差距，作者指出中国船舶贸易持续提升比较优势不足的原因。通过提升四项要素的比较优势以及优化这四项要素的帕累托组合，切实提高中国船舶贸易的竞争力，完成2015年成为世界造船强国的目标。朱小丽、李宇宏、陈彦斌利用鱼骨图，从较为微观的角度研究了影响地区船舶出口贸易的各种因素，将众多因素归纳为五大类：政策因素、金融因素、市场因素、企业因素及其他因素。

从贸易政策扶持中国船舶产业的角度，李泊言认为船舶产业是中国经济中的“战略”部门，根据新贸易理论中的“战略贸易政策理论”政府对“战略”部门产业进行适当的扶持能够提高本国整体的福利水平，并且事实已经证明中国进出口银行对船舶业的政策性信贷扶持对于中国船舶产业迅速发展发挥了至关重要的作用，应该继续通过政策性信贷来扶持中国船舶产业的发展。

从船舶出口竞争力的角度，邵桂兰、马丽娜对我国海洋船舶出口竞争力进行了系统的分析，测算了中国船舶出口市场占有率、显性比较优势、贸易竞争力指数，得出我国船舶出口竞争力比较韩日仍有差距，需要以市场占有率扩大为契机，通过提高船舶附加值等各方面来共同进行提高。

从船舶出口可持续发展的角度，饶光明、沈民、夏冬针对船舶出口对区域经济增长的特殊带动作业，利用最新数据计算了船舶出口与区域经济发展的关联效应，讨论了船舶出口可持续发展的生成机理，构建了基于出口实绩的船舶出口可持续发展评价指标体系。船舶出口能有力地推动地区经济发展，且具有较强的缓解就业压力的功能，也是在新型工业化进程中推动中国产业结构升级的战略性产业。

二、中国船舶贸易的国际背景

1. 船舶贸易及其竞争力的内涵

（1）船舶贸易的界定。

船舶是指能航行或停泊于水域进行运输或作业的工具，按不同的使用要求而具有不同的技术性能、装备和结构型式，它是现代化的大型综合性产品，包括船体和船舶配套机电产品。船舶在国防、国民经济和海洋开发等方面都占有十分重要的地位。船舶贸易，即是指一国船舶及相关产品的进口和出口。

在联合国国际贸易标准分类中，船舶类产品属于第7大项“机电及交通运输设备”下的第79项“其他交通运输设备”下的第793项“船舶及浮动设备”，其具体产品分类主要包括：793.1游艇及其他娱乐或运动用船舶、划艇和皮艇［793.11可充气船只、793.12不可充气船只（不论是否装有辅电动机）、793.19不可充气的划艇及未另列明的娱乐或运动用皮艇和船只］；793.2船、艇和其他船只（793.22各种油船，793.24捕鱼船、加工船及其他加工或保存鱼产品用船只，793.26冷藏船，793.27其他货船包括客货船，793.28游轮、游船及类似主要用于客运的船只、各种渡船，793.29其他船舶包括除皮划艇以外的军舰和救生艇）；793.3待拆的船只和其他浮动装置；793.5灯标船、消防艇、挖泥船、浮吊及其他不以航行为主的船舶、浮坞、浮式或潜水式钻井或采油平台（793.51挖泥船，793.55浮式或潜水式钻井或采油平台，793.59灯标船、消防艇、浮吊及未列明的其他不以航行为主的船舶）；793.7拖船和顶推船；793.9其他浮动装置（如筏、浮箱、隔离舱、趸船、浮筒和浮标等）（793.91可充气阀、793.99为另列明的浮动装置）。

由于国际贸易标准分类中项目比较细，并不利于船舶产业的数据分析，因此通常船舶产业采用比较通俗的按照通常所见船型的分类方式，其主要产品分类主要为机动船舶，包括原油船、成品油船、其他液货船、多用途船、集装箱船、滚装船、液化天然气船、液化石油气船、冷藏船、机动客船、机动渡船、其他机动货船及机动客货船、机动渔船、货轮及顶推船、挖泥船、灯船、消防船等；非机动船舶，包括非机动客船、非机动渡船、非机动渔船、非机动货船及非机动客货船、其他非机动船等；其他船舶，包括娱乐及运动用艇、汽艇、帆船等。有时船舶产品中也包括海上用钻井平台、船坞及其他海上浮动结构体。

船舶配套产品主要有无线电导航设备、锚链、船用起重机、船舶用柴油机及其零件、船用推进器及桨叶、船用转动轴等。

根据货物贸易的分类方式，船舶贸易主要归类于：船舶贸易是典型的有形产品的贸易，船舶产品多属于生产材料；船舶产品的生产周期较长，因此船舶贸易往往是远期合同贸易；船舶是国际贸易的大宗产品，船舶工业是典型的外向出口型行业，世界各国的造船总量的60%～70%是用于出口的；发达国家之间的船舶贸易往往是一般贸易的形式，在航运商品交易所交易的量较大，而发展中国家的船舶出口主要以加工贸易方式为主，其他还有少量的租赁贸易。

（2）船舶贸易的特点。

船舶产品具有的劳动、资金、技术密集性，投资巨大，资金回收期长等特点，这就决定了船舶贸易具有以下特点：

①产品重要性。船舶运量大、成本低的优势是其他运输方式无法匹敌的，船舶运输不可能由其他运输方式所代替，船舶是现代国际贸易中最重要的大宗产品运输工具，其地位是无法取代的。

②船舶单价昂贵。船舶的建造和使用，需要昂贵的先进科技力量支持，除了运用自动化和机械化的大型设备外，还需投入大量的劳动力，并且其设计、生产周期非常长，往往需要2～4年，占用资金多，原材料成本高，因此船舶的造价昂贵。

③市场不稳定性。船舶市场的兴衰与世界经济的发展关系密切，市场处于不稳定状态，而且波动幅度较大。包括新船价格、成交量、完工量和拆船量等各参量，都可能在短短几年内发生成倍的变化。

④国际合作性。船舶运输与国际贸易息息相关，船舶制造与贸易也具有很强的国际合作性，船舶的投资与建造、注册与使用、保险与货运经常关系到多个国家和地区。

⑤远期合同预定。与大多数中小型工业产品不同，大型船舶的建造均需要提前合同预订，按照用户的需求单独设计生产，不能成批模式化建造。

2. 世界船舶贸易影响因素

整个世界市场上船舶贸易的繁荣与萧条，是由于需求和供给两方面因素所致。其中最重要的需求因素则是世界经济发展和世界海运市场波动，这也是由船舶产业和船舶产品的特点决定的。

比如，随着发达国家经济危机的结束及东欧各国在经历了政治动荡之后，1995年世界经济开始进入一个新的发展时期。随着世界经济的好转，世界各国的进出口贸易量大量增加，这也刺激了海运量日趋增加。世界经济的好转及航运业的繁荣，不仅刺激了新船需求的增长，同时也带动了二手船、废船（拆船）市场的兴旺。而1998年世界小范围尤其是亚洲金融危机的发生，使得部分国家经济发展停滞，随之而来的则是这些国家的进出口贸易量增长率下降，海运量也随之下降，船舶市场和船舶贸易的增长速度也变得平缓。

进入21世纪以来，世界经济开始呈现出快速增长的势头。尤其是2002—2008年，世界经济年平均增长率达到4.33%。在“世界经济—海运贸易量—航运需求—船舶需求”这个传统动力模型推动下，世界经济持续繁荣为船舶牛市提供了需求动力支撑，世界船舶贸易总量稳步增长。而2008年出现全球性金融危机之后，世界经济下滑对船舶市场的影响立竿见影，船舶贸易增长率转变为负值。

世界经济、海运贸易、船舶贸易三者之间存在一定的起伏性周期变化，其在时间上的相互关系如表18–2所示。

表18–2 世界经济、海运贸易、船舶贸易的相互关系

世界经济	海运贸易	船舶贸易	世界经济	海运贸易	船舶贸易
↑繁荣 ↘衰退 ↓萧条	↑繁荣 ↘衰退 ↓萧条	↑复苏 ↘繁荣 ↓衰退	↗复苏 ↓繁荣	↗复苏 ↓繁荣	↓萧条 ↗复苏

由于船舶产业具有与其他相关产业存在很强相关性的特点，世界船舶贸易的整体繁荣又会反过来带动世界各个船舶制造国家的其他相关产业的繁荣的发展，并且可能从其他非船舶制造国家进口大量的原材料及相关零部件产品

等，从而带动整个世界经济的繁荣。因此，世界船舶市场的兴旺对世界经济繁荣也具有促进作用，其完整的动力模型是“世界经济—海运贸易量—航运需求—船舶需求—相关产业需求—世界经济”的循环系统。

经济发展和航运兴旺是船舶市场的需求因素，而世界造船能力大幅度剧增则是其供给因素。日本与西欧是传统的造船大国及地区，其中日本自1956年首超英国以来一直名列前茅。随着产业结构的调整，日本和欧洲等国的造船能力已开始走下坡路，而韩国和中国等新型造船国家的生产能力已经逐步扩大。由于传统造船强国能力已经显现出过剩的特点和趋势。其具体表现就是世界船舶贸易成交量和成交额保持增长趋势，但是实际上各个国家之间的船舶出口竞争异常激烈，船舶企业的利润水平并不乐观。

参考文献

[1] 邓召庭. 船舶概论（高等职业教育规划教材）[M]. 北京：人民交通出版社，2006.

[2] 张炳华. 集装箱应用全书 [M]. 北京：人民交通出版社，2000.

[3] 汪泓，史健勇，夏雨，等. 中国邮轮产业发展报告（2015）[M]. 北京：社会科学文献出版社，2015.

[4] 徐兴平. 海洋石油工程概论 [M]. 北京：中国石油大学出版社，2007.

[5] 张开.高分子界面科学 [M].北京：中国石化出版社，1997.

[6] 朱汝敬，郭锡文. 当今先进造船国家概况及今后发展态势 [J]. 船艇，1995（1）：20-29.

[7] 陈练，苏强，董亮，等. 国内外海洋调查船发展对比分析 [J]. 舰船科学技术，2014，36（S1）：2-7.

[8] 刘涛. 海上石油平台结构设计浅议 [J]. 山西建筑，2010，36（22）：90-91.

[9] 卢冬冬，丁长成，傅强，等. 浅析我国集装箱船产业的发展 [J]. 中国科技博览，2013（24）：227.

[10] 杜国军. 散装船的结构特性与安全管理对策探讨 [J]. 天津航海，2007（3）：8-10.

[11] 李玉平. 散装船管理新动向 [J]. 航海技术，1996（1）：75-76.

[12] 王继耕. 试论海上石油平台改造工程 [J]. 中国石油和化工标准与质量，2014（6）：255-256.

[13] 李蓬，颜廷财. 水陆两用电动船的设计 [J]. 科技资讯，2013（35）：53.

[14] 陈小弟. 拖船发展趋势 [J]. 船海工程，2003（5）：58-59.

[15] 恽良，彭桂华. 我国高速艇发展历史浅析 [J]. 造船技术，1990（7）：5-10.

[16] 李尉尉，王慧祺，夏登文，等. 中国海洋调查船现状及发展思考 [J]. 海洋开发与管理，2012，29（5）：41-43.

[17] 张广钦. 中国船舶工业发展现状及未来展望 [J]. 船舶与海洋工程，2007（4）：10-11.

[18] 罗跃华. 集装箱船舶的大型化发展趋势 [J]. 水运管理，2011，33（7）：37-39.

[19] 陆悦铭. 集装箱船的发展历史和对引航业的挑战 [J]. 航海，2011（6）：52-54.

[20] 孙晓东，冯学钢. 中国邮轮旅游产业：研究现状与展望 [J]. 旅游学刊，2012，27（2）：101-112.

[21] 夏波. 中国邮轮旅游产业发展对策研究 [J]. 科技信息，2012（29）：184.

[22] 刘利娜，孔洁. 中国邮轮旅游产业发展研究 [J]. 武汉职业技术学院学报，2014（3）：101-104.

[23] 孙春华. 中国邮轮旅游发展前景探讨 [J]. 经济研究导刊，2013 (15)：182-183.

[24] 李华彦，林匡平. 国内外游艇产业发展现状与展望 [J]. 中国科技纵横，2010 (20)：108.

[25] 陶永宏，张运华. 游艇市场分析（之二）——我国游艇产业发展现状 [J]. 中外船舶科技，2011 (1)：28-33.

[26] 王晓. 美国游艇市场与中国游艇产业 [J]. 中国水运，2005 (11)：40-41.

[27] 刘婷，平瑛. 基于产业生命周期理论的我国渔船产业发展战略研究 [J]. 贵州农业科学，2009，37 (12)：158-161.

[28] 刘东，陈蓝荪. 推动我国渔船渔具产业可持续发展探讨 [J]. 农业经济与管理，2007 (2)：31-35.

[29] 周羽欢. 世界拖船技术发展现状 [J]. 船舶与配套，2012 (3)：80-85.

[30] 傅华. 国内外拖船的现状及发展趋势 [J]. 船舶，2010，21 (4)：6-10.

[31] 张照富. 全回转港作拖船产业竞争力分析 [J]. 船舶经济贸易，2007 (6)：12-14.

[32] 苏晨，谢新连，马梦知，等. 大件运输船舶发展现状与动态 [J]. 船舶工程，2012，34 (3)：4-8.

[33] 林彬. 护卫舰的发展之路 [J]. 军事文摘，2015 (1)：23-27.

[34] 李家良. 水面无人艇发展与应用 [J]. 火力与指挥控制，2012，37 (6)：203-207.

[35] 刘涛，王璇，王帅，等. 深海载人潜水器发展现状及技术进展 [J]. 中国造船，2012 (3)：233-243.

[36] 刘峰. 深海载人潜水器的现状与展望 [J]. 工程研究——跨学科视野中的工程，2016，8 (2)：172-178.

[37] 徐玉如，李彭超. 水下机器人发展趋势 [J]. 自然杂志，2011，33 (3)：125-132.

[38] 陈吉笑，杨炳栋. 全回转拖轮的操作及协助靠离泊中的应用 [J]. 港口经济，2014 (5)：57-59.

[39] 郭培军. 中国船舶产业现状分析及发展思索 [J]. 中国远洋航务，2008 (1)：68-69.

[40] 曹友生，刘希宋. 中国船舶产业集群化发展的要素条件及思路 [J]. 中国造船，2007，48 (1)：91-95.

[41] 张圣坤. 中国船舶工业现状与发展趋势 [C]. 上海造船，2009 (3).

[42] 毛明来，刘勇. 中国船舶工业SWOT分析及金融支持策略研究 [J]. 金融理论与实践，2013 (2).

[43] 艾兵. 金融危机冲击下九江船舶工业现状调查 [J]. 金融与经济，2011 (10).

[44] 张甫兴. 长江南京航道管理处 [A]. 江苏船舶，2012，29 (5).

[45] 高海波，陈辉，林治国. 民用船舶电力推进系统的发展 [J]. 中国水运，2005 (1)：43-44.

[46] 高海波，高孝洪，陈辉. 船舶电力推进几种典型方式的比较［J］. 航海技术，2006（6）：54-57.
[47] 谢家纯. 电力推进在船舶上的应用及系统设计研究［A］. 船舶工程，2011（2）.
[48] 张树凯，刘正江，张显库，等. 无人船艇的发展及展望［J］. 世界海运，2015（9）.
[49] 宋磊. 国外海军无人水面艇发展及关键技术［J］. 军事史林，2014（9）：58-60.
[50] 庄佳园，万磊，廖煜雷，等. 基于电子海图的水面无人艇全局路径规划研究［J］. 计算机科学，2011（9）：211-219.
[51] 徐玉如，苏玉民，庞永杰. 海洋空间智能无人运载器技术发展展望［J］. 中国舰船研究，2006（3）：1-4.
[52] 宋磊. 国外海军无人水面艇发展及关键技术［J］. 军事史林，2014（9）：58-60.
[53] 李永清，朱锡，石勇. 聚二甲基硅氧烷/聚氨酯/环氧树脂共混聚合物的合成及其低表面能的研究［J］. 涂料工业，2006，36（7）：14-17.
[54] 朱孝信. 舰船用若干先进功能材料的发展［J］. 武汉造船，1998（6）：30-34.
[55] 董建华. 高分子材料科学的发展动向与若干热点［J］. 材料导报. 1999，13（5）：2-4.
[56] 李永清，朱锡，堵峰. 新材料在船舶绿色维修领域的应用研究［J］. 材料开发与应用，2011，26（3）：87-91.
[57] 李芳，李先林，牛小兵. 船用计算机网络的应用研究［J］. 中外船舶科技，2003（2）：24-25.
[58] 柳晨光，初秀民，吴青，等. USV发展现状与展望［J］. 中国造船，2014，55（4）：194-205.
[59] 张言庆，马波，范英杰. 邮轮旅游产业经济特征、发展趋势及对中国的启示［J］. 北京第二外国语学院学报，2010，32（7）：26-33.
[60] 夏志刚. 论中国游艇产业的发展及专业人才的培养［J］. 武汉船舶职业技术学院学报，2010，9（1）：15-17.
[61] 陈孟，陈宁，何隆云，等. 长江驳船队运输方式发展前景分析［J］. 武汉理工大学学报（社会科学版），2009，22（6）：64-68.
[62] 李琴. 无人驾驶船舶：来日可期［N］.中国船舶报，2014-08-22（7）.
[63] 张树凯，杨家轩，蔡垚，等. 基于AIS航迹和Douglas-Peucker算法的航线自动生成方法研究［J］.重庆交通大学学报：自然科学版，2014（6）：79-83.
[64] 张树凯，刘正江，张显库，等. 基于Douglas-Peucker算法的船舶AIS航迹数据压缩［J］. 哈尔滨工程大学学报，2015（5）：595-599.
[65] 刘志维. 中国游艇产业发展现状及珠三角地区游艇产业发展战略的研究［D］. 复旦大学，2009.

[66] 陈静. 海上大件运输特点与市场分析 [D]. 大连海事大学，2013.
[67] 黄莺. 面向产业集群的中国船舶产业政策研究 [D]. 上海交通大学，2011.
[68] 黄晶. 中国船舶工业产业集群发展战略研究 [D]. 湖南大学，2006.
[69] 刘一瑞. 中国船舶贸易竞争力及影响因素研究 [D]. 大连海事大学，2011.
[70] 张玉奎. 水面无人艇路径规划技术研究 [D]. 哈尔滨工程大学，2008.
[71] 饶森. 水面无人艇的全局路径规划技术研究 [D]. 哈尔滨 工程大学，2007.
[72] 李清，詹斌. 集装箱船型发展分析 [C]. 中国航海学会2008年度学术交流会，2008.
[73] 历史回顾：集装箱船船型发展史 [EB/OL]. http://www.fareastcontainers./com/news/12092102.html.
[74] 邮轮产业发展现状及前景解析. [EB/OL] .http://www.sohu.com/a/68205169_114835.

后　记

在新世纪的海洋竞争中，我国在海洋经济的发展中面临着严峻的挑战，以及巨大的机遇，如何在未来的崛起中快速调整经济结构，是我国现阶段应该迅速解决的问题。目前，海洋经济快速发展，新兴产业使得传统的海洋行业面临巨大的挑战，未来海洋行业势必会多样化，而船舶作为发展内海经济的主要载体，也受到了严峻的挑战。因此，抓住机遇发展我国的海洋产业，把握未来船舶的发展趋势，将两者密切结合，才能有效推进我国海洋经济的规模及增长质量。

本书正是在这样的大环境、大背景下应运而生，在搜集、整理、汇编、提炼我国船舶产业发展相关资料的基础上，对我国船舶产业的发展现状以及前景展望进行了分析与评价。书中引用了一些文献著作以及网络中有关的研究和知识，希望为从事和关心我国船舶产业发展的有关人士提供参考。

本书历经3年，以中国海洋大学海洋与大气学院于华明教授为主的研究团队承担了多项研究，主要有全球高分辨率海洋再分析系统研制与产品研发（2016YFC1401800），全球海洋潮能通量与耗散（41406011），重大海洋动力灾害致灾机理、风险评估、应对技术研究及示范应用（2016YFC1402000），德国科技计划项目资料收集整理及翻译（ZLY2015140），黄海暖流形态与变化对暖舌结构影响的动力机制研究（41430963），暖池区深层环流特征及与上层环流的关系（XDA11010201），蓝点马鲛种群动态对ENSO尺度气候变化的响应（201562030），中央高校基本科研业务费专项（201562030）等。本书系统地归纳总结了海洋对我国船舶产业发展的影响，以期推进中国海洋与船舶学科的研发进程及其产业战略性发展，推动我国从造船大国向造船强国迈进。

由于作者水平有限，书中难免有疏漏和不当之处，还请读者批评指正。